Über dieses Buch Schon einmal war dieses Buch im Hause Fischer. Gottfried Bermann Fischer hatte es im Sommer 1938 in sein Programm aufgenommen und in Holland drucken lassen. Allerdings kamen nicht einmal tausend Exemplare an die Leser. Nach der Besetzung Hollands durch die Deutsche Wehrmacht wurde die nicht ausgelieferte Auflage vernichtet.
Karl Otten lebte von März 1933 bis August 1936 auf Mallorca, wohin er sich aus Berlin geflüchtet hatte. Er erlebte den Putsch gegen die rechtmäßige spanische Regierung und die anschließende Machtübernahme durch die Faschisten auf der Mittelmeerinsel mit. Otten beschreibt seine Eindrücke über den Untergang der spanischen Demokratie aus der Sicht der sogenannten kleinen Leute – der Bauern, Fischer, Landarbeiter. Im Sommer 1936 mußte er fluchtartig sein Refugium räumen. Ausgerechnet der deutsche Konsul hatte ihn bei den neuen Machthabern denunziert.
Über vierzig Jahre mußte dieser balladenartige, dem Expressionismus verpflichtete Roman auf seine erste Veröffentlichung in Deutschland warten. (Eine ungarische Übersetzung erschien immerhin 1963.) Als späte Wiedergutmachung kam 1980 mit Mitteln aus dem Literaturförderungsmodell der Freien und Hansestadt Hamburg eine Hardcover-Ausgabe zustande. Das vorliegende Buch ist die erste Taschenbuchausgabe.

Der Autor Karl Otten, 1889 in Oberkrüchten bei Aachen geboren, studierte Soziologie und Kunstgeschichte; literarische Freundschaften mit Erich Mühsam, Heinrich Mann, Carl Sternheim und Franz Blei; 1914 Gefängnis wegen Kriegsdienstverweigerung, anschließend Arbeitssoldat; 1918 bis 1933 Redakteur und Schriftsteller in Wien und Berlin; Beiträge von Otten finden sich in ›Aktion‹ und ›Menschheitsdämmerung‹; über Spanien ins Exil nach England (hauptsächlich London); 1958 Übersiedelung in die Schweiz. Verfasser von Erzählungen, Reiseberichten und Romanen mit überwiegend pazifistisch-humanistischer Thematik. Karl Otten starb erblindet 1963 in Minusino bei Locarno.

Karl Otten

Torquemadas Schatten

*Nachwort
Roland H. Wiegenstein*

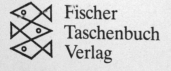

Fischer
Taschenbuch
Verlag

Bibliothek der verbrannten Bücher
*Herausgegeben von Hein Kohn
und Werner Schartel*

Ungekürzte Ausgabe
Fischer Taschenbuch 5137
November 1982
Fischer Taschenbuch Verlag GmbH, Frankfurt am Main
Lizenzausgabe mit freundlicher Genehmigung
des Konkret Literatur Verlag GmbH, Hamburg
© Ellen Otten c/o Internationaal Literatur Bureau, Hilversum
© 1980 Konkret Literatur Verlag GmbH, Hamburg

Umschlaggestaltung: Max Bartholl
Druck und Bindung: Hanseatische Druckanstalt GmbH, Hamburg
Printed in Germany
980-ISBN-3-596-25137-0

I

Das Haus des Schäfers Eli liegt auf einem Hügel, der einer grünen Woge gleich vom Meere sanft ansteigt und in Feldern, Hainen und Weinbergen zerrinnt. Alle Bäume der Insel gedeihen hier in buntem Gemisch; Pinien, Johannisbrot, Steineichen, Mandeln und Oliven wechseln ab mit Weizenfeldern; Gärten für Tomaten, Melonen, Patatas und Bohnen liegen zwischen steinübersäten, dürren Flächen, auf denen Brombeeren, Disteln und Zwergpalmen wuchern. Hier, inmitten des Brachlandes, erhebt sich ein gewaltiger Steinaltar aus der Urzeit, ein Wächter über drei Hünengräbern, Riesen aus schwarzem Granit mit gelben Moosbärten, beschattet von Efeu und Ginster. Zwischen ihnen öffnet sich die Erde in einem tiefen, unerforschten Schacht, den eine seltsam geformte Steinplatte verdeckt.

Die Mora, Elis Weib, versichert, es sei der Eingang zur Hölle. Von alters her werfen die Bauern kranke oder verkrüppelte Schafe dort hinab. Der erste Strahl der Sonne trifft die Mulde des Opfertisches.

Elis Haus gleicht einer maurischen Festung; aus Quadern plump aufgerichtet und mit Ziegeln gedeckt; drei schmale, vergitterte Fenster sind die Schießscharten; hohe Mauern aus Feigenkakteen umwehren den Block. Die Kammern sind klein und niedrig, denn zwei Drittel des Hauses nimmt der Speicher ein. Hier lagern Mais, Weizen, Stroh und Mandeln; der süßfaulige Dunst des Johannisbrotes verpestet alle Räume, zu denen weder Wind noch Sonne dringt.

Die alte Straße, die vom Dorfe Pueblo am Meer zu den Gärten führt, teilt das Anwesen in zwei Hälften, trennt das Wohnhaus von der Küche; der Brunnen mit dem sorgsam gehüteten Regenwasser liegt zwischen beiden, inmitten der Straße. Das Küchenhaus hat noch einen besonderen Zweck — es ist ein Aussichtsturm mit flachem Dach, das niedrige Steine umgeben. Auf dieser Terrasse sitzt man im Schatten der Mandelbäume und kann Meer, Ebene und Berge mit Windmühlen, arabischen Festungstürmen und das Schloß betrachten. An klaren Tagen steigt im Osten Menorca aus den ewig blauen Fluten, wie das Spiegelbild unserer Insel. Düster in seiner Glut umarmt der Sommer das Land. Alle Büsche und die Luft ringsum duften süßer als Jasmin; Aprikosen und Nisperos leuchten im schwarzen Laub und Schwärme von Nachtigallen, Drosseln und Finken erfüllen das Tal mit verwirrendem Gesang.

Oben auf der Terrasse weht immer ein schwacher Wind, und Eli und seine Frau verbringen hier die wenigen Stunden der Ruhe und des Beisammenseins. Denn Eli ist Schäfer und ein Schäfer ist nie zu Hause. Vor allem nachts nicht, wenn er die Tiere zur Weide in den Wald treibt.

»Da kommt unser Freund — « flüstert die Frau.

Eli kneift die Augen zusammen und rückt die Mütze tief über die Stirn — »Hé, Don Carlos, kommen Sie herauf! Es ist zu heiß zum Laufen. Sie werden nie ein Mallorquiner — und wenn Sie hundert Jahre hier leben!« Er ruft es mit dröhnender Stimme über die Brüstung.

»Will er auch gar nicht werden — wie geht's, gefällt es Ihnen hier, wohin wandern Sie, wollen Sie nicht zum Essen hierbleiben? Sie sind die einzige Abwechslung für uns. Auf dieser Insel geschieht leider nichts, ein Friede wie im Paradies — nur zu heiß ist es, das Meer ist ungesund und dieser ständige Wind macht mir das Blut ganz trocken.«

Die Mora könnte stundenlang so weiterreden. Es sind die gleichen Phrasen, die alle Bauern hier und am ganzen Mittelmeer seit ewigen Zeiten den Fremden vorreden.

Der Arzt schüttelt beiden lange die Hand und wischt sich den Schweiß ab.

»Wie halten Sie das nur aus! Ist es bei euch auch so heiß? Eine mörderische Hitze...« Eli stöhnt.

»Deshalb bin ich ja hergekommen, wegen dieser mörderischen Hitze, wie Ihr das nennt. Was macht der Fuß?«

Der Schäfer klopft mit dem Stecken auf seine schmutzigen Alpargatas — »Nichts mehr zu sehen oder zu spüren.«

»Ich dachte, ich sterbe, als er nach Hause kommt — alles schwarz von Blut und Erde — «

»Sie sind ein Wunderdoktor. Haben Sie die Frau des Don Vicente gekannt? Die ist tot! Plötzlich schreit sie auf — Mann! sagt sie — es wird so dunkel... sie tragen sie auf's Bett und am Abend wurde sie beerdigt.«

»War sie denn krank? Ich habe sie vor acht Tagen doch noch unten auf ihrer kleinen Finca begrüßt — sie war sehr fett und kurzatmig.«

Eli kneift das rechte Auge zu und zieht die Schultern hoch — »Wenn das ein Grund zum Sterben ist, dann werden wir hundert Jahre alt, was, Frau? Der Tod wird uns gar nicht finden, so mager sind wir.«

Die Mora sitzt abseits von den beiden auf der gegenüberliegenden Steinbank und kernt Bohnen aus. »Der findet jeden oder niemanden, wie man will. Mit dem Tod ist doch nichts zu Ende. Die Kinder, die anderen Menschen, die Tiere und Bäume, das alles lebt weiter. Warum nicht auch wir? Was meinen Sie, Don Carlos?«

Die knotigen Äste der Mandelbäume tragen nur mehr wenige, fahlgrüne Blätter und die Früchte klaffen schon hier und da braun aus der geborstenen Schale. Harz glitzert an ihnen in weißen Klumpen.

»Ich dachte, die Seelen fahren in den Himmel oder in die Hölle, je nachdem sie gut oder böse waren.«

»Glauben Sie das? Wo soll denn dieser Himmel sein?«

Es geht auf Mittag und Schwärme von Fliegen und Hummeln fallen über sie her und erfüllen die langen Pausen zwischen den einzelnen Sätzen mit ihrem Gebrumme.

Aus den breiten Spalten der alten Mauer schlüpfen graue Eidechsen, Dragons genannt, Drachen, denen der ganze abergläubische Haß der Bauern gilt. Der Arzt betrachtet voller Spannung ihr lautloses Spiel. Nur Schatten verraten sie. Die Mora scharrt eine Handvoll Sand aus der Ecke und verjagt die Tiere — »Die sind wie die Pest. Gehn an die Schafe, an die Menschen, lachen Sie nicht, saugen ihnen das Blut aus. Jawohl, ich habe es mit eigenen Augen gesehen. Die Frau des kleinen Pedro Antonio da drüben — « Sie zeigt mit ihrer dürren, quittengelben Hand über das Tal nach Cabra, dem Nachbardorf hinüber und meint irgendeines der wie weiße Würfel im Grün verstreuten Bauernhäuser, die zwischen den lockeren Mauern von Feigenkakteen im Schatten der Johannisbrotbäume schmoren. »Sie war im neunten Monat und arbeitete in der Küche, als ein Dragon, groß wie meine beiden Hände zusammen, aus dem Herd und ihr unter die Röcke schlüpft. Mitten auf dem Leib hat er sich festgebissen und der Schmied mußte ihn mit einer glühenden Zange losreißen. Vor Schreck ist sie niedergekommen und das Kind, ein Mädchen, hat ein feuerrotes Mal, wie ein Dragon geformt, an der gleichen Stelle, wo die Mutter gebissen wurde...«

Eli neigt sich zu Don Carlos — »Sagen Sie ihr gründlich die Meinung, ich darf nicht schimpfen, sonst gibt sie mir nichts zu essen...«

Don Carlos hat begriffen. »Aber Madonna, das ist doch alles Unsinn, Aberglauben. Diese Eidechsen sind Geckos, harmlose Fliegenfänger. Ihr solltet froh sein, daß sie euch das Ungeziefer vertilgen.«

»Vielleicht sind sie zu euch anders, aber wir wissen, was wir wissen müssen. Sicher sind nicht alle Dragons gefährlich.«

Eli steht wütend auf und schüttelt den Kopf. »Es gibt auch menschliche Drachen, die sind noch viel gefährlicher, weil sie Dummheiten glauben und unterstützen. Kommen Sie, Señor, ich lasse die Schafe aus der Hürde!«

Brummend steigt er die schmale, zerfallene Steintreppe hinunter und verschwindet zwischen den uralten, versteinerten Kakteenmauern, die aber noch leben und auf den flachen Schüsselblättern gelbe Blüten tragen zwischen roten Stacheln und kugeligen, von Zucker triefenden Früchten. Dann schallt seine heisere Stimme scheltend und doch voller Zärtlichkeit herauf. Die schmutzig braunen und grauen Schafe und Lämmer drängeln und hüpfen über den schmalen Weg; als letzter der Widder, der eine große Lederschürze trägt, die ihn am Springen hindern soll.

Eli pfeift seinem Hunde Blanca, schwingt den Stecken und trabt hinter der Herde dem nahen Walde zu, wo seine Tiere im Schatten zu grasen beginnen. »Adios, Don Carlos, kommen Sie ins Café?«

»Gewiß, heute Abend, wenn mich kein Dragon gefressen hat, bis dahin!«

»Da müssen Sie meine Frau fragen!«

Die tiefe Stille ringsum, die satte Fruchtbarkeit und Schönheit des Tales, das mit Feldern gelb und grün, mit Pinienwäldern und Olivenhainen, mit schwärzlichen Orangenbüschen und braunen Felsbrocken einer sanft geschwungenen Muschel gleich zwischen dem Ostcap von Pueblo, dem Dorf in der Ebene, und der Sierra von Cabra, dem Dorf auf der Höhe oben, liegt, haben den Fremden verzaubert. Er atmet den Frieden der Insel, die Ruhe des letzten Paradieses, wie die Bauern hier sagen, zu dem das Meer in sanften Sprüngen rennt und tanzt, in blaue und grüne Gewänder gehüllt.

Die Mora schaut von ihrer Arbeit auf und blickt ihn an mit starren Augen, die wie Kohlenstücke leuchten. Ihr Gesicht ist wachsgelb und blutleer. Um den Kopf trägt sie ein schwarzes Tuch, ganz eng gebunden, dessen Enden um den Hals geknotet sind. Auch ihr Kleid ist schwarz, ebenso ihre Schürze und die Alpargatas, die Hanfschuhe.

»Gefällt es Ihnen hier? Hier geschieht nichts, das Volk ist gut aber arm. Heiß ist es und das Klima ist schlecht. Das Meer ist ungesund und die Luft im Frühling voll böser Krankheiten.« Das ist die Einleitung zu jedem Gespräch, die sich endlos mit ganz geringen Variationen wiederholt. »Aber hier herrscht ewiger Friede, niemand versperrt sein Haus, niemand rührt fremdes Gut an, wo gibt es das noch in der Welt?«

Der Arzt beobachtet wieder die Geckos, die blitzschnell über das rissige Gemäuer gleiten und nur zu erkennen sind, weil sie sich bewegen, als husche der Schatten eines Mandelblattes vorüber. »Überall in der Welt ist Krieg und Unruhe. Nur die Dragons sind böse und gefährlich in diesem Paradies. Also seid ihr die glücklichsten Menschen auf dieser Welt.«

Die Mora hat eine schrille und ewig verärgerte Stimme, die aber plötzlich stumpf und rauh klingt. »So ist es nicht. Die Natur in ihnen, den Dragons, mag anders sein als das, was in sie gefahren ist, das Böse!«

Ein Falke schwebt von der Cala Mesquola herüber und steht mit weit ausgebreiteten Fängen unbeweglich über dem Garten.

»Der da oben, dieser Räuber, ist vielleicht böse, weil er die Küken angreift.«

Sie schüttelt den Kopf. »Sie sagten eben, daß Don Vicentes Frau gestorben sei, weil sie zu fett war. Aber niemand weiß, ob sie wirklich gestorben ist — vielleicht ist sie der Falke dort oben! Sie war ein Raubvogel, kam plötzlich an, schrie mit meinen Kindern, mit Eli, mit mir, mit den Schafen und stob davon... niemand von uns stirbt, daß er nicht mehr da ist...« Sie schielt von der Seite zu dem Fremden hinüber, der aufmerksam zuhört.

»Mag sein, daß sich die Menschen hier nicht von ihrer Heimat trennen können. Ihr kommt ja auch alle wieder, aus Amerika, Argentinien, Frankreich... und sei es nur, um hier zu sterben.«

»Das ist es, alle kommen wieder, aus der Ferne oder aus dem Tode. Kennen Sie den alten Tischler hinter der Töpferei in Cabra? Gut, er ist San Pedro, der heilige Petrus, nicht weil er so aussieht, niemand sieht so aus wie er ist. Nein, dieser Tischler *ist* der heilige Petrus. Er sagt es selbst und alle anderen sagen und glauben es ebenso. Er spricht mit dem heiligen Petrus und der heilige Petrus spricht durch ihn zu uns.«

»Und was sagt der Pfarrer dazu?«

»Der weiß nichts davon, geht ihn auch nichts an. — Sie kennen doch die dicke Fulana mit dem Holzbein, von der Burgmauer ist sie gestürzt und das Bein mußte ihr abgenommen werden: sie *ist* die Königin von Saba und hat einen Hofstaat von sieben Frauen, die ihr Körbe flechten und Geschenke bringen, so wie sie es verlangt. Dafür sagt sie den Weibern die Zukunft und die Vergangenheit. Es kommt alles wieder, die Menschen und die Zeiten, niemand stirbt, niemand! Da hinter dem Mühlenberg, auf die Bucht zu, wohnt ein Bauer, Simone heißt er — jawohl, wo die Bananenstauden am Brunnen stehen. Hören Sie, vor ein paar Monaten ist ihm die Frau gestorben. Und als sie starb, begann die Eselin im Stall zu schreien und schrie genauso jammervoll wie die Sterbende. Der Simone wußte nicht, wer da eigentlich so schreit. Bis er begriff, daß die Seele seiner Frau in die Eselin gefahren sei. Da nahm er sie aus dem Stall zu sich in sein Haus. Sie frißt ihre Bohnen aus einer großen braunen Schüssel am Tisch und schläft neben dem Bauern im Bett der Frau. Simone spricht mit der braunen Eselin und sie spricht mit ihm. Und genauso ist es mit den Dragons oder dem Falken da oben. Und so ist es auch mit Torquemada.«

Der Fremde fährt auf. »Mit Torquemada? Wer ist Torquemada?«

Die Mora schiebt eine der braunen Bohnen in den Mund und kaut mit ihren Zahnstummeln. »Ja, ja, Torquemada ist ebenfalls nicht gestorben. Er lebt hier auf der Insel, weil wir uns ihm damals nicht unterworfen haben und die Verfolgten aufnahmen. Als sich neulich das Lamm verlaufen hat, sagte ich Eli wo es sei. Ich sah es nämlich, tot, und über es gebeugt stand ein Mann wie ein Schatten, schwarz und durchsichtig. Eli lacht, wenn ich so etwas sage. Da bin ich selbst gegangen. Es lag oben am Cap, unterhalb des Leuchtturms und hatte nicht einen Tropfen Blut in den Adern. Als Torquemada mich kommen sah, ging er auf die Felsen zu und trat ein, wie ich in die Küche da drüben.«

Die Mora hockt vornübergebeugt, das Gesicht fast auf den Knien, ein schwarzer Schatten der Furcht.

Die Sonne brennt von einem unerbittlich blauen Himmel, aber den Fremden überläuft plötzlich ein Frösteln.

Vielleicht macht sie sich lustig über mich, den Ausländer? Aber wir sind doch alte Freunde, was hat sie nur?

»Und seitdem ich weiß, daß *Er* hier ist, habe ich keine Ruhe mehr. Ich liege im Bett und glaube zu schlafen. Da ertönt ein fürchterliches Geräusch, ein Lärm, der kein Ende nimmt. Ich bin ganz wach und das Klirren und Rasseln dauert an, nimmt sogar zu. Da weiß ich, es ist nicht auf dem Lande. Es ist das Meer, das steigt und steigt, über die Ufer. Wir müssen fliehen, Eli und die Mädchen und die Nachbarn. Wir rennen, so schnell wir können, durch den Wald über die Felsen bergauf, dem Cap zu. Das Meer hinter uns drein. Es kommt von allen Seiten und aus der Erde selbst bricht es auf und gegen uns. Wir klettern zum Cap hinauf. Alles Land ringsum eine einzige Flut, Pueblo und

Cabra von der Bucht bis zur Cala Mesquola ein großer See. Kein Dach, kein Turm, keine Pinie schaut heraus. Als wir uns nun gerettet glauben auf dem Felsen oben, da tritt plötzlich Torquemada heraus aus der Wand, groß und schwarz, kommt auf uns zu mit ausgebreiteten Armen. Ich werfe mich ihm zu Füßen und schreie — laß mir den Eli und den Jaime und die Kinder, laß sie leben. Er aber streckt die Hand aus und fegt einen nach dem anderen von dem Felsen hinab in die Flut. Alle müssen sterben, murmelt er dabei, alle müssen sterben! Das wiederholt er fortwährend. Und einer nach dem anderen versinkt.«

Tauben stelzen gurrend über das Dach.
Aus den Kaminen unten in Pueblo ringelt sich blauer Rauch.
»Und woher wissen Sie, Mora, daß der Geist auf dem Cap Torquemada war? Woher kennen Sie ihn?«
»Wir kennen ihn. Meine Großmutter hat ihn mir genau beschrieben. Er ist mager, hohlwangig und gelb. Schwarze Zotteln hängen ihm um den Schädel. Er trägt ein schwarzes Gewand mit einer dunkelroten, verwaschenen Mantille und auf dem Kopf ein dreispitziges Barett. Seine Hände sind wüst, Finger wie krumme Messer, dünn und lang. Mit denen hat er selbst die Garotte angedreht, die Scheiterhaufen angezündet. Er war der schrecklichste Mensch, den Spanien je ertragen hat. Er konnte nur eines denken, Mord, Folter, Hölle. Juden und Christen, Spanier und Moros mußten sterben, wenn sein Verdacht auf sie fiel.«
Sie schüttet die Bohnen in die Schüssel, liest einen Wurm auf und wischt ihn an der Schürze ab — »... so machte er es mit den Menschen!«
Lautlos schleicht sie über die Terrasse zur Treppe.
Don Carlos hört noch das schlurfende Geräusch ihrer Schritte und das Zuschlagen einer Tür. Dann ist er allein

und einsam hier oben über dem Land, das friedlich in der Julihitze schmort.

Weit in der Ferne, wo die rote Erde weiß vom Sand der nahen Küste überweht ist, galoppiert ein Pferd im Kreise und der Bauer, der es an der Leine hält, singt mit wehklagender Stimme ein arabisches Lied — »Mein Pferdchen starb, ich konnte ihm nicht helfen...«

Spreu und Weizen stäuben unter den Hufen und dem nachrollenden Dreschstein wie eine goldene Wolke und sinken träge nieder auf die glühende Erde.

II

Es ist Samstag der achtzehnte Juli. Ein heißer Tag. Die Hitze steht zwischen den Häusern von Pueblo, die sich flach auf die Erde ducken. Nirgends Schatten, außer unter den alten Feigenbäumen. Das Meer glitzert bewegungslos in blauer Unendlichkeit.

Die Pyramide von Cap Vermey leuchtet schwarz aus grauem Dunst.

Alle Sträucher sind weiß vom Staub. Die Haut der Erde wird runzelig und platzt.

Auf der Finca des Don Juan, genannt der Voerge, rattert der Motor, der Wasser über die brennende Erde pumpt. Alle Windräder über den Brunnen drehen sich kreischend, erstarren hilflos, gelähmt von der glühenden Sonne. Also werden die Maulesel an die Göpel gespannt. Das wenige Wasser, das sie fördern, verdunstet in den Rinnen auf halbem Wege zu den Furchen.

Wie auf Kommando treten die Weiber gleichzeitig aus allen Türen und tragen auf vorgestreckten Armen große Blechformen mit den Cocas, den Sonntagskuchen: Bibine hat Tomaten mit Sardinen als Füllung gewählt, Catalina Kaninchenfleisch mit Knoblauch, Maria Antonia Fisch mit Petersille, Maddalena Kürbis mit Zucker und Rosinen.

Agostino, der Depeschenbote von Cabra, radelt so schnell er kann den Berg nach Pueblo hinunter. Sein Gesicht glüht, seine schwarzen Locken stehn gesträubt wie eine Wolke. Schweiß tropft ihm vom Kinn.

Weshalb hat er es so eilig? Das ist schamlos. Der Bäcker Mateo, der den erschreckten Weibern die fetten Cocas abnimmt, schüttelt unwillig den Kopf, als der Bursche in einer Staubwolke an ihm vorbei in den Hotelgarten einbiegt.

»Eine Barbarei! Ohne Sombrero! Die Schwindsucht wird er sich holen!«

»Der Sombrero ist ihm auf dem Kopf festgewachsen. Der hat's besser als du.«

Mateos Schädel ist nämlich nackt wie eine Billardkugel. Er lacht gutmütig.

»Du wirst eben immer jünger, Mateo. Wenn wir jetzt eine Schule bekommen, wirst du auch noch hingehen müssen und das ABC lernen. Kannst du rechnen? Sechzehn kleine und zwei große Cocas...«

»Macht zwei Koliken und acht Tage Bauchweh...«

»Wozu braucht ein Fischer oder Bauer lesen und schreiben zu lernen? Diese Leute sollen lieber ihre Schulden bezahlen und arbeiten, statt im Café zu sitzen und große Reden zu halten.«

»Macht weniger Kinder und ihr braucht keine Schule!«

Alle schreien durcheinander und kreischen vor Vergnügen. Die dicke Catalina, die Marquesa, trommelt auf ihr Kuchenblech. »Ihr habt ganz recht, für euch ist es wirklich überflüssig zu lernen. Eure Köpfe sind wie die Cocas, nur ungefüllt. Paß auf, Mateo, daß du sie aus Versehen nicht mit in den Ofen schiebst.«

Die gelbe, spitznäsige Maddalena, la Beata genannt, die Fromme, sperrt ihr Fischmaul auf — »Ich hätt' nie gedacht, daß sich die Aristokraten für unsere Cocas interessieren. Mateo Pepper hat sich auch über die armen Leute lustig gemacht und wäre fast an einer vergifteten Coca gestorben.«

»Das kann mir nicht passieren. Die Coca war nämlich gar keine Coca, sondern eine Hostie!«

Damit war der Beata das Maul gestopft und die Marquesa schiebt ihren dicken Bauch durch die Perlsträhnen in der Tür. »Ein anderes Mal mußt du dir die Leute genauer anschauen, an denen du dir deinen letzten Zahn ausbrechen willst.«

Agostino löst die Spangen aus seinen Hosen, streicht die Haare zurecht und knöpft das dunkelrote Hemd zu.

Langsam und manierlich steigt er die mit blauen Teppichen belegte Treppe hinauf und geht durch die dämmerige Hotelhalle, in der Scheuerfrauen, auf den Knien rutschend, die Marmorfliesen polieren.

Der Sekretär, ein Deutscher, sitzt über eine Zeitung gebeugt hinter dem Bürotisch, und streckt ohne aufzublicken die Hand aus, um das Telegramm in Empfang zu nehmen.

Aber Agostino hat kein Telegramm, er gibt dem Sekretär die Hand und lacht. Der Deutsche fährt zurück.

Agostino schüttelt den Kopf — »Nichts! Es gibt keine Telegramme mehr!«

— »Was willst du?«

Der Fremde hat ein mürrisches Gesicht, voller Falten wie ein alterndes Mädchen. Seine Haare sind fahl und stehen ihm störrisch wie eine Bürste zu Berge. Seine Augen sind kalt und grau, richtige Fischaugen.

Er hat gar keine Lust, sich mit dem kindischen Burschen da zu unterhalten und blättert die Seite um.

Agostino beugt sich ein wenig verschüchtert über die Tischplatte. »Aber hören Sie doch, Señor, es ist wichtig, die Verbindung mit Madrid und dem Continent ist abgeschnitten. Die Armee hat sich erhoben. Die Minister mitsamt dem Präsidenten Azaña sind gefangen genommen.«

Der Deutsche faltet langsam seine Zeitung zusammen.

»Danke!«

Schwerfällig richtet er sich auf — er hat einen Klumpfuß — und hinkt zum Zimmer des Direktors. In der Türe dreht er sich nochmals um — »Auf was wartest du noch? Es ist gut. Du kannst wieder gehen.«

Der Hoteldirektor, ein Deutschböhme, der in der französischen Fremdenlegion gedient hat und den die Bauern kurz 'Terzio' nennen, sitzt mit seinem Landsmann Porfirio beim Kartenspiel.

Der Sekretär bleibt, mit dem Rücken gegen die geschlossene Glastüre gelehnt, stehen und betrachtet die beiden eine Weile stumm und reglos.

Das ärgert Porfirio, der ihn für einen Duckmäuser hält, er hebt seinen Anis — »Prost, Herr ...« vollendet aber den Satz nicht, denn er hat in dem Gesicht des Sekretärs etwas bemerkt, eine Spannung, einen Haß, der ihn stutzen macht.

Jetzt dreht sich auch Terzio um — »Was gibts denn, Esau?« so nennt er ihn wegen seiner stachligen Borsten.

Esau spricht leise und höhnisch. — »Sie können Ihren Laden hier zumachen, Herr. Ich bitte um meine Papiere. Es ist soweit. Sanjurjo hat losgeschlagen.«

Terzio, keiner anderen Regung fähig, zieht die Brauen hoch. Seine Stimme überschlägt sich — »Woher wissen Sie?«

»Der Agostino war hier. Verbindung mit Madrid abgeschnitten. Regierung und Präsident gefangen. Ich habe hier nichts mehr zu verlieren.«

Tiefe Stille.

Porfirio trinkt rasch sein Glas leer, als könne es ihm weggezaubert werden.

Terzio schaufelt mit wütender Bewegung die Karten zusammen — »Verbinden Sie mich mit Palma. So lange werden Sie noch warten können. Ich muß ja auch! Ein Telephondraht wird gerissen sein. Kann doch gar nicht stimmen!«

Porfirio ist angetrunken und beginnt laut zu lachen. — »Warum soll das nicht stimmen? Es stimmt. Ich habe es Ihnen ja gesagt. Alles ist gekommen, wie ich es gesagt habe. Ich hab' mal wieder recht.«

»Aber doch erst im Herbst, Herr, im Herbst! Doch nicht jetzt, mitten in der Saison, was wollen denn diese Analphabeten? Ich habe zweihundertsiebzehn Bestellungen vorliegen! Was stehen Sie da herum? Sie sollen mich mit Palma verbinden, Sie können Ihre Papiere haben — ich will wissen, ob das Schiff geht...«

Esau humpelt hinaus.

Terzio brüllt — »Ihr blödes Lachen wird Ihnen noch vergehen!«

Porfirio erschrickt und wischt sich die Tränen aus den Augen. »Ich begreife nicht, was Sie so in Harnisch bringt. Bis vor fünf Minuten war Ihnen nichts radikal genug, nichts national genug. Sie, und nicht ich, haben prophezeit, daß die rote Bande in drei Tagen davonlaufen werde. Und jetzt sind Sie entrüstet!«

Terzio rennt mit kurzen Schritten vom Fenster zur Tür und wieder zurück. Er ist plötzlich ganz nüchtern geworden. Schweißtropfen perlen ihm über die Stirne und er reibt die Brille ab, als könne er es dann besser begreifen. »Ist doch was anderes, ob wir von den Dingen reden, oder ob sie plötzlich da sind. Wie soll ich das meinen Gästen erklären? Soll ich zweihundert Absagen schreiben? Ich hab doch die Verantwortung dem Besitzer gegenüber. Und meine Prozente!«

Langsam und verwundert ist Agostino die schöne Treppe wieder hinuntergeschlichen. Er hatte sich ausgemalt, daß seine Nachricht wie eine Bombe zwischen den Fremden landen würde, und nun tun sie, als ob sie alles schon vorher gewußt hätten!

Vielleicht haben sie es auch vorher gewußt. Den Fremden ist alles zuzutrauen.

Nicht einmal Limonade haben sie ihm angeboten.

Er wird sich das merken.

Eine Dame kommt ihm entgegen — »Haben Sie ein Telegramm für mich?«

Agostino macht ein düsteres Gesicht, bewegt den Zeigefinger verneinend hin und her und flüstert — »Nichts, nichts von nichts — es gibt überhaupt keine Telegramme mehr! Das Kabel ist zerschnitten, in Madrid ist Revolution, Barcelona brennt und das Schiff wird auch nicht mehr auslaufen!«

Jetzt fühlt er sich schon besser.

Die Dame hat nur die Worte Madrid und Revolution verstanden und rennt laut schreiend die Treppe hinauf — »Revolution! Ich reise! Meine Rechnung!«

Terzio tritt ihr beschwörend entgegen, blaß — »Kein Wort ist wahr, gnädige Frau, beruhigen Sie sich bitte, das sind Lügen. Hier geschieht doch nichts, und wenn etwas geschieht, geht es uns Fremde nichts an. Für uns sind Sonne, Strand und Meer da. Alles andere geht uns nichts an!«

Aber die Dame, eine Perserin, stampft auf den Boden. Ihr Französisch erinnert den Direktor an seine Vergangenheit: als er bei vierzig Grad im Schatten über den Exerzierplatz von Sidi-Bel-Abbès gejagt wurde. Unwillkürlich legt er seine Hände an die Hosennaht.

»Lassen Sie mich in Ruhe mit Ihren politischen Ansichten, meine Rechnung bitte. Wann geht der nächste Dampfer nach Marseille?«

»Ich habe soeben mit Palma gesprochen, alles ist ruhig, niemand hat das Geringste von Unruhen in Madrid gehört ...«

»Das ist es ja grade, was ich nicht liebe, daß hier niemand etwas weiß. Also weiß auch niemand, ob heute abend der Dampfer nach Barcelona geht?«

Der Direktor verbeugt sich.

Die Dame begreift, was das bedeutet: abgeschnitten von

der Welt. Aber sie kann es noch nicht glauben — schreit — »Ja oder nein?«

Terzio kalkuliert schnell — »Zwanzig Gäste im Hause, die nicht abreisen können, sind besser als zweihundert, die nicht landen können.« Und er zuckt bedauernd die Achseln — »Ich bin nicht verantwortlich für Revolutionen und Generalstreiks. Ich kann nur dafür garantieren, daß die Sonne scheint und das Klima auf Mallorca ideal ist.«

Agostino sitzt im Café neben Bartolomé und erzählt seine Neuigkeiten.

Der dicke Melis und der Maurer Martin hören schweigend zu. Agostino läßt zwischen den einzelnen Sätzen den Inhalt einer Limonadenflasche durch seine durstige Kehle laufen. Das vergrößert außerdem die Spannung. Melis reibt sich die Augen. Diesmal sind es nicht Analphabeten, die Gespensterschiffe sehen, unsichtbare Kisten, nicht vorhandene Gewehre entdecken. Diesmal ist es der Chef des Telegraphenamtes, der nicht nur lesen und schreiben, sondern sogar französisch kann, der die Gefahr entdeckt hat und meldet.

»Hat er sonst noch etwas bestellt?«

Agostino hat die Flasche geleert — »Nein, ich soll euch nur sagen, daß er am Morse sitzt und jede halbe Stunde in Palma anfragt!«

Bartolomé bindet die weiße Schürze ab und ruft zu Sabine hinüber, die in der Küche einen Fisch in winzige Stücke schneidet — »Ich gehe zu Sebastian. In fünf Minuten bin ich wieder zurück...«

Dabei hat er das Gefühl, als ob er nie wieder zurückkommen werde. Eine große Leere ist in ihm, als sinke er in Ohnmacht, in eine andere Welt, wie ein Stein in der Unendlichkeit des Meeres untergeht. Er weiß, diesmal ist es Wahrheit: die Entscheidung!

Melis und Martin bleiben sitzen.

»Ich werde auf jeden Fall meine Flinte verstecken.«

Martin verzieht keine Miene — »Ich habe noch ein paar Kilo Dynamit vom letzten Brunnenbau aufgehoben. Willst du sie haben? Sonst werfe ich sie ins Meer —«

»Wirf sie ruhig ins Meer und spring hinterdrein. Sonst mußt du die Kirche neu bauen. Ich hätte nach Amerika fahren sollen, mehr weiß ich nicht. Die Mora hat es uns ja prophezeit...«

Agostino radelt weiter zur Bar am Hafen, wo Padrine mit dem dicken, schwarzhaarigen Kapitän, dem Besitzer der großen Barke, würfelt und um die Wette gähnt. Sein Vater Tomeo, der gichtige Lehrer, fängt Fliegen und zerdrückt sie zwischen Daumen und Zeigefinger.

Agostino ist ein Künstler. Er schmückt die Nachrichten aus mit erfundenen Details, die er den Wunschträumen dieser verdrossenen Monarchisten anpaßt.

»Die Generäle haben gesiegt, im ersten Ansturm ist alles vor den Soldaten davon gelaufen. Azaña und Largo Caballero haben Selbstmord begangen. Prieto und Besteiro, überhaupt alle Führer der Linken sind im Arbeiterhaus gefangen und vom Volke zu Tode getrampelt worden. Ihre Leichen hat der Mob im Triumph über die Puerta del Sol geschleift.«

Die Männer blicken hinaus, ob die Mole noch steht, die Häuser, die Fonda, ob das Meer noch schäume, oder ob Himmel und Erde zusammengestürzt seien.

Aus der Ferne krächzt die Hupe des Postautos, das wie immer den Berg von Cabra hinunterrollt, gleich einer Staublawine.

Das Leben scheint sich nicht so schnell zu ändern.

Der Kapitän und Tomeo sehen einander schweigend an, mit blinzelnden Augen, als seien sie geblendet von diesem plötzlich hereinbrechenden Licht. Der Seemann steht auf, schiebt seinen herausquellenden Bauch unter den Riemen, drückt den Sombrero fest über die Augen und zündet sich eine frische Zigarette an.

»Kann sein, kann nicht sein. Wer weiß mehr als Gott?«

»Da hast du recht. Aber höchste Zeit war es. So kann es nicht weitergehen. Calvo Sotelo ist vor vierzehn Tagen ermordet worden. Jetzt sind wir an der Reihe — Rache!«

Der Lehrer greift nach seinem Stock und stellt sich ächzend auf seine lahmen Beine. Seine Froschaugen schwimmen in Tränen.

Er ballt die Faust und droht — »Aber wenn es so ist, und Gott gebe, daß es so ist, dann ist Don Juan nicht weit! Und gegen den ist kein Kraut gewachsen!«

Damit wirft er seinem Sohn zehn Centimos hin, in Erinnerung an die Duros, die er früher hinzuwerfen pflegte und stolpert wie ein Rabe mit gestutzten Flügeln zappelnd zu seinem Freunde, dem Trommler, der ihm schreiend entgegenläuft — »Christus wird herrschen in Spanien! Christus und die Madonna del Pilar!«

»Und Don Juan und General Goded!«

Bartolomé fragt den Chauffeur des Postautos, was es Neues in Palma gebe.

»Nichts, absolut nichts. Ich weiß jedenfalls nichts. Geredet wird genug, was soll ich da noch reden.«

Bartolomé beugt sich weit ins Innere des Wagens und flüstert — »Also stimmt das mit Madrid?«

Der Chauffeur blickt scheu nach allen Seiten, hebt die Schultern und läßt verzweifelt die Hände auf das Steuerrad fallen, zweimal, dreimal — »Kann schon sein, es ist bestimmt etwas in der Luft. Alle Herren aus Iglesias sind heute in die Stadt gefahren. Der junge Baron de Vergon hatte sogar eine rote Carlistenmütze auf dem Kopf, und der Hauptmann von der Guardia hat es gesehen, ohne ein Wort zu sagen.«

»Hast du Juan gesprochen, den Alkalden von Iglesias?«

»Nein, aber der kleine Rey sagte mir, er sei ebenfalls in die Stadt gefahren. Soviel ich weiß, wollen die Hafenarbeiter in den Streik treten.«

Bartolomés Gesicht hellt sich auf — »Sehr gut, vielen Dank. Und aufgepaßt! Ein Chauffeur muß alles sehen — «

III

Bartolomé winkt dem Freunde und geht ins Haus. Maria, Sebastians Frau, sitzt wie ein Wachtposten unter dem Tannendach neben der Türe und strickt.

Im Hause ist es dunkel. Die weißen Wände, die dunkelroten Fliesen atmen Kühle und Ruhe. Hier, wie in allen Bauernhäusern, gibt es nur einen Tisch und viele strohgeflochtene Stühle, die an den vier Mauern entlang stehen. Unter dem Tisch eine kreisrunde Matte aus Palmfasern, dunkelgrün.

Sebastian tritt neugierig auf Bartolomé zu, der, breitbeinig, die Fäuste in die Hüften gestemmt, wie ein Kapitän auf Deck dasteht. Augen groß und voll schweren Schauens. Das massive Kinn weit vorgeschoben, auf der geröteten Stirne dunkle Furchen. Alt und grau sieht er aus.

»Diesmal stimmt es...« nach wenigen Worten weiß Sebastian alles.

Er wartet, horcht, das Summen der Fliegen stört ihn, das war vorauszusehen, keine Überraschung, keine Politik: Notwendigkeit. Maria nichts sagen. Keine Kinder. Sie hatte wenig Freude im Leben, jetzt ist es zu spät, neu zu beginnen. Sehr schwer, etwas zu sagen. Er hustet.

Seine Stimme ist leise und schüchtern wie immer.

»Schickt den Jungen hinauf nach Cabra zu Leo. Soll heute abend Punkt acht die Vertrauensleute einberufen. Ich bleibe hier und lasse die Maschinen bis drei Uhr laufen, für das Radio. Wir brauchen Nachrichten. Liefere alle Listen und alles Geld bei Leo ab. Sollen wie 1934 im gleichen Versteck verwahrt werden. Das ist alles. Mehr können wir nicht tun. Warten. Zusammenhalten —«

Er wundert sich etwas über seine Ruhe. Kleine praktische Ratschläge bei Erdbeben und Pest. Schämt sich. Den Kopf auf die Brust gesenkt, bleibt er unbeweglich und denkt nach.

»Wenn die Generäle losschlagen, sind wir hier auf der Insel verloren. Verloren und vergessen. Die Entscheidung fällt drüben, in Madrid.«

Das ist widerlich. Feige, feige und schamlos. Wieso Madrid? Welche Entscheidung? Über unser Leben?

»Wenn wir nicht heute noch mit der Gegenerhebung anfangen, ihnen zuvorkommen. Was die Generäle können, können wir auch! Grade wir!«

»Wie meinst du das? Hast du Waffen?«

Sebastian richtet sich auf, lächelt, bohrt seinen Blick in Bartolomés Bauernaugen, die schlau aber unwissend sind.

Dann flüstert er ein einziges Wort. Es ist das Wort, das die Brunnensprenger über die Straße rufen, bevor sie die Zündschnur am Dynamit in Brand setzen.

Sie heulen es langgezogen, voller Angst, schon fliehend vor dem Schuß.

Bei ihm klingt es kurz, wie Schuß, Schluß — »Fag, Feuer!«

Bartolomé weicht vor ihm zurück, entsetzt — »Fag? Hier?«

Sebastian nickt und zeigt hinauf, wo des Voerge Schloß steht — »Das weg — und alle wissen, was die Uhr geschlagen hat — alle!«

Bartolomé schüttelt den Kopf. »Nein. Aus dem Schloß wollen wir ein Erholungsheim für die Kinder der asturischen Bergarbeiter machen, hast du das vergessen, Sebastian?«

Keine Kinder, das ist gut heutzutage. Aber die asturischen Bergarbeiter werden mehr Waisen haben als Häuser auf Mallorca sind — du bist selber ein Waisenkind, hast keine Ahnung, was dir bevorsteht. Sebastian verzieht spöttisch den Mund. Eine Sekunde blitzen seine großen, schiefstehenden Zähne zwischen den blutlosen Lippen und diese Verzerrung seines sonst regelmäßigen und stillen Gesichts enthüllt tief verborgenen, fanatischen Haß. Vergebens und unbelehrbar diese Bauern — »Gut, wie du willst, ich habe nichts gesagt, erledigt. Also kein Fag. Kommt nur darauf an, daß wir noch in Verbindung bleiben mit Leo in Cabra und Juan in Iglesias, mit Manacor, Felanitx und so weiter bis Palma, damit wir wenigstens wissen, wenn sie gegen uns marschieren und rechtzeitig in die Höhlen gehen. Denn sonst« — er klopft ihm freundlichst auf die Schulter — »denn sonst schlachten sie uns hier ab wie die Lämmer, wie die Ferkel am St. Antons Tag. Die rufen nicht erst lange Fag, die schießen gleich!«

Jemand pocht leise an die Persianas. Peppé, der Heizer. Grient. Nur keine Angst. Noch nicht. Alle lachen laut.

Peppé ist ausgedörrt von der Arbeit am Ofen und krumm. Hart wie ein Dattelkern. Stumm betrachtet er die beiden Freunde, dann legt er langsam die schwarzen Affenarme auf dem Rücken zusammen, um ein Gegengewicht zu haben — »Das ganze Dorf weiß es bereits. Madrid ist gefallen. Azaña und Caballero tot. Ganz Andalusien und Navarra faschistisch.«

Er lächelt verschmitzt und seine rotgeäderten Augen quellen groß aus den Höhlen — »Aber kein Wort wissen sie über Barcelona, Valencia, Bilbao, Oviedo, Katalonien — kein Wort! Und das genügt mir. Seit dem 16. Februar ist Caballero mindestens zwanzigmal vergiftet oder ermordet worden. Er lebt immer noch. Und wird hundertmal sterben und immer weiter leben. Wie du und ich. Arbeiten. Primo de Rivera, Alfonso, Calvo Sotelo, Gil Robles, der

Voerge und alle anderen Voerges werden krepieren — wir, wir werden leben!«

Bartolomé schöpft Mut, eifrig und voll unbestimmter Hoffnung — »Vielleicht hat Peppé recht, habe ich mir heimlich auch schon gedacht, muß doch noch nicht alles wahr sein, was über den Telegraphen kommt. Radio ist was anderes, da hörst du die Stimme, was? Wie oft haben die Beatos in den letzten vier Jahren den Aufstand angekündigt, was? Am Radio — alles ruhig, Musik, Theater. Kennen wir!«

Sebastian hüstelt, alles Gerede. Schlimm, schlimmer, am schlimmsten, daß man merkt, wenn man lügt.

»Jetzt schwindelst du genau wie die Fleischhändler. Ihr glaubt euch kein Wort. Euer eigenes Wort dreht sich euch zwischen den Zähnen. Erinnert euch, bitte, an die Geschichte mit den Waffen, die Versammlungen bei Porfirio, dem Italiener, dem Trommler, die Flugblätter aus Deutschland, das Bombenattentat im Volkshaus in Palma, Don Manuel mit Don Carlos festgehalten und aus dem Dienst entlassen — das ist, ist, ist die Wahrheit, das war schon Aufstand — seit Monaten! Ihr wißt ja gar nicht, wie so was gemacht wird. Das ist Krieg der einen Hälfte gegen die andere Hälfte, nichts anderes als Krieg, ob in Abessinien oder Spanien. Das kommt alles auf eins raus und wird alles von einem gemacht. Vom guten Freunde unseres lieben Don Alfonso. Der hat es ihm in die Hand versprochen, und ihm hat es der Italiener in die Hand versprochen: sie werden alles nachholen, die Generäle, was sie versäumt haben und die Republik in Scherben schlagen, ausrotten — raus, weg damit, kein wahres Wort mehr. Radio. Und wir? Wir werden uns verkriechen, wir werden horchen und warten auf besseres Wetter wie Fischer in einem ewigen Dezember. Was sind wir jetzt? Ein paar hundert Männer hier und da im Land, ein paar tausend, wenn du willst auf einer Insel, allein, mitten im Meer.

Wie die Protestanten da oben in Cabra.

Erinnerst du dich, Peppé, wie diese Menschen gelebt haben? Genau so wie die Juden. Während der Prozession oder Messe durften sie nicht einmal auf die Straße *sehen,* sehen, sage ich, nicht gehen! Und als Don Blanes' Tochter plötzlich krank wurde und er, der Protestant, der Teufel, der Hund, der elendige, während des Hochamtes zum Doktor lief, haben sie ihm erst die Fenster eingeworfen und dann wurde er wegen Störung der öffentlichen Ordnung zu drei Monaten Gefängnis verurteilt — so wird es kommen mit den Republikanern — noch viel schlimmer — aus und weg damit, Schluß!«

»Und du hast gehört, was in Palma geschehen ist?«

Pause. Die Fliegen summen. Als spreche jeder ein Gebet für einen Gestorbenen — »Gouverneur abgesetzt, Don Manuel verschwunden, Bürgermeister plötzlich erkrankt — tot — von keiner Seite etwas zu erwarten, die Partei aufgelöst — Tatsachen!«

»Aber die Carabineros! Was hältst du von den Carabineros? Gehören doch, verdammt noch eins, zu uns! Haben wir ihnen geholfen, müssen sie uns helfen!«

Peppé lacht, höhnisch, böser Affe — »Soldaten tun, was ihnen der Hauptmann sagt. Bist du der Hauptmann? Dreck das ganze Militär.«

Melis schlurft herein, schließt die Türe, horcht hinaus. Er sieht aus wie sein Schafskäse, grünlich blaß. Zittert er? Er lehnt sich an die Wand und senkt das feiste Kinn. Schweißtropfen wie Tränen.

Sebastian schöpft Atem. Das muß man ausrechnen. Er ist an Maschinen erzogen: Millimeter genau, Sekundenbruchteile, Zahlen. Hier ist alles fehlerhaft, schlampig romantisch, Gerede. Jeder Einzelne ehrlich, macht Fehler über Fehler, während die anderen Geld sammeln. Die Republik ist ein Konstruktionsfehler, eine Totgeburt. — »Wir haben uns das zu leicht vorgestellt. Republik, ewiger

Friede mit Fahnen und Prozessionen, kleine weiße Mädchen küssen irgendwelche älteren Herren — man nimmt nicht eine Republik aus den Händen von Generälen! Siehe Indenbur. Als unser Goded beim Nationalfest am 14. April — das gehört zu oben — den Bischof auf die Tribüne einlud und sich weigerte, sich standhaft wie ein Mann weigerte, die Nationalhymne spielen zu lassen, da hätten wir die Tribüne stürmen sollen! Statt zu pfeifen, zu johlen und mit Roßäpfeln zu werfen. Vielleicht wollte er damals eine Revolte provozieren. Er ist heute noch Kommandant der Balearen — und was sind wir?« Elegante Handbewegung als scheuche er eine Mücke weg. Weniger.

Bartolomé weigert sich, glaubt das nicht, kann das nicht glauben. Und die Zeitungen? Und die Reden? Und die Partei?! Millionen! Disziplin! Jugend! Adelante, vorwärts!

»Der Chauffeur sagt, in Palma haben die Arbeiter den Generalstreik verkündet — General gegen General. Drei Tage kein Brot, und kein General mehr da!«

Peppé reibt sich die Hände — »Und der Fremdenverkehr? Glaubst du, die Herren werden ihre Hotels und Bäder ruinieren? Klima ideal!«

»Sie werden! Sie werden alles tun, um das ganze Land zu ruinieren. Das Land ist republikanisch und für die Regierung. Also? Ruinieren, ausrotten, verbrennen und vergraben. Es gibt nur ein Mittel, die Bauern zu besiegen, das ist Furcht, Terror, die Drohung mit Gefängnis und Hölle, mit der Schande, entehrt zu sein vor dem ganzen Dorfe. Gibt es eine größere Schande für einen Mallorquiner als ins Gefängnis zu kommen? Wie ein Dieb? Dieb, gräßliches Wort. Der hat gestohlen — wer hat gestohlen? Der Fulano — er soll sterben. So wird das gemacht.«

»Aber sie können doch nicht ganz Pueblo und alle anderen Dörfer einsperren! Wir sind doch keine Diebe! Es gibt doch Gerichte!« Peppé brüllt.

»Richter ja, aber keine Gerechtigkeit. Sie können alles. Es wird sich noch vieles ändern in unserm Dorf, in allen Dörfern. Viele, die heute schwören, daß sie bereit sind, für die Republik zu sterben, werden bei Don Romeos, dem Capitano und alle werden sie zusammen bei Voerge landen — das ist das Ende eines schönen und friedlichen Dorfes, des Paradieses, wo nichts geschieht.«

»So hör doch — wir sind drei, vier — Valenti, Jeronimo, Luis, Leo, Juanito — mit denen können wir rechnen, die sind fest. Und wir müssen zusammenbleiben wie Steine und Zement. Dann werden die anderen, die Unsicheren von selber halten. Nicht abbröckeln lassen, das ist die Kunst.«

Was hat Sebastian heute, er geht nicht mit, Opposition zu allem — er hat die Paradies-Krankheit — »Es wird unter uns Streit geben, wie es immer Streit gegeben hat, zugedeckt mit dem Mantel der Nächstenliebe, ich kenne das. Aber was reden wir da 'rum? Schweigen und hören ist wichtiger als leben und Pläne machen fürs Begräbnis. Nicht antworten, was immer geredet wird — es bleibt alles, wie es war — das heißt — du wirst nicht mehr lange Ortsvorsteher sein und ich nicht mehr lange Maschinist — «

»Alles zu spät. Wirklich alles? Don Manuel ist zu spät gekommen, Valenti und Luis Massa kommen zu spät — zum heulen!«

»Wenn sie überhaupt wiederkommen. Erinnere dich, wie es im Oktoberaufstand war, vor zwei Jahren — aus den Betten haben sie uns geholt — vom Meer, aus den Booten — aus dem Weinberg — «

Der wilde Peppé knirscht mit den Zähnen — »Wie ist das nur möglich, daß wir ewig die Dummen bleiben? Seit sechshundert Jahren war nie Krieg auf der Insel — «

»Aber ewig Krieg *um* die Insel! Um die Insel! Nicht nur wegen der Seeräuber, die hier lebten. Die Nachbarn wollten selber die See ausräubern.«

»Ich habe nichts gemerkt — keinen Krieg, keine Schlacht, keine Katastrophe, weder Erdbeben noch Pest und nicht einmal Seeräuber. Die Juden haben sie verbrannt — aber nicht wir, sondern Torquemada — «

»Wir sind alle Juden — siebzig Prozent — also werden wir alle verbrannt.«

»Gut, meinetwegen sollen sie machen, was sie wollen. Aber was machen sie ohne uns? Wir haben immer gearbeitet, geschmuggelt, wir sind ausgewandert und heimgekehrt mit Dollars und Pesos — nur die Herren sind geblieben. Unsere Herren waren die Herren. Alles gehörte ihnen und wir waren die Dummen — wie, zum Teufel, ist das nur möglich?«

»Ich finde, es ist nur schlimmer geworden, immer schlimmer. Denn so etwas wie Voerge hat es früher nicht gegeben, trotz allem nicht. Nicht mal das Wasser für unsere Felder hat er uns gelassen, kein Schiff, um nach Amerika zu fahren, den Fisch zum Reis müssen wir von ihm kaufen. Wir müssen noch dankbar sein, dürfen uns nicht wehren, wenn er uns das Letzte nimmt — was ist das Letzte?«

Peppé ist verzweifelt. Bin ich so blöd? Was ist da falsch? »Aber irgendwo muß doch das Geld für all unsere Arbeit, all den Schmuggel, all die Fische, das viele Geld aus Amerika bleiben? Wo bleibt es? Wo! Wer hat es denn?«

»Wo es bleibt? In Voerges Taschen, Banken, Häusern, Fincas. Was weiß ich, wo in der Welt er es vergraben hat. Ist das nicht gerecht? Mallorca den Mallorquinern. Er ist Mallorca. Also?«

»Nur die Kinder sind uns geblieben, das ist das Letzte, und die will er jetzt auch noch haben. Blaue Hemden zieht er ihnen an und die Seelen zieht er ihnen aus.«

Sebastian packt seinen Gehilfen vorne am Hemd — Idioten ihr alle — schreien sollte man — in die Haut brennen — »Du hast sechs lebende Kinder, Peppé, lebende — wie lebt ihr? Pfui! Keine Familie hier mit weniger als vier

Kindern. Wozu? Daß Voerge und Goded sie euch wegnehmen, ihnen ein Gewehr in die Hand drücken und gegen euch schicken! Gegen euch, die ihr sie gemacht habt, blind wie Vieh, und gegen uns. Die Kinder — daran werdet ihr zugrunde gehen und wir alle mit!«

Peppé windet sich unter Sebastians Anklage. Mein Sonntagsbraten. Was bleibt uns sonst? Kastrieren vielleicht? So ein gottloser Zustand — »Wir können nicht alle so streng leben wie du, Sebastian. Die Weiber wollen es und rennen in den Beichtstuhl, das ist so. Die Jungen sitzen im Café und kümmern sich um Nichts — Radio, Fußball, Kino, Tanzen — lassen sich dumm machen und laufen hinter dem Porfirio her. Das Geschäft bleibt den Alten. Du weißt, wer ich bin —« An diesem Tage kehrt sich alles von unten nach oben, das ganze Leben wird abgerechnet, die Trümmer fliegen durcheinander, rette sich wer kann. Nein, hierbleiben. Peppé strafft seinen Buckel, hebt seine Fäuste, die wie zwei rußige Hämmer an langen Armen sitzen, der Urmensch fletscht die Zähne — »... wenn du mir sagst — Peppé, sagst du, geh hinauf und spreng Voerges Haus in die Luft, streu Don Romeos Blumen aufs Dach, schlag den Italiener — den Fontanelli, vor den Schädel — Sebastian —! — du weißt, ich tu's! Ich!«

Sein Gesicht ist unter dem Kohlenstaub weiß geworden, seine Augen reißt er auf und blickt von einem zum andern und schwankt. Betrunken. Er atmet nicht, er glüht wie der Dampfkessel... »ich tu's, allein!« Haut sich an die Brust — »Am hellichten Tage!«

Bartolomé wird mißtrauisch. Aha! Sehr gut, aber doch sonderbar — »Das habt ihr euch wohl beide so ausgedacht, nachts beim Dampfkessel, da ist alles so mit Feuer und Elektrizität geladen... *Fag!* Und heissa, in die Luft damit! Nein, das ist gegen unsere Grundsätze und so geht es nicht. Geht nicht, sage ich euch — hört zu — « packt sie beide an den Armen, zieht sie nahe an sich heran, sogar

Melis beugt seinen Kopf in den Kreis, um keines der Trostworte zu verlieren — Bartolomé flüstert, preßt ihre Muskeln, damit sie spüren, was er meint — »In dem Brief an den Gouverneur steht — daß wir Voerges Schloß und die Schlösser der Fortezas und de la Torres beschlagnahmen mitsamt allen Gärten und Fincas. Ebenso die Eisenbahn, das Posito, die Schiffe, Klöster, Kirchen, Äcker und Wälder — alles, was sie uns genommen haben, alles soll wieder unser Eigentum werden! *Unser* Eigentum!«

Der Kreis löst sich, sie treten langsam zurück. Es ist heller Tag. Die Sonne bricht herein und sie atmen ahnungsvoll die Luft des Sieges. Dafür lohnt es sich zu kämpfen — Menschenrechte. »Und wenn der Gouverneur den Brief nicht bekommt? Der Brief bleibt die ewige Forderung und solange sie nicht erfüllt ist, solange kämpfen wir.«

»Das ist etwas anderes — das habe ich nicht gewußt.« Peppé steckt seine Hämmer wieder in die Tasche als habe er sie jetzt nicht mehr nötig. »Und wann wird das sein?«

Auch darauf weiß Bartolomé die gute Antwort — er sieht sich nach allen Seiten um, huscht an die Türe, horcht — die Männer sehn sich an, treten wieder nahe zusammen, legen die Arme um ihre Schultern, gegenseitig ketten sie sich aneinander, der Bürgermeister beugt sich vor, heiser flüsternd — »Die Waffen — ihr wißt noch nicht alles — Fontanelli hat Waffen versteckt — vor drei Wochen, in der Nacht kamen sie mit einer Barke, der blinde Hai, der Einäugige, hat sie geführt, der dicke Deutsche, der Porfirio, hat sie vergraben in Fontanellis Garten — Kisten voller Gewehre — Jeronimo Hormiga, die Ameise, hat sie beobachtet — Soldaten haben den Garten abgesperrt, richtige Soldaten, ein Hauptmann war der Kommandant — Don Carlos und ein Freund kamen unten an der Marina grade über den Weg — festgehalten, verhaftet — wir haben nie darüber gesprochen — Antonia — kennt ihr die? Die Braut vom kleinen Rey oben in Iglesias — ja die — die dient beim Fontanelli — ich hab' mit ihr geredet — du, sag ich, die Waffen müssen da raus! — der Italiener hat sie vergraben — wir müssen die Waffen haben! Antonia sucht! Maul halten!«

Sie stöhnen, sie stehn krumm und dumm, erstarrt zu Fels, in ihren Köpfen rumort es — Gewehre? Kanonen? Schießen? Sebastian richtet sich auf — »Und wenn du sie gefunden hast, wirst du sie verbrennen — was?!«

Bartolomé kneift die Lippen schmal zusammen. »Weshalb nicht? *Keiner* soll die Gewehre haben. Ins Meer mit ihnen! Das Meer ist unparteiisch. Erst wenn keiner Waffen hat, dann erst ist Friede! Wir werden sehn!«

Er legt den Finger unter das rechte Auge — dreht sich von einem zum andern, und zieht das untere Lid herab — »Wir werden sie finden, da wo sie versteckt sind — wer sie hat, hat sie — wir oder das Meer oder das Feuer unterm Dampfkessel — nur die andern nicht!«

Bartolomé schleicht hinter den Feigenbäumen nach Hause. Scheu der Schritt, die Ohren gespitzt, trotzig die letzten Worte kauend — ...und wenn ich sie ins Wasser werfe, was willst du dagegen machen? Ich werde ins Wasser werfen, was mir paßt. Weniger Mord. Der Mensch lebt, nicht die Maschine. Wieso bin ich ein Anarchist? Das Gegenteil. Ich vermeide die Zerstörung, indem ich untergehe. Ich sehe das Dorf, Häuser, Ställe, Schloß, mein Haus, Bäume und Felder — alles zugrunde, zerschossen und verschwunden — nur das Meer nicht, die Berge bleiben, der Himmel, die Insel — alles andere aus und hinüber. Nur wenn ich nicht mehr bin — ich. Dann aber auch helfen, den Tod abschaffen, jawohl, Sebastian — die Waffen werden vernichtet!

Sabine wiegt Mehl und Kartoffeln vorne im Laden und hört geduldig alle Neuigkeiten an, die die Nachbarinnen voll Schadenfreude oder Furcht erzählen und die von einer zur anderen immer drohender klingen.

»Kann sein, kann nicht sein, morgen werden wir mehr wissen als heute, und wenn wir tot sind, wissen wir auch das Letzte.«

Zuerst lächelte sie.

Aber sie wird blaß als die Beata drohend die Bezahlung einer Rechnung verlangt — »Ihr werdet hier hinausgeworfen, eingelocht, mein Mann hat es gesagt und ich will das Geld für das Mehl haben — «

»Was ist los? Die Republik ist abgeschafft für die Beata — ich muß Rechnungen zahlen, gib das Geld her, sonst glauben sie wirklich, was sie reden!« Bartolomé hört nicht hin. Erst haben. Geld? Nein, die Waffen.

»Hörst du nicht? Geld!«

»Kümmere dich um das Kind, Sabine, und den Kochtopf. Alles andere ist Schwindel, fauler Schwindel, stinkt schon. Schmeiß sie ins Meer!«

Sabine hält ihn fest. Die Beata schielt, leckt sich die Lippen. Sollen zahlen und verrecken, diese Heiden. Haben ihr eigenes Kind nicht getauft. Diese Juden bringen Schande über das Dorf, jetzt bringen wir Schande über sie.

»Gib den Schlüssel, Mann, die Beata schreit nach Geld, wo lebst du? Hörst du nicht?«

Bartolomé gibt Schlüssel, gibt Geld, lächelt.

Sabine zahlt, was sie schuldet. Aber jetzt hinaus und Türe zu.

Wo ist der Mann? In der Küche. Sie stöhnt, alles flieht vor ihr zurück, die Knie werden ihr weich. Sie hält sich am Tisch. Und schon schreit sie los.

»Diese verdammte, dreimal verdammte Politik! Wenn sie euch nur erst alle im Gefängnis haben, dann wird es endlich Ruhe geben. War noch nicht Lehrgeld genug, das erste Mal. Ich soll wieder dasitzen und mir die Sonne in den Mund scheinen lassen und den Hohn des ganzen Dorfes hinabschlucken. Bin ich denn ein Stück Vieh, daß man mich so behandelt? Das man kauft oder verkauft und schlachtet, wenn es dem Herrn paßt? Ich verlange, daß du dich um mich kümmerst, zu Hause bleibst und diese Männer ebenfalls zu Hause bleiben, wohin sie gehören und uns in Ruhe lassen! Ich meine den Sebastian, den Peppé und vor allem diesen Hormiga, der seine freche Schnauze überall hineinsteckt. Dem haben wir den ganzen Zustand zu verdanken — «

»Du weißt nicht, was du redest, deshalb antworte ich nicht!«

»Ich weiß es besser als du, was uns bevorsteht! Sie schieben dich vor, weil du gutmütig und anständig genug bist, sie nicht zu verraten. Geht es uns etwa schlecht? Verlangst du mehr? Es geht um deinen Kopf und nicht um ihren, das ist der ganze Unterschied. Und wenn ich dich einsperren muß wie einen bissigen Hund, du gehst mir nicht mehr zu den Roten, Mann, das sage ich dir. Sonst nehme ich das Kind und geh meiner Wege, in die Berge oder ins Meer — alle sagen es, daß es jetzt gegen euch geht. Ihr habt niemanden im ganzen Land und auf der weiten Welt, der euch helfen wird. Ortsvorsteher — was geht das mich an? Ich kann auch leben ohne diese Würde. Du stellst das Radio nicht an — im Café gut — aber nicht auf der Terrasse! Du willst die Leute reizen, ich kenne dich.«

Jetzt ist sie heiser. Jetzt weint sie. In Strömen rinnen ihr die Tränen die fleischigen Wangen hinab. Sie kauert hilflos auf einem kleinen Stuhl neben dem Herd, wo Bartolomé Fische röstet.

»Es wird Radio geben wie alle Abende, die Männer werden kommen wie alle Abende, du wirst den Laden zusperren und nichts mehr verkaufen, damit die Weiber dich nicht vollends närrisch machen. Sie haben mich einmal geholt und sie werden mich vielleicht ein zweites und drittes Mal holen und einsperren. Solange bis ich sie hole und einsperre. Und wenn ich es nicht erleben werde, dann wird es ein anderer Bartolomé sein, was liegt daran? Aber einmal werden wir an die Reihe kommen. Und deshalb hör' auf zu weinen. Du bist eine Jüdin, hast du vergessen, was dein Großvater in seinem Testament geschrieben hat? Was sie ihm und seinen Eltern angetan haben? Ich bin genauso ein Ausgestoßener wie deine Leute, wie der Sebastian, der Peppé, der Melis, der Luis und all die andern. Und wenn wir tausendmal katholisch sind, das hat mit Taufe und Kommunion nichts zu tun. Die glauben, sie können nur herrschen, wenn sie uns mit dem Gesicht in die Erde ducken, daß wir Erde fressen statt Brot, daß wir dumm bleiben wie unsere Eltern es waren. Und geduldig wie Schafe — nein, Sabine, das kannst du nicht von mir verlangen! Niemals. Nicht wir haben angegriffen sondern sie. Nicht wir haben Elend und Streiks und Unordnung verursacht sondern sie. Wir waren an der Reihe und haben die Regierung übernommen. Aber jetzt glauben sie, es habe schon zu lange gedauert und sie wollen das Netz werfen, der Vogel sitzt am Trog und frißt und sie können ihn rupfen. Hör' auf zu weinen, Sabine, es tut mir weh, das anzusehen und anhören zu müssen. Sie werden dir nichts tun und mir schließlich nichts anderes, als was ich ihnen auch antun würde. Ich muß es verantworten können, vor mir und dem Dorf, und die gleiche Stärke haben wie sie. Sie sollen nicht ausspucken vor uns!«

Sabine trocknet sich das Gesicht an der Schürze. Sie sieht ein, daß es keinen Zweck hat, mit ihm zu streiten, und daß die Männer ihren eigenen Weg gehen.

Bartolomé kämpft gegen ein Schuldbewußtsein, das dumpf aus tiefsten Untergründen, aus Furcht, aus einer Sehnsucht nach Stille und Glück mit Frau und Kind aufsteigt. Aber schließlich verwirrt sich alles und verwandelt sich in finstern Haß gegen einen unsichtbaren, unfaßbaren Feind, es gibt für ihn und seinesgleichen nur Abschied von dem, was die anderen Familie und Haus nennen.

Das ist alles unwichtig geworden.

Er fragt nicht mehr, woher er das Recht nimmt, den Anspruch, ein Land oder auch nur ein Dorf zu verteidigen. Es darf ihm nicht zum Bewußtsein kommen, daß er nur ein kleiner, unbedeutender Körper in dem gewaltigen Blutstrom ist, der da aufbricht und in fiebrigen Zuckungen Millionen von Menschen emporschleudert — in das Licht oder in ewige Nacht.

Niemand gibt sich Rechenschaft und niemand verlangt sie in solchen Tagen. Wie ruhig könnten er und die anderen hier leben, wenn sie die Kappe zögen und in die Kirche einträten, niederknieten und ihre Sünden bekennen würden und dem Voerge bezahlten, was er verlangt.

Weshalb tun sie es nicht? Weshalb kommen sie nicht einmal auf die Idee, da es so einfach ist, zu denen zu gehören, die das Recht auf Gewalt, auf Geld oder Beziehungen gründen, um mit ihnen gleichfalls recht zu haben? Gibt es etwas Schöneres als recht zu haben, stark zu sein im Schatten der Stärkeren?

Viele sind sogar, wenn man genau hinsieht, undankbar. Sebastian wurde von Priestern erzogen. Bartolomé war der Liebling des Alkalden Don Romeos. Catalina, des frechen Jeronimo dicke Frau, bekam die Mitgift von Maura, bei dem sie Köchin war. Und Valenti? Wie hat Don Juan, der Große, der Reiche, sich um diesen intelligenten und ernsten Bauern bemüht! Er wollte ihn nach Saragossa, nach Madrid schicken, auf die Universität. Valenti hat nicht einmal ausgespuckt.

Was hat sie zu Abtrünnigen gemacht, die gegen ihre Herren und Meister aufbegehren?

Die Erkenntnis, die sie diesen Herren verdanken, daß sie nur ihr Leben verteidigen. Sie spüren, daß sie notwendig sind. Aus Mißtrauen geben sie nicht nach. Die Herren begingen viele kleine und große Fehler ihren Leibeigenen gegenüber, denn als solche betrachteten und betrachten sie noch heute all diese Bauern und Fischer auf Spaniens steiniger Erde — »Tut er nicht, was wir wollen, soll er verrekken!«

Und es gibt keinen Spanier, so arm, verhungert und unwissend er auch sein möge, der nicht in seinem Innern unverletzt und unverletzbar die heilige Überzeugung seines eigenen, nur ihm persönlichen Wertes trüge.

Der Spanier ist ein Sklave, der mit den Zähnen an seinen Ketten nagt; bei diesem Werk lebt er seit Jahrhunderten durch ein Wunder. Und so lange er lebt, träumt er vom Tag der Auferstehung, und so lange er diesen Traum träumt, ist er schon jenseits seiner Sklaverei und viel stolzer, viel empfindlicher als ein Mensch, der nie Ketten trug, nie der Inquisition unterworfen war, niemals gezwungen wurde, auf Essen und Trinken, auf Lesen und Schreiben, auf Kleider und Schuhe zu verzichten. Hört er das Lärmen, mit dem seine Ketten zerspringen, steht er auf, auf der Erde, die einem anderen gehört, die er nur bearbeitet. Jetzt begreift er, endlich, daß er seinen Traum ausgeträumt hat und ihn verwirklichen muß und geht weiter, als jemals irgendein Volk in Empörung ging!

Er wird in Wochen Schritte tun, zu denen die Völker jenseits der Pyrenäen Jahrhunderte brauchen.

Und der letzte Bewohner des Ghettos, das Ferdinand und Isabella, Torquemada und Alba aus Spanien machten, jener Fulano, der bis heute auf die Heimkehr des Columbus wartet, da er nicht wußte, daß Amerika entdeckt wurde — der letzte Höhlenmann wird aufstehen und Feuer legen an alles, was ihn an jene Zeit erinnert.

Die Reichen in Spanien wissen das so gut wie die Armen.

Und beide Parteien stehen überall in den Dörfern und Städten an diesem Abend in kleinen Gruppen auf den staubigen, muffigen Gassen und starren gen Westen, wo ein Feuerwerk kosmischer Größe die sinkende Sonne umknistert. Alle schweigen und warten auf das Zeichen des großen Bebens. Es gibt Niemanden, der nicht wüßte, was ihm bevorsteht, und daß die Stunde der endgültigen Entscheidung, die so lange, seit Jahrhunderten aufgeschoben war, nun angebrochen ist.

Und so tat auch Pueblo.

Das Elektrizitätswerk läuft an, die Lampen flackern auf und blinzeln kalt in das Tageslicht.

Etwa fünfzig Bauern und Fischer sitzen stumm und düster wie Dorngestrüpp im Café und starren auf den Kasten, an dessen leuchtender Scheibe Bartolomé dreht ...
»Nichts außer Musik — es ist zum Verzweifeln! Keine Nachrichten! Das ist schlimm...«

»Keine Nachrichten — gute Nachrichten.«

»Vielleicht hat uns dieser hijo de puta von Telegraphenbote nur angelogen, ich halte das nicht aus, ich geh hinauf nach Cabra, gehst du mit, Bartolomé?«

Melis geht.

Als Don Carlos kommt, der einzige Fremde, dem man die Neuigkeit mitgeteilt hat, schaltet Bartolomé Paris ein. Aber auch Paris meldet nichts aus Madrid. Als ob Spanien mitsamt seiner Hauptstadt bereits von der Erdoberfläche verschwunden sei. Erstickt unter einem Erdrutsch, den alle anderen Staaten gleichfalls auf sich zukommen sehen und dessen Donner ihre Stimmen, ihren Mut und ihren Verstand lähmt.

»Nichts Neues?!«

»Nichts Neues!«

Erstaunt sieht Bartolomé den Fremden an. Aber dann begreift er, daß er nur die Neuigkeit meint, von der niemand mehr redet: die geheimnisvolle Sendung im Haus des Italieners. Er schüttelt den Kopf — »Nichts, nada de nada. Was sollen wir tun?«

Sie gehen hinaus auf die Terrasse. In breiten feurigen Flözen schichtet sich ein Gebirge über Cabra auf aus Wolken und Licht, obwohl die Sonne längst verschwunden ist. Rotgoldene und rosafarbene Barren, über die ein meergrüner Schleier weht, dessen Enden dunkler und dunkler in Nacht ausstrahlen. Sie halten einen Augenblick den Atem an vor diesem gewaltigen Sterben, das wie eine Prophezeiung des Kommenden ihre geheimen Ängste verdeutlicht.

»Was sollen wir tun, Doktor? Ich habe alle Republikaner, die gegen den Voerge sind, hier versammelt und gehe jetzt gleich mit Melis hinauf zu einer ersten Sitzung der Vertrauensleute. Das Schlimmste ist, daß Valenti und der General in Palma sind. Werden wir sie je wiedersehen? Wie können wir ihnen helfen? Wie?«

»Was macht Antonia?«

»Sie durchsucht seit vierzehn Tagen das Haus, den Wald, den Brunnen, sie hat den Garten um und um gegraben und kann nichts finden, nichts, wir stehen vor einem Rätsel. Jeronimo schwört, daß er das Schiff und die Kisten gesehen hat, die Soldaten waren ebenfalls da, aber wo sind die Waffen?«

»Das ist schlimm. Denn wenn ihr die Waffen hättet, würde ich folgenden Vorschlag machen — bildet eine republikanische Garde zur Sicherung des Friedens in den drei Gemeinden und fordert Manacor und Felanitx auf, das Gleiche zu tun. Das ist mein Vorschlag an die Vertrauensleute. Werden sie es ausführen?«

Statt jeder Antwort erzählt Bartolomé mit strahlendem Gesicht folgende Geschichte — »Gestern kommt der Angèl, der Carabinero, wütend zu mir ins Café. Er war in einer Tienda, um sich einen Käse zu kaufen und die Frau dort begrüßt ihn folgendermaßen — einen schönen Beruf hast du dir ausgesucht, Angèl. Ein Mann, der mit einem Gewehr umherläuft! Bevor ich meinen Jungen gestatte, daß sie zum Militär gehen oder Carabinero werden, schneide ich ihnen die Gurgel ab oder schick sie nach Amerika. Und wenn ich trocken Brot essen müßte mein Lebtag, damit sie das Reisegeld haben! So sind unsere Republikaner hier. Sie verstehen zu sterben. Aber sich zu wehren? Niemals! Von meinen fünfzig Mann bekomme ich nicht drei in eine solche Truppe, so ist es in Pueblo und so ist es in Cabra, in Felanitx und Soller.«

Er ist nicht verzweifelt oder traurig über diese Unfähigkeit, im Gegenteil. Er ist stolz auf diese friedliche Gesinnung seiner Freunde — »Ich darf dem Leo einen solchen Vorschlag überhaupt nicht machen, er würde mich sofort aus der Partei ausschließen.«

»Dann müssen wir warten, bis die anderen schießen. Und unsere Koffer packen. Wir sind auf einer Insel, gefangen, und Gefangene sind hilflos. Ich kann euch draußen mehr nützen als hier, Bartolomé.«

»Nicht mal eine Barke haben wir.« Das ist eine Entschuldigung. Er denkt nicht daran zu fliehen.

Den Fremden beschleicht ein banges Gefühl. Der Traum der Mora wird wahr. Alle ins Wasser. Ertränken. Von Blut gerötet das Meer, weithin treibend mit Leichen. Die schwarzen Aasgeier siegen. Das Paradies stinkt zum Himmel. Pest breitet sich aus — die deutsche Pest, die italienische Pest, die spanische Pest. Wohin jetzt?

»Ihr seid also entschlossen zugrundezugehn?«

»Haben Sie mal gehört von dem russischen Obersten Petroff, Doktor? Nicht in Rußland, hier in Spanien lebt er. Kommandierte ein Regiment des Terzio, der Fremdenlegion, während der Kämpfe in Asturien — Sie erinnern sich? Es gibt eine Menge früherer zaristischer Offiziere in unserer Fremdenlegion, genau wie in der französischen übrigens. Sie wissen wie es bei diesen Kämpfen zuging — Parole - Gefangene werden nicht gemacht!

Wir wissen nicht den hundertsten Teil von dem, was wirklich geschehen ist, denn die Untersuchung hat kaum begonnen — und wird nie beendet werden. Aber alles, was die Richter auch aufdecken mögen, ist nichts gegen die Grausamkeit dieses Petroff, Obersten im Terzio.

Hören Sie bitte genau zu, Doktor, Sie sollen etwas lernen — etwas echt Spanisches. In einem kleinen Dorf in Asturien, so wie unser Pueblo, erscheint eines Tages unser Petroff, hoch zu Roß, und kommandiert — alle Männer und Frauen auf den Marktplatz!

Alle zweihundert versammeln sich eiligst, manche bringen auch die Säuglinge mit. Aus der Menge greift er sechsunddreißig Bauern — Bauern, nicht etwa aufständische Bergarbeiter, die gab es da nicht — ahnungslose kleine Bauern und deren Weiber. Nicht so ganz willkürlich, wie es schien, sondern auf Grund einer Liste, die ihm der ehrenwerte Alkalde des Dorfes vorher überreicht hatte.

Petroff ließ diese sechsunddreißig mit Stricken aneinander binden — immer die linke Hand der Fulana Antonia an die rechte des Fulano Pedro — abwechselnd einen Mann und eine Frau — einen Rosenkranz machen, nennen sie das in der Legion.

Mittlerweile mußte die andere Hälfte der Bauern einen langen, mannstiefen Graben ausheben.

Dahin trieben die Soldaten die sechsunddreißig. Dann kam die rührende Szene, wie der Pfarrer des Dorfes, ein alter, würdiger Herr, an den Rand des Grabens trat, die Sterbegebete aufsagte und allen seinen Pfarrkindern da unten zu seinen Füßen die Absolution erteilte. Dabei besprengte er sie mit Weihwasser, die sechsunddreißig murmelten die Gebete mit, schlugen das Kreuz und warteten, was nun mit ihnen geschehen werde.

Und was geschah, Doktor? Was glauben Sie?

In Spanien ist man gründlicher, mit allem.

Die Soldaten schaufelten den Graben wieder zu und stampften die Erde über den Köpfen der sechsundddreißig mit ihren Alpargatas fest. Der Pfarrer zog mit dem Rest seiner Gemeinde nach Hause.

Die Soldaten, an ihrer Spitze der Oberst Petroff, marschierten weiter zum nächsten Dorf.

Was das soll? Das werde ich Ihnen erklären, Señor.

Es ist erstaunlich, daß die überlebenden Bauern diese Geschichte verraten haben. Im März dieses Jahres hat eine hohe Gerichtskommission die Leichen ausgegraben. Anklage wurde erhoben gegen den Obersten Petroff wegen Mordes. Er wurde gesucht und gefunden — was nicht schwer war — denn er war wieder in Afrika, bei seinem Regiment, das ihn vergöttert.

Der Staatsanwalt verlangt seine Auslieferung, damit er vor ein ordentliches Gericht gestellt werde. Das alles klingt wie ein Wunder, nicht wahr?

Warten Sie, Señor — sein Vorgesetzter, General Franco, gestattet nicht, daß sein bester Offizier von Zivilisten abgeurteilt werde.

Briefe und Befehle gehn hin und her — hie und da fragt jemand im Parlament nach dem Obersten Petroff — ja, Señor — dabei ist es auch geblieben.

Bis Oberst Petroff eines Tages wieder in das kleine asturische Dorf kommt und einen neuen Rosenkranz macht. Diesmal wird der gute Pfarrer allein nach Hause gehn — wenn er nicht auch eingegraben wird. So ist das und so wird das ewig bleiben in Spanien — wir verstehn zu schweigen und zu sterben. Das Kämpfen müssen wir noch lernen — es muß einer kommen und uns dazu zwingen — sonst — werden uns die Petroffs alle zu einem Rosenkranz zusammenbinden —«

IV

Porfirio ahnt, was kommen wird. Er ist ein vorsichtiger Mann. Verbrennt alle Papiere, Briefe, Flugblätter, Telegramme, Broschüren, Bücher und Pläne. Ein ganzes Album mit Photographien flattert durch den Kamin. Wer weiß, was den Bauern einfällt? Die sollten doch wissen, was ihnen bevorsteht, genauso, wie wir das wissen. So dumm können Bauern doch nicht sein, daß sie nicht merken, daß es ihnen an die Gurgel geht, diesmal — »Herein! Was gibt's Antonia?«

Er ist bereit. Ungern, aber man muß wohl. Aus Höflichkeit, aus Geschäftsgründen, aus Politik. Schlägt den Kragen seines Mantels hoch, wickelt sich einen Schal um Hals und Kinn, zieht den Hut tief über die Augen. Nicht mal meine Mutter würde mich so erkennen.

Antonia läuft zehn Schritte voraus.

Fontanelli wartet vor dem Haus, breitet die Arme aus — »Wo stecken Sie denn? Waren Sie im Café? Der Teufel soll Sie holen — gehen Sie sofort zu Bett — die Gräfin will Sie nicht mehr sehen — Sie haben vergessen, ihr warmes Wasser zu bringen — den Kamillentee haben Sie auch vergessen — gehen Sie schon! Porfirio! Don Walter!«

Er zieht den Deutschen bei der Hand in sein Arbeitszimmer. Hastig, als wollte er ihn verbergen. Vor wem? Vor den Nachbarn? Nein, vor der Gräfin.

Wo ist Antonia?

Antonia schleicht durch die Küche; in ihrer Kammer wartend, hinter den Persianas lauernd, zählt sie bis hundert. Um wach zu bleiben. Aber Müdigkeit, bleierne Küchenmüdigkeit überwältigt sie. Zögernd legt sie sich nieder und kämpft einen kurzen, vergeblichen Kampf.

Fontanelli ist feierlich oder heimtückisch, je nach der Auffassung. Geladen mit elementaren Kräften, die diplomatische Routine nicht verdrängen konnte. Hat er diesem Manne gegenüber auch nicht nötig. Genügt, daß man zunächst schweigt. Schweigend stellt er Wein, Gläser, Zigarren — geschmuggelte, Havanna, Cola di Rata genannt, Rattenschwänze, biegsam und schwarz — was wünscht er noch? — Schnaps? Gut, Schnaps auf den Tisch.

Immer noch kein Wort. Kaum ein Blick. Porfirio ist Aristokraten hilflos ausgeliefert. Vater war Schuldiener in adeligem Erziehungsheim, beförderte ihn zum Lehrer. Demut ist ein gutes Beförderungsmittel. Er verbeugt sich bei jedem Glase, jeder Zigarre, jeder Geste des Italieners, tief, tiefer. Ein Pagodendiener. Inmitten des Raumes steht jetzt Fontanelli, blaß, mager. Eine Spinne. Porfirio streckt die rechte Hand aus, das war es, was er wollte. Der römische Gruß. Gehört sich so.

»So. Danke. Jetzt sind wir doch eher zum Schuß gekommen als wir dachten. Der große Tag. Salud!«

»Also es stimmt? Gott sei Dank!« Der Terzio, der dumme Böhm, der Waschlappen, kann einpacken. Mich hat er eingeladen, klar. Die Waffen muß er verteilen, aber an wen? Dazu braucht er mich. Vorher abrechnen, nicht vergessen: erst Geld, dann Ware. »Haben Sie Beobachtungen, Nachrichten, sind die Bauern ruhig? Was ist los? Wir schlagen los, und nicht sie, das genügt.«

Porfirio macht ein besorgtes Gesicht. »Sie kennen das Dorf nicht, seine Parteien, Führer — dieser Sebastian vom Elektrizitätswerk ist ein gescheiter und zäher Bursche, der einen großen Einfluß auf die Bauern hat. Die halten ihn für eine Art Heiligen. Und dieser Valenti, der blonde Gärtner, der wie ein schweizer Bauer aussieht — das ist ein Fanatiker, wie ich nie einen gesehn habe — wenn der redet, zünden die Kerle das Dorf an allen vier Ecken an — die gehn mit den Zähnen gegen Kanonen. Die hassen Kanonen und Militär so wie wir, na sagen wir mal... Wanzen hassen. Das ist Tradition hier, ein Soldat ist ein armer Teufel, den man entweder retten oder totschlagen muß. Diese Bauern da im Café sind still, verbissene Duckmäuser, aber ich glaube, im entscheidenden Augenblick, wenn es ihnen an den Kragen geht...«

Soso, du willst mir Angst machen, germanischer Felsblock. Merke das schon längst. Was sagst du?

Fontanelli stampft auf den Boden — »Aber wem geht es denn an den Kragen? Weshalb sind wir auf Rom marschiert und gehn jetzt auf Madrid los? Wir wollen diese Tiere erziehen, wir wollen sie bändigen, wir wollen sie zu Menschen und Arbeitern machen — aber doch nicht abschlachten! Sie Metzger!«

»Aber bitte, Exzellenz, ohne Waffen geht das nicht! Deshalb erkläre ich Ihnen ja die Psyche dieser Bauern!«

»Psyche! Die Leute haben Hunger, nichts als Hunger! Psyche! Fehlte gerade noch.«

Dem Porfirio behagt dieser Ton nicht. Springt auf — »Gut, winden Sie den Tieren Sträuße um die Hörner. Wie Sie wollen — aber, darf ich fragen — wozu haben wir die Waffen besorgt? Für die Fiesta?«

Na, mal sehn. Reiner Tisch macht klare Freundschaft. Reinen Wein einschenken — Waffen zum Schießen doch wohl, auf die Tiere — unsere guten Waffen. Haben wir die Mühe umsonst gehabt? Fiesta das!

Der Italiener horcht auf. Langsam geht er um Porfirio herum.

»So so, das wußte ich nicht. *Wir* haben die Waffen besorgt, wir, wieso wir?!«

Er bleibt stehen, rückt eine Vase mit Rosen zurecht, gießt etwas Wasser über die qualmende Zigarre, die zischend erlischt. Sieh mal einer an, er hat die Waffen besorgt, hat er sie auch bezahlt? Jetzt muß ich ihm den Hals umdrehen, bevor er zu übermütig wird — das möcht ihm so passen — ich tue die Arbeit, organisiere, verstecke, Haussuchung, keinen Schlaf seit vierzehn Tagen — und er nimmt das Maul voll — weshalb habe ich die Waffen besorgt? Um sie gegen die Spanier zu benützen? Damit die Spanier sie nicht gegen uns benützen, das ist es. Denn wir wollen hier sitzen, hier auf Mallorca, auf Menorca — ich will hier kommandieren, Graf Fontanelli, Gouverneur. Oberst Filippo Rossi, Kommandant der Balearen. Und was willst du hier? Du teutonischer Säufer?

Sein gallengelbes Gesicht strafft sich, er preßt die Lippen zusammen und reckt das Kinn aufwärts.

Porfirio wittert, daß die Abrechnung kommt. Er fürchtet zu verlieren. Es sah alles so schön aus: da kommt ein Krieg, Waffen werden besorgt, Posten werden verteilt, er hat seine Hände tief im Geschäft, bares Geld winkt, Lorbeeren, einen Platz an der schönen Sonne Spaniens, den er Jahre hindurch vorgewärmt hat — es ist ein Jammer. Was will der Italiener? Ihm wird sehr heiß, aber er traut sich nicht, die Jacke auszuziehen. Vor dem Blick Fontanellis senkt er die Augen.

Zuerst klingt alles noch sehr ruhig, beinahe gutmütig.

»Ja, ihr Deutschen! Was ist los mit euch? Wie? Sie wissen nicht? Glaubt ihr, daß die Welt auf euch gewartet hat, eure Schulbubenmanieren oder eure Drohungen ernst nimmt? Was ihr Gutes von uns Italienern gelernt habt, karikiert ihr durch krankhafte Eitelkeit. Ihr macht aus unserer lateinischen Schöpfung ein teutonisches Kriegsornament. Sind Sie beleidigt?«

Der Deutsche zieht unwillkürlich den Kopf zwischen die Schultern als ob es regne — ... was will er? Ich denke, wir sind befreundet... diese Katzelmacher. Schimpf nur ruhig weiter, dann komm' ich an die Reihe, warte nur, du griesgrämiger, heimtückischer Hund...

Fontanelli weiß, daß der Mann wehrlos ist. Argumente! Er doziert mit spitzen Fingern und jagt ihm Nadeln in die empfindlichsten Stellen seines Selbstbewußtseins, wo seine lang gemarterte und nun verhätschelte nationale Ehre ungeschützte Nerven hat. Er schreit ihm zu — »Glaubt ihr, daß irgendein Volk das Jahr 1914 vergessen hat? Wir reden nicht mehr von Belgien und Frankreich, aber vergessen? Niemals!«

Hier schaltet sich Porfirio ungefragt ein. Die Voraussetzung war, daß er schweigend zuhöre. Und so wurde es nur noch schlimmer.

»Mir sehr recht, reden Sie ruhig von 1914. Ich denke, Italien kann sich nicht beklagen. Da hätte eher Deutschland Gründe, Ihnen Vorwürfe zu machen.«

Aber Fontanelli wischt diesen schwachsinnigen, unlateinischen Einwand mit einer Geste hinweg.

»Kennen wir. Der Mörder beklagt sich, daß ihn der Ermordete betrog, indem er am Leben blieb. Wir hätten ebenfalls lieber verlieren als siegen sollen, wenn ich Sie recht verstehe? Nein, mein lieber Don Walter, hier am Mittelmeer wurde die Logik geboren und nicht das Unterbewußtsein mit Ressentiments und Tagträumen. Wer braucht das? Wer braucht euch? Niemand! Niemand braucht euch, die Welt kann auch schließlich ohne euch existieren!«

»Aber wir sind doch nun mal auf dieser Welt! Sollen wir uns vor euch verstecken?«

»Die Chinesen sind auch da, die Papuas ebenfalls und so viele andere Nationen, deren bloße Existenz kein Recht einschließt, wie wir in Abessinien bewiesen haben. Merken Sie sich das, Dasein gibt noch kein Recht!«

»Was denn?«

53

»Die Anwendung des Daseins, die Gestaltung des Daseins, die Logik des Daseins!«

»Anwendung? Wir wenden es also falsch an?«

»Genau das meine ich. Euch fehlt das Genie der sozialen Einordnung, der Erkenntnis des Gleichgewichtes zwischen euch und der gesamten Welt. Eure Mitgift ist die pathologische Unrast. Das Schwanken zwischen Gottähnlichkeit und dem Gefühl absoluter Überflüssigkeit. Packt man euch bei dem einen Extrem, fallt ihr ins andre. Ihr könnt nicht auf der einen Seite die germanische Rasse als das einzige Gehirn und das schöpferische Element unter den Nationen hinstellen und gleichzeitig wie Bettler von Tür zu Tür, Gleichberechtigung, Kolonien, nationale Ehre und Geld verlangen!«

Porfirio ist blaß geworden.

»Sie können mich nicht beleidigen, Herr Graf, aber Sie dürfen auch nicht erwarten, daß ich Ihre Liebenswürdigkeiten länger anhöre!«

Er verbeugt sich.

Aber Fontanelli läßt ihn nicht so leichten Kaufes weg. Er ist zu guter Laune oder in zu großer Erregung, um allein bleiben zu können. Er gehört zu den Menschen, die große Erlebnisse in einen Rausch von Assoziationen werfen, den sie austoben müssen.

»Hören Sie, Don Walter, noch etwas — ich versichere Sie, daß ich Sie keineswegs beleidigen will! Es wäre geschmacklos, wenn ich sagen würde, daß ich Sie nicht beleidigen *kann,* nicht wahr? Also...« er sieht ihn lächelnd an, ganz fest und offen wie ein Boxer, der sich auf das Ende freut, wenn sein Gegner nur noch in den Seilen hängt.

Jede Erregung ist von ihm abgefallen, seine Stimme ist milde und klar wie die eines Richters, der alle Beweise zu einem sauberen Strick zusammendreht.

»Ich bin genau informiert, daß Sie Nachrichten aus Palma über einen Geheimsender geben. Nach Ceuta, Tetuan,

Sevilla und München. Ich weiß, daß Sie zum Außendienst Barcelona gehören. Ich kenne auch Ihre Vertrauensleute dort. Ich wollte Ihnen nur sagen, daß Sie sich diese Mühe sparen können, von jetzt ab sparen müssen. Entweder Sie arbeiten in Zukunft loyal mit mir und Rossi zusammen und verdienen dabei. Oder ich lasse Sie ausweisen. Sie können mit dem nächsten Dampfer abreisen. Das kann noch einige Zeit dauern, ich weiß, aber auch für diesen Fall haben wir vorgesorgt. Überlegen Sie sich das.«

Er geht an seinen Schreibtisch und holt eine Reihe schmaler Papierstreifen hervor, die er langsam vom Finger abwickelt — »Das sind Ihre Mitteilungen an die verschiedenen deutschen Parteiämter. Kindisch und wirr zwar, aber den Schaden haben ja Sie und Ihre Organisationen und Banken und nicht wir.«

Porfirio schnauft nach Luft und reibt sich die Stirne — ... hingehen und den Bauern die Waffen ausliefern ... mal sehen, was er dann sagt, der Herr Baron. Resolut knöpft er den Rock zu, wickelt den Schal um den Hals, sieht sich um nach seinem Hut.

»Bleiben Sie. Sie sollen nicht so kindisch verstockt sein. Jeder Diplomat fängt mit Fehlern an, auch Dummheiten müssen gemacht werden, denn sonst könnte man sie von der Klugheit nicht mehr unterscheiden. Sie werden etwas lernen bei mir, Ihr Gehirn wird bald klar sein, schneller arbeiten — bleiben Sie, Don Walter, glauben Sie, ich mache mir die Mühe, Sie zu trainieren, wenn ich Sie nicht gerne hätte? Das sollten Sie doch gemerkt haben! Wir brauchen Sie, nichts mehr und nichts weniger. Und Sie brauchen uns, schon aus finanziellen Gründen. Ihre Provision bei dem Waffengeschäft beträgt fünftausend Peseten. Wenn Sie in der Klemme sind, stehe ich Ihnen zur Verfügung, bitte?«

Porfirios Gesicht hellt sich wieder auf, Lächeln glättet seine zerquetschten und finsteren Mienen und er verbeugt sich über den Tisch hinweg. Das läßt sich hören, aber was zum Teufel wird hier gespielt?

»Und nun hören Sie bitte zu, ich gebe Ihnen die erste Instruktionsstunde, schauen Sie sich diese Karte an...« Fontanelli entfaltet eine große Karte des Mittelmeeres, die von blauen, roten und grünen Linien überzogen ist wie ein Schnittmuster.

»Das sind die englischen, französischen und italienischen Verbindungslinien zu den verschiedenen Einflußsphären und Kolonien, deren Besitz wir den Usurpatoren streitig machen wollen. Um die der Kampf heute begonnen wird, an dem Tage, den Rom bestimmt hat. Rom, und nicht London oder Paris. Hier, diese Zahlen bedeuten die kürzesten Verbindungen in Seemeilen von und nach Afrika, Marokko, Gibraltar, Oran, Algier, Tunis, Tripolis, und hier Sizilien, Malta, Cypern, Ägypten und so fort — bis Suez. Was fällt Ihnen auf? Daß es keinerlei spanische Positionen gibt! Daß dieses Land lateinischer Sprache, römischen Ursprungs, römischer Zivilisation eine terra incognita geworden ist. England und Frankreich haben es verstanden, Spanien hundert Jahre lang im luftleeren Raum zu konservieren. Sie haben verboten, den Spaniern zu helfen, verboten, mit den Spaniern zu reden — bis heute! Heute ist der Tag gekommen, an dem es neben einem Kolonialproblem ein spanisches Problem gibt. Wir haben ein Alibi: Italien war in Abessinien. Aber jetzt greifen wir ein. Jetzt heißt es, unsere Interessen verteidigen, Italiens, Roms Imperium zu erweitern, dessen Erben wir unzweifelhaft sind. Wer auch immer hier den Kampf führen wird, ob Goded oder Sanjurjo oder Franco — er kann ihn nur *mit* uns und niemals *gegen* uns, gegen Italiens Willen führen, geschweige denn gewinnen.« Er ist wie in Trance — »Jetzt heißt es zupacken und dieses Volk von Analphabeten niederhalten. Ausrotten, so wie sie die Mauren ausrotteten oder die Römer vor ihnen die Iberer, und das Land kolonisieren, zu jener Größe führen, die es unter den römischen Kaisern hatte — Hispania Romana. Und mit Spanien zugleich Afrika. Beide Länder in den Garten Eden verwandeln, der sie einmal waren und den die Vandalen oder die Berber oder die Spanier selbst in eine Einöde verfallen ließen.«

Porfirio stöhnt vor Erregung. Das also ist es. Nur reden lassen und zuhören. Und wo bleiben wir?

»Großartig, großartig und logisch. Was einmal römisch war, muß wieder römisch werden. Das Gleiche sagen wir. Darin sind wir uns ähnlich. Was einmal deutsch war, soll es wieder werden. Gibt es etwas Einfacheres? Jedes Kind kann es begreifen, sogar die Engländer und die Franzosen begreifen es, und wenn der Völkerbund uns tausendmal in Acht und Bann tut.«

Fontanelli zeigt mit zittrigen Fingern auf die Balearen — »Hier sitzen wir. In vier Wochen gibt es auf dieser Insel keinen einzigen Spanier mehr, der nicht überzeugt wäre, daß er mit uns gegen die ganze Welt siegen wird. Lassen Sie die glorreichen Carlisten ihre roten Mützen aus der Mottenkiste holen und bewaffnen wir die Falange, damit sie sich gegenseitig die Hälse abschneiden! Es gibt fünfundzwanzig Millionen Spanier. Von diesen sind mindestens fünf Millionen anarchische Elemente, aufsässig aus Prinzip. Sie sind unbelehrbar, unbrauchbar für jede Zivilisation — sie müssen ausgerottet werden! Wir siedeln zwei Millionen Veteranen in diesem Lande an, befestigen Mallorca, Ceuta, die Pyrenäen oder was immer Sie wollen — Menorca, den besten Hafen im Mittelmeer bauen wir so aus, daß keine englische oder französische Flotte jemals wieder ohne unsere Erlaubnis sich im Mittelmeer festsetzen kann. Sizilien, Menorca und Ceuta sind die drei Punkte, um die sich unsere Kräfte kristallisieren. Und damit müssen Suez und Ägypten vor Libyen kapitulieren, der Seeweg nach Indien führt durch italienisches Sperrfeuer

— oder wie vor hundert Jahren um das Cap! Und umgekehrt — England und Frankreich können sich auf dem Kontinent nicht halten ohne diese Kolonien, die ihnen die fehlenden Bataillone liefern! Und das ist Deutschlands große Chance! Jetzt werden Sie endlich begreifen, weshalb wir zusammenarbeiten müssen!«

»Dann stehen zum ersten Mal seit vierhundert Jahren die Chancen wieder gleich. Philipp der Zweite wird gerächt, der Krieg zwischen England und Spanien ist noch nicht entschieden, die Armada wird diesmal nicht verbrannt!«

»Hören Sie —« Fontanelli holt einen Brief aus der Schublade seines Schreibtisches — »... hören Sie, was mir General Goded schreibt — verehrter Freund, die Junta hat beschlossen, das Datum der Erhebung um drei Monate vorzuverlegen. Die Ermordung unseres Führers Calvo Sotelo zwingt uns, dem Volke und unseren Anhängern Genugtuung zu verschaffen. Aus zahllosen Städten und aus allen Garnisonen erhielten wir die dringende Aufforderung, jetzt loszuschlagen, da weiteres Zaudern nicht mehr verstanden wird und den Bruch der nationalen Front bedeuten würde. Ich und Don Juan March haben das Unsrige getan. Tun Sie, verehrter Freund, jetzt das Ihrige. Empfehlen Sie mich Ihrer Regierung. Es umarmt Sie Ihr Freund und Gefährte Goded — und hier noch ein Nachsatz — verfügen Sie über die Waffen nach eigenem Gutdünken und den Anweisungen des Ortskommandanten der Falange oder der Carlistischen Organisationen, deren Zentrum Iglesias ist... also« — Fontanelli greift wieder in die Schublade und holt zwei Armeepistolen in schönen, braunen Etuis heraus und reicht eine Porfirio hinüber — »Als Ersten bewaffne ich Sie. Ich bitte Sie gleichzeitig, Ihr Quartier, zumindest für die ersten Nächte, hier aufzuschlagen. Ich bin zwar mißtrauisch und vorsichtig, worüber Sie ja lachen, ich weiß es, aber ich bin zu schwach, um mich und meine Frau gegen einen Überfall verteidigen zu können. Bitte, hier sind auch Patronen...«

Porfirio ist in größter Verlegenheit. Er ist dem alten Fuchs in die Falle gegangen — »Ich habe dem Direktor des Hotels bereits versprochen, daß ich bei ihm übernachten werde« — das war eine Lüge, aber plausibel und konnte jederzeit in eine Wahrheit verwandelt werden, indem er Terzio erklärte, er fürchte sich in seinem Hause — »...was soll ich ihm sagen?«

»Gar nichts. Sie bleiben hier, bis ich Wachen gestellt bekomme oder die Waffen verteilt habe. Wie stark ist Ihrer Schätzung nach das Fascio in den drei Gemeinden?«

Porfirio schmunzelt — »Das Fascio ist eher ein Fiasco. Es hängt alles von den Ereignissen ab. Hai rechnet mit hundertfünfzig jungen Leuten, auf die wir uns verlassen können. Wieviel Mann die Carlisten in Iglesias auf die Beine bringen, weiß niemand, vielleicht mehr, vielleicht weniger als wir. Hat Goded Erfolg, haben wir ebenfalls Erfolg, dann strömen uns die Hunde zu und wir werden die Hasen jagen...«

»Können Sie mit Waffen umgehen?«

»Selbstverständlich, ich bin doch alter Frontkämpfer.«

Porfirio öffnet das Lederetui, dreht die schwarze Pistole hin und her, läßt den Abzug, die Sicherung spielen — »Ganz einfach, das hier — dieser Zapfen läßt sich um neunzig Grad verschieben — jetzt ist die Pistole gesichert — ich ziehe ab — ...« er drückt ab, der Schuß geht los und krachend fährt die Kugel in die Wand.

Vor Schreck hat er die Pistole auf den Boden geworfen. Betäubung. Die Ohren dröhnen ihnen. Stein splittert, fliegt umher.

Und jetzt — die Lampe erlischt rötlich-gelb und flackert wieder an — es war nur das Zeichen, daß es zwölf Uhr ist.

Tatbestand: genau um Mitternacht Schuß gehört aus Villa Levante.

Wer hat gehört? Das ist die Frage. Dann sind wir verloren. Ich kenne das aus Rußland — alle Revolutionäre wurden erwischt, als einem gewissen Schmidt oder so die Bombe in der Hand platzte und das ganze Hotel in die Luft flog.

Die Beize treibt Fontanelli Tränen aus den Augen. Jetzt schlägt das Blut zurück und begießt ihn mit rasender Wut — »Idiot! Wollen Sie mich erschießen? *Sich* sollten Sie erschießen!«

Porfirio, blaß über dieses Feiglings Gemeinheit — ich sollte ihm wirklich eins aufbrennen. Entschuldigungen stören nur. Die Ruhe ist gestört, da haben wir's. Jemand an der Tür. Schnell die Pistole unter den Schrank stoßen. Die Gräfin, das Gespenst, schwebt herein, starrt sie an, öffnet die Lippen, widerlich ohne Gebiß — »Um Gotteswillen — was? Gibt es denn keinen Schutz mehr für mich? Keine Ruhe! Petersburg — Rom — Spanien — wohin jetzt? Wohin?«

Weint sie? Warum denn weinen, ich gehe ja. Nein, sie meint ihn, auf ihn zeigt sie — »Sie wollen die Leute gegen die Ausländer hetzen! Noch eine Haussuchung? Ich verlasse dich, aber was, wenn sie die Waffen finden? Sie lauern hinter jedem Baum, Tag und Nacht, nur Sie sehen nichts, Sie Idiot!«

Ihr Gesicht, Hals und Arme sind mit kosmetischen Packungen umwickelt. Kampf dem Alter. Kämpft gegen die Schönheit, dann seht ihr so aus. Porfirio muß niesen, eine Wolke von Parfum verpestet die Luft. Er bückt sich, in tiefer Zerknirschung wie ein Muschik.

Das regt sie an — »Sie stürzen uns ins Unglück, Sie Amokläufer, Sie germanischer Mörder — was kennen Sie? Streit und Zank, schießen — das nennen Sie Leben — pfui!«

Fontanelli horcht, drängt sie hinaus. Wenn einer gehört hat, dann auch andere — »Ich bitte dich, sieh nach, ob Antonia aufgewacht ist. Don Walter geht gleich, mir ist ein Versehen passiert, technischer Fehler — hat sie was gehört? Schläft sie? Gut... « er schließt die Türe, deckt sie mit dem Rücken. »Wenn Antonia den Schuß gehört hat, weiß es morgen das ganze Dorf, und diese Anarchisten schlagen mich tot. Es wäre mir lieb, Sie würden etwas sagen, Don Walter — sonst gehen Sie!«

Ariane klopft an die Türe, mit dumpfer Stimme murmelt sie — »Das Mädchen ist wach geworden, rumort in ihrer Kammer, ich bitte dich, Benito, ich flehe dich an, geh zu Bett, lösch das Licht aus, sofort! Wieso brennt es noch? Wieso brennt das Licht noch? Das ist verdächtig —«

Das ist richtig. Das Licht mußte um zwölf erlöschen. Das Werk arbeitet noch — da haben wir's. Und das Mädchen hat alles gehört — »Geben Sie die Pistole her! Wo? Unter dem Schrank?«

Porfirio wirft sich platt auf den Bauch, angelt sie hervor. Er könnte ihn ins Kreuz treten — »Aufpassen! Noch mehr Unheil anrichten?«

Porfirio schnellt hoch — »Wer lagert denn aber auch Waffen geladen?«

Fontanelli räumt den Kasten weg — »Sehr richtig, niemand — ich habe geladen, ich, kurz bevor Sie kamen. Keine Ahnung haben Sie. Womit haben Sie im Krieg geschossen? Mit Haubitzen?«

»Begreife aber immer noch nicht, weshalb eigentlich?«

Fontanelli sieht ihn erstaunt an. Soll ich mich entschuldigen? »Sind Sie böse, daß Sie nicht getroffen haben?«

Porfirio seufzt. Auch das noch. Diese Hysteriker sollte man wirklich nicht ins Geschäft nehmen. Besser ich gehe. Ich trinke und er ist besoffen — »Was soll das, Herr Graf? Ich verstehe Sie nicht, das kann doch jedem passieren — wenn Sie wüßten!«

Er weiß genug und sperrt den Schrank zu. Eigentlich sehr traurig, Gefühl der Einsamkeit, Erschöpfung, Freudlosigkeit. Es würgt ihn im Halse.

»Begreifen Sie mich immer noch nicht? Dann will ich es Ihnen genau und offen sagen: Die Möglichkeit besteht, daß die Bauern aus Barcelona den Befehl bekommen, von der Partei oder der Geheimorganisation, wer eben, weiß Gott, da zu befehlen hat, so wie bei euch etwa — einer redet sich auf den anderen heraus — wegen dieser Gefahr habe ich Sie hergebeten als meinen Freund und deshalb habe ich die Pistolen geladen — alles andere ist Unsinn.«

Porfirio bewegt die Fäuste in den Taschen, zerknittert Papier, blickt zerknirscht an sich hinunter auf den Boden. Wirklich ein Blödsinn. Ich muß mich entschuldigen. Er richtet sich mit einem Ruck auf, streckt ihm die Hand hin — »Und entschuldigen Sie meine Ungeschicklichkeit — «

Warum nicht? Aber mein Freund, du stinkst nach Schnaps. Du bist ein Prolet und wirst frech — »Na gut, wir werden das als Blindgänger buchen. Oder Ehrensalut. Sonst — gnade Ihnen Gott! Die ganze Wand ist hin — « er wischt den Kalkstaub mit den Fingerspitzen über das Loch in der Wand — »Da sitzt die erste Kugel in dieser Revolution. Die Feuertaufe wäre überstanden, was? Na, dann gute Nacht — sagen Sie, weshalb lassen die Bauern bloß das Licht brennen? Das irritiert mich — «

Sie blicken über das Tal zum Dorf — alle Lichter brennen, das Werk stampft und rollt und der Lautsprecher dröhnt durch die Nacht.

»Das wird das erste sein: kein Licht, kein Radio. Was braucht dieses Volk Radio? Habe ich Radio? Bitte gehen Sie durch den Wald, nicht stehen bleiben, nicht umdrehen. In Rußland hatte ich mir eine grünweißrote Armbinde angenäht, das hat den Kerlen riesig gefallen. Im Grunde ahnungslose Kinder — Sie Sonntagsjäger — gewiß ist es schon Sonntag.«

Fontanelli blickt ihm nach, schlägt ein Kreuz in die Luft, horcht.

Kein Wort zu verstehen. Sie besaufen sich am Radio, ohne zu wissen, was sie saufen.

Mal sehen, ob die Antonia schläft. Auf Zehenspitzen schleicht er um das Haus. Da ist das Fenster. Brav. Schläft wie eine Ratze. Wollte mir nur Angst einjagen, diese Ariane Serafimowitschnaja — drei Jahre habe ich gebraucht, ihren Namen zu lernen — und jetzt bin ich totmüde — das Radio absperren, das Wasser absperren, das Licht und die Luft und schließlich auch noch den Schlaf — das sind die Maßnahmen, um ein Volk zu seinem Glück zu bekehren!

V

Valenti und Luis Massanet, genannt der General, Junglehrer und seit der Wahl vom 16. Februar stellvertretender Bürgermeister von Cabra, sind am Samstag mit dem ersten Zug um sechs Uhr früh nach Palma gefahren. Es hat viel Mühe gekostet, die geizigen Bauern von der Wichtigkeit ihres Vorhabens zu überzeugen. Sie hassen zwar die Kirche und die Kaziken und sind immer bereit, ihnen Haus und Wald anzuzünden. Aber vor den Fremden haben sie Angst.

»Was gehen uns die Fremden an? Wir haben mit unseren eigenen Sachen schon genug Arbeit. Dazu ist die Polizei da, um sie zur Vernunft zu bringen, wenn sie sich ihre betrunkenen Schädel anschlagen oder ins Meer fallen. Der Porfirio! Was kann der schon von den Kaziken wollen? Geld zum Saufen oder Benzin für seinen Wagen. Er verdirbt die Jungen! Was soll das heißen? Die Burschen lachen ihn aus. Der Hai, der Hai! Mit dem werden wir auch noch fertig werden, wir oder sein Vater. Ihr seid wie die Weiber, die sehen auch Geister am hellichten Tag. Den Italiener kenne ich nicht, habe ich nie gesehen. Er ist ein Graf, also wird er mit unseren Grafen und Baronen befreundet sein, so wie wir untereinander. Auch dagegen können wir nichts unternehmen. Ich stimme gegen diese Reise.«

Leo, der Obmann der geeinten Linken, wurde trotzdem überstimmt.

In Palma liefen die beiden Delegierten von einem Parteivorstand zum anderen und erreichten nach stundenlangem Verhandeln und Warten mit Hilfe eines Advokaten endlich, daß der Zivilgouverneur, ein Madrilene, der erst seit zwei Wochen im Amt war, sie am nächsten Tage, einem Sonntag also, um neun Uhr früh empfangen wollte.

Mit diesem Aufenthalt hatten sie nicht gerechnet.

Das wird viel Geld kosten — eine Pesete für das Bett in der Fonda zum heiligen Antonius am Gemüsemarkt. Mittags ein Reis mit Schnecken oder Fisch und ein Glas Wein, drei Reales, die sopa am Abend mindestens fünf. Und der Friseur, da man doch nicht mit Stoppelbart vor dem höchsten Beamten der Insel erscheinen kann, zwei Reales — ein Vermögen, das sie aus eigener Tasche bezahlen mußten, da die Gemeinderäte nur das Fahrgeld ersetzen wollten.

Andrerseits können sie nicht unverrichteter Dinge, besiegt, heimkehren.

Eigentlich haben sie nach all diesen Laufereien bereits Heimweh nach ihrem stillen Dorf und den schattigen Bergen. Die Trambahnen in den engen Gassen und das Geschrei der Händler machen sie ganz konfus.

Ihre Mission erscheint ihnen sinnlos. Sie kommen sich wie Schwindler vor. Die Hauptstadt ist der Inbegriff alles Schönen und Großen, sie ist Heimat und Fremde zugleich, sie ist wie Paris oder Buenos Aires, woher alle Schönheit, Weisheit und aller Reichtum kommen. Hier tragen die Damen keine Strümpfe, keine Hüte und Kleider ohne Ärmel, und die Herren gehen langsam in weißen, seidenen Anzügen vor den Clubhäusern auf und ab und rufen den Frauen 'a sus pies'! 'zu Ihren Füssen'! nach. Und alle Menschen sind geschäftig, heiter und sorglos. Die Kinos füllen sich. Die Fremden sitzen schon mittags in den hell erleuchteten Bars als sei es Nacht. Die Polizisten schwitzen unter ihren weißen Tropenhelmen und Schwärme blasser Engländer umringen sie mit ihren Kameras.

Wer denkt hier an Faschismus?

Niemand, nicht einmal die Soldaten des Generals Goded, die mit blankem Lederzeug im Eingang der Kaserne Wache stehn und den Mädchen zuwinken.

Und da wollen sie, die beiden armseligen Bauern aus der fernen Provinz den Gouverneur überreden, sogleich Maßregeln zu ergreifen gegen die drohende Gefahr eines Aufstandes, einer Verschwörung, wie es so pathetisch in ihrer »Beschwerde über die Umtriebe einiger Ausländer« hieß?

Klein und bedrückt hocken sie von acht bis zehn Uhr abends auf einer Bank am Hafen vor der Lonja und warten, bis das große weiße Schiff, das ihrem Herrn, dem Don Juan gehört, und Ciudad de Palma heißt, abfährt.

Es läßt zwar seine Sirene laut über das Meer gegen die Mauern der Kathedrale schallen, aber es fährt nicht ab.

Die Träger machen ein doppeltes Geschäft und schleppen die Koffer wieder an Land.

Die Reisenden steigen schnell aus, und die Zollbeamten räumen die Kais.

Was ist geschehen?

Das kann nur Streik bedeuten.

In dunklen Scharen sammeln sich die Menschen am Eingang der Mole. Sie warten auf die Besatzung.

Erst hier erfahren sie die Neuigkeiten — Aufstand in Sevilla, Madrid, Malaga, Oviedo — die Erde bebt unter ihren Füßen, und sie waren so beschäftigt, daß sie es nicht merkten.

»Wir kommen zu spät.«

Valenti zittert als friere ihn.

Der General, ein Athlet, zieht den dicken Schädel zwischen die Schultern — »Wir kommen grade recht! Ich bin in Stimmung. Wir werden als erstes die Herren Parteisekretäre hinauswerfen, die uns zum Narren gehalten haben! Du, Valenti, es geht los, sie marschieren, sie kommen!«

Vom Meer her nähert sich Gesang, düster, feierlich, wie eine schwarze Wolke steigt er auf von der schmutzigen Erde und die Luft sprüht Funken.

Luis brüllt wie ein Stier — »Es lebe die Republik!«

Eine Frau lacht laut auf und drängt sich erschrocken zwischen den Wartenden durch, die ihr Platz machen.

Der Zug der Hafenarbeiter und Matrosen, Stewards und Träger marschiert geschlossen und ausgerichtet wie ein Bataillon über die Mole heran.

Sie haben sich bei den Armen gefaßt und singen mit weit aufgerissenen Mündern, die Augen starr vor Anstrengung auf ein unsichtbares Ziel gerichtet.

Die Massen weichen vor ihnen zurück und schließen sich an. Drohend stampft der Zug durch die winkligen Gassen der alten Stadt, vorbei an den hell erleuchteten Restaurants und Läden. Nichts geschieht, niemand wird angehalten oder geschlagen, obwohl viele Herren von den Terrassen herunter laut schimpfen und drohen. Keine Scheibe wird zerbrochen, keine Kirche angezündet.

Die Schutzleute treten beiseite und lassen die Flut vorüberbrausen. Die Trambahner steigen von den Wagen und marschieren mit.

Im überfüllten, stickig heißen Volkshaus, in dessen zerschundenen Wänden noch die Eisenbrocken vom letzten Attentat stecken, wo der Boden mit schwarzen Blutflecken gesprenkelt ist, drängen sie sich zusammen und warten auf ein Zeichen.

Das Komitee der Volksfront hält eine Sitzung ab, keiner der Sekretäre ist zu sprechen.

Da klettert Valenti auf einen Stuhl.

Tiefes Schweigen.

Niemand fragt, wer er sei — sie sehen sein herrliches, energisches Gesicht, blaß und leuchtend, die breiten Schultern, die harten, verarbeiteten Hände, die er ausstreckt, als segne er sie.

Man hört nur die schnaubenden Atemzüge der Männer.

Valenti redet, langsam, mit dunkler Stimme und ohne Gesten.

»Hombres! Männer!« sagt er — »Das ist der Tag der Entscheidung, den wir so lange herbeigesehnt haben und den jene verfluchen werden! Es ist der Tag, der darüber entscheiden wird, wer hier in Spanien, hier auf dieser Insel herrschen soll — die Gerechtigkeit — oder jene, die sich vor ihr fürchten? Jetzt endlich werden wir beweisen dürfen, ob wir die Republik verdienen oder nicht, ob *wir* die Herren hier sind oder jener Don Juan, der Voerge, die Geißel Spaniens — «

Das Wort Voerge erlöst sie aus ihrem stummen, unerträglich qualvollen Haß. Sie lassen ihn nicht weiterreden — ein einziger Schrei bricht auf und raubt ihnen allen die Besinnung — »A muerte el Voerge! Tod dem Voerge!«

Luis hört den Freund zum ersten Mal reden.

Langsam dämmert ihm, was in diesem Bauern steckt, der erst mit zwanzig Jahren lesen und schreiben lernte und Kastilianisch spricht, wie Don Miguel Unamuno.

Ihm, dem General, fehlt diese Leichtigkeit, diese Klarheit der Rede. Seine Zunge ist schwer und die Worte fallen ihm wie Häcksel in den Hals zurück.

Die Masse tobt.

Luis steht am Rande dieses Lavafeldes, nahe den Fenstern — er sieht den Valenti auf den Fluten dieses rasenden Geschreis schwanken, hilflos, er will etwas sagen — das Entscheidende, das Kommando — aber sie hören nicht auf ihn.

Jemand hat gerufen — »Legen wir ihm Blumen aufs Dach!«

Händeklatschen.

Luis stürzt vor — »Wer hat das gerufen?«

»Der da! Der Kleine da!«

Er geht auf einen Burschen zu, der als einziger den Hut

abgenommen hat und blaß, die Hände vor dem Munde zu einem Trichter geformt, immer lauter schreit — »Fag! Feuer!! Anzünden!«

Schon wiederholen drei, vier, dann hundert den Schrei und stürmen zur Türe.

Luis packt den Schreier bei der Schulter und reißt ihn aus der Gruppe der Hetzer heraus.

Gegen seine Fäuste gibt es keinen Widerstand.

Luis zerrt ihn in die Ecke — »Wer bist du? Ausweis! Du hast keinen?« Er packt ihn bei der Brust, hebt ihn auf das Fensterbrett und stößt ihn hinaus auf die Straße.

Der Bursche springt auf die Beine und läuft davon. Mit ihm drei andere Señoritos, die draußen warteten, unterhalb des Fensters, geduckt — wie damals, als die Bombe von der Straße in den Saal geschleudert wurde.

Der Lärm ist jäh erloschen.

Scheu blicken sich die Arbeiter um, ein Zittern kriecht ihnen über den Rücken. Luis drängt sich vor zu Valenti und ruft laut — »Provokateure! Alles hierbleiben! Posten aufstellen!«

Vier junge Fischer ziehen ihre Jacken an und gehn hinaus.

Ein Mann in schwarzem Anzug mit einem Strohhut drängt an ihnen vorüber. Es ist der Sekretär der Volksfront und Leiter des Wahlbüros. Die meisten haben ihn nie gesehn, aber sie merken, daß er der Herr im Hause ist.

Mit einem raschen Griff zieht er Valenti von seinem Stuhl — »Die Stühle sind zum Sitzen da! Was soll das heißen? Soll die Polizei den Saal räumen und zusperren? Geht nach Hause und wartet ab, was die Partei beschließen wird. Wir können bei dem Lärm nicht arbeiten! Schluß! Das Licht wird ausgelöscht!«

Langsam leert sich der Saal, ohne Widerspruch. Der Rausch ist verflogen. Furcht und Hunger treiben sie hinaus.

Unter den Letzten gehn auch Luis und Valenti.

Der Parteibeamte wendet sich unwillig ab, als Valenti ihn grüßt.

Es ist immer noch drückend heiß zwischen den hohen Fassaden der Kirchen und Adelspaläste. Laut hallen ihre Schritte aus den vergitterten offenen Höfen, wo Kamelien und Rosen über schön gemeißelten Brunnen blühn.

Sie sehn diese Schönheit nicht. Finster starren sie auf den Boden, der mit zerrissenen Zeitungen und Stroh besudelt ist.

Diese gräßliche Stille um das laute Echo ihrer Schritte — eben waren es noch hunderte, die mit ihnen marschierten, zum Sieg! Und jetzt sind sie schon allein, verraten und verlassen. Das Heer der Geschlagenen folgt ihnen stumm, wie ihre Schatten, die die Wände auf und nieder tanzen.

»Weshalb hast du sie nicht auf die Straße geführt? Wir waren bereit zu allem — Valenti — wir haben unsere Sache schlecht gemacht!«

Valenti bleibt stehn und sieht dem Freund voll ins Gesicht.

Seine Stirn ist gerötet und mit Schweiß bedeckt. Seine Wangen sind hohl, als habe er eine Woche gefastet. In seinen Augen glühen Haß und Trauer.

Seine Stimme ist heiser und schwach — »Ich weiß es, Luis — und ich danke dir, daß du die Schuld nicht auf den Parteimann oder den Provokateur schiebst — ich fühlte das gleiche wie du — jetzt oder nie! Ich dachte noch mehr, daß wir keine Waffen haben — gut, sagte ich, wir werden sie mit den Fäusten erwürgen. Bis du den Burschen da, diesen Schreier entdeckt hattest. Da wurde ich nüchtern, in einer Sekunde brach alles in mir zusammen. Eine Wand erhob sich zwischen mir und denen da unten. Ich stehe hier oben und treibe sie voran, meine Wut ist ihre Wut — in Wirklichkeit aber gehorchen wir einem andern.«

Er stöhnt und wischt sich die Lippen ab, als sei ihm übel.

»Einem Voerge, der sie ins Verderben locken will. Das wurde mir klar — wenn sie uns auf die Straße locken wollen, dann warten bereits die Soldaten oder Gendarmen auf uns. Sie hätten uns niedergemacht wie Weizenhalme unter der Sichel — ich habe begriffen, daß es zu spät war, daß ich ein Verbrechen begehen wollte — an den Männern und an uns.«

Luis schweigt betroffen.

Er bewundert Valentis Erfahrung und Beherrschung, aber seine Kraft, seine Jugend empört sich gegen Taktik und kalte Überlegung.

»Ich hätt's riskiert, Valenti — ich hab noch nie so wie heute den Sieg gespürt — ich glaube nicht an die Zeit, an den Ausgleich, ich glaube an unseren Elan! Wir hätten sie niedergerannt und hinweggefegt!«

Er war Soldat und fürchtet sich nicht wie Valenti vor Gewehren und Uniformen.

Lange kann er keinen Schlaf finden.

Im Traume führt er die Massen zum Sturm gegen die Kaserne und stürzt den General Goded aus dem Fenster. Im Traum ist seine Zunge gelöst und er kann reden — feuriger als Valenti noch — die Männer sind wie Wachs unter seinen Händen und marschieren mit ihm — marschieren, im gleichen Schritt und Takt und die Stadt erbebt unter ihren Tritten — eins, zwei — Halt! Eins, zwei eins, zwei — *Halt!*

Hier wacht er auf — horcht auf das sonderbare Rollen und Stampfen unten auf der Straße — »Halt!« schallt es herauf. Ist das noch Traum?

Luis springt auf, denn jetzt hat er es deutlich gehört — »*Halt!*« Er beugt sich aus dem Fenster und fährt gleich zurück.

Der Schrei bleibt ihm in der Kehle stecken, ein dumpfes Röcheln nur kann er herausbringen — »Valenti! Sie sind da!«

Er hält ihn beim Arm fest, als er hinausblickt und zieht

ihn gleich wieder zurück ins Zimmer — »Sie suchen uns!«

Eine Weile sitzen sie stumm und betäubt auf den Betten und warten, ob sie kommen.

Sie haben ihre Taghemden anbehalten müssen. Seltsam weiß und krank sehn ihre Körper aus gegen die braun gebrannten Hände und Gesichter.

Der Traum wurde Wirklichkeit. Das Rasseln dauert an, nimmt zu. Luis unterscheidet das dumpfe Poltern der Kanonen und das eiserne Klirren der Maschinengewehre.

Goded und der Bischof lesen gemeinsam die Frühmesse und ihre Predigt ist laut und überzeugend. Es gibt keinen Widerspruch gegen ihre tödlichen Argumente.

Halblaute Kommandos — »Halt! In Gruppen links schwenkt — marsch! Halt!« Das gleichmäßige Tappen der Alpargatas der Soldaten, die wie Tiger im Dschungel die schlafende Stadt überfallen. Von der Kathedrale bimmelt das Sakramentsglöckchen, ununterbrochen tick-tack, bing-bang.

Es ist fünf Uhr, viel zu früh für die Messe.

Also ist das das Sturmsignal.

Sie wissen, was ein paar hundert Maschinengewehre in der Hand dieser jungen Burschen da unten bedeuten.

Luis Massanet, Leutnant der Reserve, versucht sich die Lage klarzumachen. Er ist weiß wie die gekalkte Wand. Aber das Haus bleibt verschlossen, der Angriff gilt allen, nicht ihnen allein.

Valenti muß plötzlich lachen — »Der Gouverneur wird schön schimpfen, wenn wir heute nicht kommen.«

Hornsignale gellen aus der Ferne.

Das Getrappel von Pferden kommt näher.

Unten klirren Gewehre und die Bänder der Maschinengewehre surren in die Schlitze.

Hastig kleiden sich die beiden an und äugen hinter den Vorhängen hinunter. Die Soldaten haben das Bajonett aufgepflanzt und tasten grade einen Mann ab, der unbeweglich, mit hochgehobenen Armen einen Korb mit frischem Brot über dem Kopf hält. Unbeirrt wie eine Statue.

Es ist der Bäckergeselle, der das Frühstücksbrot in die Fonda bringen soll.

Auf den Zehen schleichen die beiden die Treppe hinab in die Küche. Die Wirtin fächelt das Feuer an und schaut nicht auf, als sie eintreten. Hier unten, zwischen Töpfen und Körben, wo es nach Fisch und Essig riecht und die dicke Frau im Wolltuch und blauer Schürze hantiert, wie sie es immer getan hat seit ewigen Zeiten, möchte niemand die Wahrheit glauben.

»Ist heute Parade?«

Die Alte gibt keine Antwort.

»Was wollen eigentlich die Soldaten hier vor dem Haus?«

Sie schiebt die Holzkohlen zurecht und tut, als sei sie taub und stumm.

Aus der Ferne erschallt jetzt statt jeder Antwort Geschrei. Fenster klirren, Türen werden zugeworfen, eine wütende Männerstimme kommandiert — »Zurück! Weg von den Fenstern!« — und dann kracht der erste Schuß. Eine Frau kreischt laut auf.

Jetzt ist wieder Stille.

Nur das unterirdische, bedrohliche Rumoren hält an.

Und das Gebimmel der Glocke.

Langsam vermag Valenti die vielfältigen Geräusche und Rufe zu unterscheiden, er versteht endlich, was da geschrien wird — »Arriba España! Hoch Spanien!« Das ist der Schlachtruf der Falange Española, der faschistischen Partei des Sohnes Primo de Riveras.

Die Wirtin tut weiter so, als gehe sie das alles nichts an, als sei das ein Sonntag oder Werktag wie alle anderen in Palma.

Sie schüttet heißes Wasser in die Kanne und der Duft des Kaffees dringt stark und tröstlich in die Nasen. Dann, immer mit gleichmäßigen langsamen Bewegungen, wie sie nur alte Frauen haben, stellt sie zwei Tassen auf den Tisch und legt neben jede eine Ensaimada, die in Öl gebackenen, luftigen Kuchen.

Endlich gießt sie den Kaffee ein und deutet auf den Hof — »Die Tür da führt in den Nachbargarten. Von da aus kommt ihr in die Calle San Antonio, rechts ab in die Calle del Aceite und hinunter zur Avenida, die zum Bahnhof führt.« Sie denkt einen Augenblick nach — »Und wenn ihr was zu verbrennen habt, hinein damit. Draußen ist es heute gefährlich.«

Luis Massanet zieht seine Brieftasche und wählt drei Schriftstücke aus, die er auf die Holzkohle wirft: das Protokoll des Gemeinderates, die eidliche Aussage des Carabineros Angèl und seine Mitgliedskarte der republikanischen Linken.

Valenti zerreißt die letzte Nummer einer sozialistischen Zeitung, die mit lichterloher Flamme verpufft.

Dann sind sie fertig. Die Wirtin entläßt sie mit dem alten Segenswunsch — »Gott gebe euch einen schönen Tag!«

Valenti dreht sich um — »Seit wann läßt Gott am Sonntag mit Kanonen läuten?«

In der Avenida kommen sie nicht weiter.

Zwei Infanteristen mit Stahlhelmen zielen ihnen mit den Bajonetten nach dem Leib — »Wohin wollen die Herren?«

Valenti zieht die Brauen hoch, wirft den Kopf in den Nacken und sagt auf kastilianisch — »Los señores van a la iglesia — die Herren gehen zur Kirche.«

Dieses barsche — »Los señores« schüchtert die Soldaten ein, sie treten zurück und senken die Gewehre — »Bitte, die Herren können passieren.«

Ihre schwarzen Anzüge, Kragen und Krawatten nehmen sich würdig und gut sonntäglich aus. Zwei fromme Bürger, die zur Messe wollen. Aber nach wenigen Schritten begreifen sie, daß kein Entkommen möglich ist. Das Artillerieregiment, Godeds Spezialtruppe, bringt grade sechs Feldgeschütze in Stellung.

Im weiten Umkreis steht Infanterie, Gewehr bei Fuß, gefechtsbereit, in drei Gruppen ausgerichtet nach den verschiedenen Zufahrtsstraßen.

Meldegänger auf Motorrädern sausen hin und zurück.

Noch beachtet niemand die beiden, aber sie sind die einzigen Zivilisten auf der breiten und sonnigen Avenida.

Hundert Meter vor ihnen reitet ihr alter König Jaime, der Eroberer, auf erzenem Roß und hält sein Schwert in den blauen Himmel.

Droht er ihnen oder will er sie warnen?

»Es hat keinen Sinn, der Bahnhof ist gesperrt, wir können hier nur festgenommen werden ...«

Langsam biegen sie in die erste Gasse ein, die in zahllosen Windungen bergab zur Plaza Cort führt, wo das Rathaus steht, wuchtig breit, in gelbem Sandstein, mit hohen Balkonen und den Wappen der Stadt und Provinz geschmückt.

Die beiden Bauern sind nicht mehr allein. Mit ihnen gehen jetzt bereits viele Menschen, Männer und Frauen, die aus allen Kellern und Höfen herauswimmeln; neugierig und aufgeregt zappeln sie vor Ungeduld, das Schauspiel zu genießen, das ihnen so lange und so oft versprochen wurde. Junge Burschen marschieren im Gleichschritt auf der Mitte der Straße und brechen in Hochrufe aus, als sie die Soldaten erblicken, die Platz und Rathaus besetzt haben.

Alle heben die rechte Hand zum faschistischen Gruß empor.

Die beiden sehen sich um und erstaunen: alle Menschen ringsum halten die rechte Hand nach oben gereckt und schieben sich langsam weiter, an den Soldaten und Maschinengewehren vorüber, als seien sie das seit Jahren gewohnt und als sei das das Natürlichste von der Welt.

Aber alle Feigheit und Begeisterung hilft nichts. Jeder einzelne muß beide Hände hochstrecken und wird abgetastet und ausgefragt.

Valenti wiederholt mit stoischem Gleichmut — »Los señores van a la iglesia!«

Jedesmal können sie hundert Meter bis zur nächsten Wache und Visitierung vorrücken.

Das Geschrei in der Ferne flammt wieder auf, nur daß es diesmal viel lauter, viel näher ist und wie Weinen und Hilferufe klingt. Das Volk lacht.

Die Soldaten sind weder grob noch höflich, Maschinen, denen man mühsam die Fragen und Griffe beibrachte. Aber hinter jeder Wache steht ein Feldwebel oder Leutnant und mustert jeden Passanten. Von ihm hängt es ab, ob er arretiert oder freigelassen wird. Einzeln tritt jeder in einen Kreis von sechs bis zehn Mann, die ihn abklopfen und alles hervorkehren, was sich in den Taschen befindet.

Valenti und Luis haben Glück.

Vor und hinter ihnen werden Männer und Frauen herausgegriffen und vor einen Offizier geführt, der mitten auf dem Platz auf einem Stuhl sitzt und eine Zeitung liest. Jedesmal, wenn die Wache mit einem Verhafteten ankommt, blickt er kurz auf und deutet mit dem Daumen hinter sich, zum Rathaus. Dort werden sie hingeführt.

Vor dem Klubhaus der Republikanischen Linken staut sich eine dunkle, schweigende Menschenmenge.

In den Fenstern, bis hoch hinauf zum Dach, stehen Señoritos in dunkelblauen Hemden mit kurzen Ärmeln, Gewehr im Anschlag und lauern, blaß vor Furcht oder Haß, hinunter zur Menge.

Die Menge aber blickt zu ihnen hinauf und rührt sich nicht.

Bis ein weißhaariger Mann plötzlich den Arm hebt und mit schriller Stimme ruft — »Hoch Spanien! Hoch die Falange Española!«

Da senken die Bewaffneten oben im Hause die Gewehre und strecken die Hände hinaus zum Gegengruß.

Die Weiber applaudieren. »Sind sie nicht reizend? So elegant, und lauter hübsche Burschen, wir können wirklich stolz sein auf diese Jugend!«

Damit zerstreuen sie sich, glücklich und zufrieden mit ihrer patriotischen Rolle als Statisten.

Sind sie dumm oder feige? Nein, diese Masse ist nur träge und neugierig. Denn endlich stehen die Menschen hier und ihre alte, langweilige, weil glückliche Insel, im Mittelpunkt einer großen Bewegung, die offenbar die ganze Welt ergriffen hat und nun auch zu ihnen gelangt ist.

Sie sind glücklich, daß sich endlich etwas rührt, daß das moderne Leben sich ihrer Einsamkeit annimmt. Ein Erlebnis, das vor allem nichts kostet und bestimmt auch den Fremden gefallen wird, die es ja wohl auch schon langweilig fanden auf diesem Eiland. Denn nur Natur, immer und ewig Sonnenschein und Ruhe des Paradieses mußte auch dem genügsamsten Engländer auf die Dauer zuviel werden.

Vielleicht gab es jetzt jeden Abend Feuerwerk, Paraden und Schokolade, bestimmt werden die Geschäfte besser gehen — neue Herren, neue Posten.

Valenti drängt sich neben ein Ehepaar, das offenbar auf dem Wege zur Kirche war und nun vor Begeisterung die Messe versäumte. Laut und unbekümmert besprechen sie die neuesten Ereignisse — »Ja, und den Gouverneur, den Bürgermeister und alle Stadträte haben sie heute früh verhaftet und auf das Schloß Bellver geschafft — richtig, und hundertzwanzig Anwälte, Ärzte und alle Redakteure der republikanischen Zeitungen sitzen im Stadtgefängnis. Das Volkshaus ist ebenfalls besetzt, die Sekretäre haben sie aus den Betten geholt und in der Arena erschossen. Wirklich schade, daß es keine Eintrittskarten gab — ich hätte sie ja vor die Stiere getrieben — zeig dem Herrn Hauptmann deinen Ausweis von der Falange — vielen Dank, Herr Hauptmann — darf ich Ihren Leuten ein paar Zigaretten schenken? Du hättest die Uniform anziehen sollen — jetzt ist es doch ganz ungefährlich, im Gegenteil — «

Valenti ist ganz blaß geworden — »Es muß aber noch nicht stimmen — denke an gestern abend — «

»Grade daran denke ich — «

»Es gibt nur eine Rettung — Santa Catalina!«

Das ist der Name des alten Hafenviertels, das zwischen der Stadt und dem weiß und köstlich grün zum Schloß hinaufgewürfelten Fremdenviertel Terreno wuchert, eine Kloake, in die das Rinnsal La Riera seine stinkenden Abwässer ergießt.

Links erheben sich auf Stein und Erdhaufen die Ruinen einiger Windmühlen, wo die Kinder in Abfällen spielen; in den ebenso zerfallenen Hütten ist kaum Platz zum Schlafen. Alles stinkt nach Fisch; Wände, Fenster, Erde glitzern vor Fischschuppen. Nachen lehnen gegen die Mauern und das Meerwasser zerfrißt und versalzt alles. Dies ist der einzig echte wilde Stadtteil: er hat die Geschichte überdauert und Phönizier und Karthager, Römer und Mauren haben ihn nicht vernichten können in seinem Gestank, seiner schamlosen Armut und seinem aufsässigen Mut.

Hier in Santa Catalina wohnen die Fischer, Lastträger, Matrosen und Scheuerfrauen im Schatten einer modernen Basilika, die sie zehnmal im Laufe der Aufstände anzuzünden versuchten. Aber Stein und Eisen brennen schlecht und jedesmal feuerte die Guardia, daß das Blut gegen die staubigen Wände spritzte. Seitdem heißt die Kirche und das ganze Quartier Santa Catalina die Rote.

Die Flut der Neugierigen wälzt sich tosend heran, denn alle wissen — »Haben sie diese ewige Burg der Rebellion, dann gehört Palma und die ganze Insel den Faschisten — «

Sie spitzen die Ohren, ob nicht Schüsse krachen, sie schnuppern in den Wind, ob die Rattenlöcher brennen.

Aber da ist nichts, als der eigene Druck der Tausenden, ihre Glut, ihr Marschieren, das sie voranträgt, der Entscheidung zu. Sie wissen nicht, was da kommen kann, es ist ihnen alles gleich und in ihrer Raserei käme ihnen der eigene Tod gar nicht zu Bewußtsein.

Vergebens schreien die Soldaten »Zurück! Zurück!«

Wohin zurück? Niemand versteht sie. Weiter, nach vorne. Ganz Palma ist in Aufruhr, die Massen wälzen sich zwischen dem bleiern leuchtenden Meer und den steilen Bastionen den Offizieren entgegen, die mit Degen und Revolver umherfuchteln und Kommandos schreien, die in dem dumpfen Gebrüll der Massen untergehen.

»Das sind sie! Da! Da stehen sie — a muerte los cobardes! Tod den Feiglingen! Muerte! Muerte!«

Die schönen Offiziere erblassen und weichen eilends zurück, um einen Anlauf nehmen zu können. Dann aber begreifen sie, daß die Drohungen, der Wutschrei, die geballten Fäuste nicht ihnen gelten.

Sie gelten dem gemeinsamen Feinde.

Die räudigen, stinkenden Häuser und Baracken sind verödet. Kein Lied, kein Geschrei, kein Kinderweinen.

Die klaffenden Mauern der alten Windmühlen ragen wie zerschossene Festungstürme empor und das Bettzeug hängt aus den Fenstern, als seien die Häuser geplündert worden.

Die Bewohner aber stehen an den grauen Gittern ihrer Kathedrale und recken die Arme empor, als klagten sie den Himmel an. Halbnackt, barfuß, zerzaust, viele blutend, so stehen sie und starren auf die blinkenden Bajonette, die ihnen Soldaten und Faschisten entgegenstemmen. Stumm die einen, zähneknirschend die andern, wie in einem lebenden Bild, am Schluß einer Theaterszene.

Die Sonne steigt schnell empor und die Steine werden heiß, der Staub flimmert wie Kristalle, die Palmen knistern, als brenne Stroh.

Frauen und Männer, Kinder und Greise, in wirren, bunten und traurigen Rudeln, werden immer noch herbeigetrieben und ihre Schreie und Flüche, das Jammern der Kinder, die hinfallen und getreten werden, gellen über das Meer.

Die Menge lacht.

Soldaten und Blauhemden kämmen die Straßen aus und jagen alles, was da lebt und sich wehrt, mit Kolbenhieben vorwärts auf den wüsten Platz vor der halb vollendeten Schule, wo um Weihnachten die Truthähne verkauft werden. Genauso treibt man die Menschen hier zusammen, nein, die Tiere sind ja wertvoll, sie bringen Geld und dem Käufer Freude. Dieses Gesindel hier ist wertlos, gefährlich, man muß es ausrotten, zertreten, zerschlagen wie man einen Scherben zerschmeißt. Hinweg damit ins Meer, unter die Erde, daß keine Spur mehr von ihnen gefunden werde, es sei denn, in den Mägen der Fische und Würmer.

Das Geschrei schwillt zu einem Orkan an. Die einen winseln um Gnade, die Zuschauer aber toben wie in der Arena — »Blut! Ins Meer! A muerte!«

Hinter die Kette der Posten, die wankt und nachzugeben droht, tritt eine zweite Reihe Soldaten, geführt von einem Leutnant mit weit aufgebauschten Reithosen und spiegelblanken Gamaschen.

In der Linken schwingt er eine Gerte mit silbernem Knopf wie ein Dirigent. Die Soldaten schwärmen aus in breiter Front, von den Häusern bis zum Kai. »Halt! Das Gewehr ab — laden! Entsichern!«

Es rasseln die Schlösser der Gewehre, auf — zu — die Mündungsdeckel ab — das rechte Bein vorgestellt! Die Soldaten halten die Gewehre schußbereit in Brusthöhe und suchen sich ihre Opfer in der Menge. Es ist alles erlaubt, wenn es befohlen wird. Lange genug hat es gedauert, bis es soweit war. Jetzt ist es soweit, und sie wollen zeigen, was sie gelernt haben.

Die Bürger beruhigen sich und werfen den Soldaten Zigaretten zu, die in den Staub fallen. Der Leutnant schreitet mit langsamen Bewegungen, mit der Reitgerte die Soldaten wie Pferde beklopfend, die Front ab und achtet darauf, bei jedem Schritt mindestens eine der Zigaretten zu zertreten.

Diese eine Tatsache, Verachtung so guter Dinge wie Zigaretten, macht mehr Eindruck auf die Zuschauer, als alle Gewehre und Gefangenen zusammen.

Das Schauspiel geht weiter. Nach altspanischer Tradition werden zunächst Frauen und Kinder von den Männern getrennt. Nicht etwa aus Ritterlichkeit, ganz einfach deshalb, weil es das Verfahren erleichtert.

Aber jedem Teil wird sein Recht werden.

Jetzt steigt ein Hauptmann auf eine Tonne, die grade da steht, vor dem Rudel der gefangenen Männer.

Diese Männer stehen Leib an Leib, so eng, daß es fast plausibel erscheint, wenn sie die Arme hochrecken wie in einer überfüllten Trambahn.

Der Offizier, breitschultrig in einer engen Uniform, blitzendes Lederzeug um Leib und Schultern, nimmt einen Stoß Papiere aus der Hand eines Sergeanten, der ihm wie ein Hündchen überallhin folgt und beginnt mit lauter Stimme Namen vorzulesen.

Die Aufgerufenen müssen links heraustreten und ihre Zahl schwillt ständig an. Bald ist es die Mehrheit.

Das sind die Mitglieder der republikanischen Parteien, deren Namen die Falangisten bei der Besetzung des Volkshauses in den Kartotheken vollzählig vorgefunden hatten.

Fast alle waren gestern abend bei der Versammlung, als Valenti sprach. Er erkennt einige wieder — also war es doch falsch, was ich gestern getan habe?

Militär und Faschisten umringen in geschlossenen Reihen die Opfer, die immer noch stumm und reglos ihre Arme zum Himmel recken.

Name auf Name schallt über den Platz. Die Männer drängen sich durch die dünner werdenden Reihen und wechseln hinüber zu ihren Freunden. Die Sonne steigt und brennt mit immer stärkerer Kraft in ihre schutzlosen Gesichter, die sie erhoben halten, die Kiefer zusammengepreßt, die Augen geschlossen ins Nichts gerichtet.

Der Letzte ist ein gewisser Peppé Calabas Murat, ein älterer, kahlköpfiger Fischer, der nur die eine Hand hochgehoben hat.

Der Hauptmann schreit ihn an — »Du sollst beide Arme hochheben!«

Da läßt Calabas auch den linken Arm sinken, wedelt mit dem andern leeren Rockärmel — »Willst du mir das mal vormachen, wie man zwei Arme hochhebt, wenn man nur einen hat?«

Ein Carlist schlägt ihm ins Gesicht und stößt ihn zu den andern.

Der Offizier macht eine kurze Pause und reicht die Papiere dem Sergeanten. Eine Ordonnanz auf einem Motorrad rast herbei und macht eine kurze Meldung. Alle recken die Hälse, die Gefangenen werden unruhig, einige lassen die Arme sinken und treten aus der Reihe.

Der Kommandant zieht den Degen.

Jetzt wird es ernst, endlich.

Es liegt etwas in der Luft.

Die Zuschauer versinken in dumpfes, erwartungsvolles Schweigen. Sie nehmen Witterung. Ein Mädchen flüstert halberstickt vor Gier ihrem Bräutigam zu — »... jetzt werden sie erschossen... «

In die Stille donnert jetzt das Kommando — »Achtung!«

Die Soldaten zucken zusammen.

Die Faschisten blicken unruhig und ungewiß, was sie tun sollen, zu den Gefangenen.

Denn das alles ist doch ein Traum, daß sie plötzlich an

einem hellen Sonntagmorgen in ihren blauen Hemden mit Gewehren und Handgranaten paradieren dürfen und alle, alle vor ihnen zittern. Sie, die gestern noch im Halbdunkel verschwiegner Paläste konspirierten und »Arriba España« flüsterten. Was sie jetzt hundert und tausendmal und alle Tage allen ins Gesicht schreien dürfen. Und nicht nur das, sie dürfen, ja sie müssen sogar schießen. Und sie werden auch schießen! Unruhig und lüstern gehen ihre Blicke von einem zum andern: ausrotten diese Horde von Bastarden, anzünden dieses ganze Santa Catalina la Roja, weiß soll es werden wie gebleichte Knochen.

Sie haben die Macht und sie recken sich, die Señoritos, die nach Moschus duften und gestern gebeichtet und heute früh kommuniziert haben. Es sind brave und fromme Jungens und der Papst hat ihnen Absolution erteilt von allen ihren Sünden, gewesenen und zukünftigen.

Aber es ist keine Sünde, es ist ein gutes, ein herrliches Werk, dieses Geschwür auszubrennen. Es ist der Wille Gottes.

Und des Generals Goded.

Goded hat sie aus dem Dunkel geholt und ihnen Waffen gegeben, Goded, der Herrliche, der Einzige, der zweite Jaime der Eroberer.

Der Offizier streckt den Degen gen Himmel und ruft abermals mit starker Stimme — »Achtung! Präsentiert — das Gewehr!«

Und die Trommeln rühren sich in dröhnenden Wirbeln, es klingt als ob Schädel gegeneinander rasseln, auf und nieder, rattataplang — rattataplang — dann schmettert ein Horn und überschlägt sich zu schrillen Dissonanzen, daß es klingt wie der Todesschrei eines Gefolterten — jetzt werden sie erschossen — madre purissima — sechshundertachtzehn Männer — ich hab sie gezählt — Santa Catalina la Blanca — da kommen schon die Möven — die Glocken läuten — besser einen Rosenkranz machen und alle ersäufen — einen Priester hätten sie stellen sollen oder einen Dominikaner wie den Juden, die verbrannt wurden — aber sie wollen ja in die Hölle — ganz recht geschieht ihnen!

Gespannt blickt der Hauptmann der Spitze seines Degens nach zum Himmel.

Er funkelt hoch wie ein Kristall, rein und silbern.

Alle blicken hinauf — keine Wolke, nichts ist zu sehn — auf was wartet er noch?

Aber jetzt ertönt, erst schwach, dann hell und heller das Surren eines Propellers.

Glitzernd im weißen Schein der Morgensonne, die Meer und Himmel zu einem einzigen strahlenden und göttlichen Raum vereinigt, steuert ein kleines Flugzeug über Stadt und Menschen hinweg, der weit offenen Bucht zu — gen Westen.

Da oben fliegt General Goded nach Barcelona, um es zu erobern.

Oder zu sterben.

So hat er es geschworen.

Er starb — er wurde erschossen!

Der Hauptmann senkt den Degen, die Trommelwirbel schwellen ab.

»Gewehr — ab! Das Ganze marsch!«

Leichtfüßig hüpft er auf die Erde und rennt an die Spitze der Kolonne, die den ungeordneten Haufen der Gefangenen mit sich zieht. Die Flanken werden von den Carlisten bewacht und keilförmig nach innen gepreßt, bis die ganze träge und widerspenstige Masse in Fluß gerät und gegen die Zuschauer rennt, die enttäuscht zurückweichen. Die Arbeiter fürchten sich und drehn sich nach ihren Frauen und Kindern um. Die Blauhemden treiben sie mit den Gewehrkolben immer enger zusammen, daß sie nur noch in kleinen Trippelschritten vorankommen. Viele straucheln, betäubt von Hunger und Hitze, ganze Reihen fallen über sie zu Boden und die Verwirrung löst sich in einzelnen Gefechten und wilden Schlägereien auf. Viele bluten und heulen um Gnade.

Ein bacchantischer Zug, torkeln sie dem Hafen zu, gelähmt von Todesfurcht, eine Herde armer, hinfälliger Schlachttiere, die der Blutgeruch, der vor ihnen ermordeten Kameraden, erstickt.

Der Offizier und zwei Feldwebel marschieren voran, der Mole zu. Ihre Mienen sind ernst, in gemachter Gleichgültigkeit wie kleine Schauspieler, wenn sie in der Provinz endlich Erfolg haben — sie grüßen ihre Freunde und deren Frauen, winken ihnen zu.

Immer stärker beginnen die Soldaten, die die Bürger am Kai zurückdämmten, vorwärts zu drängen, um Platz zu schaffen für die Eskorte.

»Zurück oder ins Wasser« schreien sie unausgesetzt, stoßen Kolben und Fäuste in die Leiber der Zögernden, Enttäuschten, und geraten in Hitze. Denn der Zug ist ihnen bereits auf den Fersen.

Endlich ist der Kai geräumt.

Düster und langsam schiebt sich die Prozession der Verdammten unter den staubgrauen Palmen weiter, Schritt für Schritt. Und biegt plötzlich nach rechts ab, weg von der Stadt — über Ankerketten und Taue, um Stapel von Kisten und Tonnen herum über die Mole, weiter zum Leuchtturm an der äußersten Spitze, wo die weiße Brandung hochgischtet. Da liegt die weiße »Ciudad de Palma«, die gestern nicht auslief wegen des Streiks. Neben ihr der schwarze und verrottete Kasten ist der »Jaime Primero«. Ein Wrack, seit Jahren außer Dienst, bevölkert nur von Ratten und Mäusen.

Hier gerät der Zug ins Stocken. Es ist aus der Ferne nicht zu erkennen, was da geschieht —

Als ein tausendfacher Schrei gellend aufbricht gleich einer Explosion, die den Platz bei der Kirche Santa Catalina in Aufruhr versetzt — »Sie werfen sie ins Meer!«

Das sind die Frauen und Mütter der Gefangenen, die sich gegen die Faschisten werfen. Die Burschen weichen zurück vor den Zähnen und Nägeln der Rasenden und feuern in die Luft. Das Echo der Salve rollt von den Türmen und Mauern wie Hagel hart über die Stadt.

Die Männer bei den Schiffen fahren zurück und sehn, wie die Frauen nach allen Seiten auseinanderstieben — die Wächter packen ihre Gewehre fester. Da geben sie nach.

Der Platz bei der Kirche ist leer.

Scharf gezackt zittern nur die Schatten der Palmen auf den Steinen. Von den Türmen schlägt es elf Uhr.

Die Gefangenen werden über den Laufsteg in das Innere des Totenschiffes bugsiert, an dessen Mast eine schwarze Fahne hochgeht — die Pest ist ausgebrochen!

Das Schauspiel ist zu Ende und alle Frommen drängen sich in den Kirchen zur letzten Messe. Noch nie waren die Kirchen so überfüllt und die Klingelbeutel so schwer wie an diesem ersten Tag der glorreichen Rebellion.

Nur das kleine Häuflein der Männer, deren Namen auf den Parteilisten fehlten, steht unverdrossen da und wartet.

Sie sind vor der Salve geflohen und wieder zurückgekommen und warten. Keiner rührt sich vom Fleck.

Bis zum Abend läßt man sie stehen, ohne Wache, ihre Frauen und Kinder bringen ihnen Brot und sitzen eine Weile auf der heißen und schmutzigen Erde.

Vom Jalme Primero ertönen hier und da Schreie und dann Schüsse. Die Vergessenen zittern und die Weiber schlagen das Kreuz.

In der Nacht erst kommen die Faschisten und sperren auch die letzten Einwohner von Santa Catalina ins Stadtgefängnis. Das Gefecht ist abgeblasen. Langsam kehrt die Ruhe nach der Sättigung zurück.

Unbehelligt gelangen Valenti und Luis zum Bahnhof und fahren nach Iglesias, wo wie immer der Autobus wartet.

In Cabra schläft alles.

Man bespricht die Ereignisse in der Hauptstadt, als lese man in der Zeitung von Unruhen in China oder Abessinien. So fern liegen diese Dörfer von der Hauptstadt, so abseits von der Wirklichkeit.

Valenti und Luis berichten noch in der Nacht ausführlich im Gemeinderat. Niemand unterbricht ihre Rede. Stumm und schwarz wie immer sitzen die Bauern um den Tisch und kauen an ihren Zigaretten.

Nach einer langen Pause fragt Leo endlich, ob Valenti einen Vorschlag zu machen habe.

Da schweigt er. Zum ersten Mal in seinem Leben weiß auch er sich keinen Rat. Leo wiederholt seine Frage dringlicher. Valenti hebt hoffnungslos, resigniert die Hände. Luis schweigt ebenfalls.

Die Bauern aber lächeln. Sie halten ihr Schweigen für eine Kriegslist. »Der Valenti ist schlau. Er hat was vor, was er nicht jedem sagen will.«

Juan aus Iglesias meldet sich ebenfalls.

Leo läßt ihm sagen, daß kein Blauhemd zu sehen sei.

»Sag dem Juan, daß ich bereit bin, verschiedene Freunde von Voerge und Don Romeos zu verhaften und einsperren zu lassen ...«

Juanito steigt auf das Fahrrad.

»Du wirst niemanden antreffen, Leo. Die Herren sind alle in der Stadt beschäftigt und wenn sie zurückkommen, dann werden wir verhaftet. Sie wissen jetzt, wie einfach das ist.« Mit diesen Worten steht Valenti auf und geht.

Die Männer starren ihm betroffen nach.

Langsam dämmert ihnen die Wahrheit.

Vorsichtig treten sie hinaus auf die Straße und schleichen an den Mauern entlang nach Hause.

Die großen Burgen der Herren liegen schwarz und stumm im Schatten der Kirche und Mondlicht geistert in den verhängten Fenstern.

VI

Seit dem Tage der nationalen Erhebung, ist Mallorca erst eine richtige Insel: von jeder Verbindung mit der Außenwelt abgeschnitten, schaukelt sie wie ein Gespensterschiff steuerlos im Meer. Weder Flugzeuge noch Dampfer legen an. Niemand betritt das Land, niemand verläßt es. Es gibt weder Post noch Zeitungen, die Banken schließen. Niemand zahlt Schulden, Steuern oder Miete. Die ängstlichen Señoras der großen Häuser am Strand von Pueblo kaufen Zucker, Mehl, Sardinen und seidene Strümpfe auf Vorrat.

Die Frauen der Fischer, deren Langusten und Thunfische Barcelona nicht mehr erreichen, müssen die Sparstrümpfe öffnen.

Die ersten Seufzer quellen über Lippen, die gestern noch Verwünschungen ausstießen gegen Bartolomé oder Jeronimo.

Diesen idealen Zustand für einen militärischen Putsch bedroht nur das Radio im Café, das seine Nachrichten über die Landstraße und das ganze Dorf hinausbrüllt, Tag und Nacht, ununterbrochen, mit gleichbleibender Lautstärke, die keine menschliche Heiserkeit erschüttern kann. Diesen modernen Maschinen geht jedes Maß ab.

Das Radio ist schuld, daß das Dorf republikanisch bleibt, daß die Wahrheit durchsickert, daß es so still, unheimlich und traurig in den Häusern aussieht. Und erst recht auf den Straßen und Plätzen, die mit Abfall, Eselsmist und Steinen bedeckt sind; sonst fegten die Netzflicker den Unrat beiseite, um arbeiten zu können. Auf dem nackten Boden saßen sie unter den braunen, nach Fisch und Tang riechenden Vorhängen, die große Zehe als Widerhaken unten in die Maschen gepreßt, und ihre kurzen Messer kappten die Bindfäden.

Niemand fährt aus, wozu also sich erst die Mühe machen?

»Wer weiß, was die Faschisten noch alles einführen? Von jetzt an kommen die Fische freiwillig in den Hafen geschwommen und melden sich zum Versand beim Posito. Der Capitano hat es gesagt.« Melis doziert laut und frech den Widerstand mitten auf dem Marktplatz. »Jedenfalls, ein großer Fortschritt ist zu verzeichnen; die Laternen brennen den ganzen Tag, das gibt es nicht einmal in Montevideo!«

In der Tat, das Dorf ist Tag und Nacht erleuchtet, als liege es in der Arktis. Das Werk surrt ununterbrochen, Sebastian und Peppé schmieren die Räder und heizen die Kessel, schlafen in den öligen Lumpen eine halbe Stunde unter dem Feigenbaum oder im Zugwind des Schwungrades. Die Parteikasse zahlt die Überstunden an den Patron, der sich um nichts kümmert als um seine Rechnungen. Das Radio ist ihr einziger Gedanke, sie essen nicht, sie trinken nicht. Sie leben von Zigaretten — und Nachrichten.

Es lohnt sich. Sie sind die Apostel der Wahrheit, sie verkünden den Sieg. Am Dienstag abend, nach den Kämpfen in Barcelona, unterbricht der Ansager plötzlich die Musik.

Etwa fünfzig Bauern und Fischer, die müde und hungrig vor ihren leeren Kaffeetassen saßen, seit Stunden kein Wort gesprochen haben, nur immer wieder dachten — »Mit nackter Brust und unbewaffnet stürmten die Arbeiter von Barcelona die Artilleriekaserne und erstickten mit ihren Leibern das Feuer der Geschütze« — die Bauern von Pueblo heben ihre harten Schädel, drehen die Gesichter zum Apparat und sperren erwartungsvoll den Mund auf. Ihre Augen weiten sich. Ihre schwarzen Hände legen sich ineinander, und sie pressen ihre Finger mit aller Gewalt, um nicht zu schreien vor Freude.

In kaltem Schweigen, das so tief ist, daß jeder seinen eigenen Atem hören kann, verkündet die heisere Stimme des Ansagers — »Hier Radio Barcelona — Achtung! Achtung! Achtung! In zwei Minuten wird der ehemalige General und Militärgouverneur der Balearen, Goded, der sich seit Sonntag abend als Gefangener der katalanischen Regierung in Arrest befindet, am Mikrophon zu allen Katalanen und Mallorquinern sprechen.«

Diese zwei Minuten waren wert, mit Tod und allen Martern bezahlt zu werden, die noch kommen mochten.

Die Männer sitzen stumm, ihre Blicke gehen von einem zum andern, klar, wissend, triumphierend. Kein Wort fällt. Keine Bewegung verrät den Gedanken, den jeder denkt — wir haben gesiegt.

Bartolomé steht inmitten seiner Schar, breitbeinig, die Arme über der gewaltigen Brust gekreuzt, und überblickt die Freunde. Ein Leuchten strahlt von ihm aus, der Zuversicht und der Kraft, daß niemand mehr zweifelt. Die Republik lebt — jetzt können sie kommen, diese Señoritos!

Diese zwei Minuten Unendlichkeit voll tiefster Freude berauschten die ganze Welt. Nein, das Leben, das in jedem klopfte und fieberte, war diese Welt. Welch ein Sommer, welch ein Glück, wie rein die Luft, wie stark die Sonne! Ihre Augen, die niemals auch nur Palma gesehen, sehen Barcelona. Sie blicken hinüber nach Madrid. Sie drücken Azaña die Hand, sie sind alle gut und frei in diesen ewigen, erhabenen zwei Minuten.

Und dann kommt er, ihr großer General, der Mörder von Santa Catalina, der Palma zertreten hat und den Barcelona jetzt zertrat.

Er räuspert sich und beginnt mit zaghafter, müder Stimme — »Katalanen, Mallorquiner — ich bin General Goded und seit Sonntag abend sieben Uhr der Gefangene der Regierung. Der Aufstand ist zusammengebrochen. Ich fordere alle meine Kameraden auf, die Waffen niederzulegen und sich der rechtmäßigen Regierung zu unterwerfen.«

Das ist alles. Kein Wort mehr, kein Wort weniger. Der General Goded erklärt den Putsch für beendet.

Bartolomé nickt ein paar Mal schwer und stellt den Strom ab.

Alle erheben sich wie nach Schluß der Vorführung im Kino, strecken ihre steifen Knochen, rücken die Mützen zurecht, zahlen und gehen.

Die Faschisten verstummen, verschwinden. Sie reden mit niemandem. Lächeln höchstens über die Märchen, die Bartolomés Radio erzählt. Sie wissen es besser.

Aber was wissen sie besser? Worauf warten sie noch? Goded selber hat ihnen doch erklärt, daß alles verloren ist!

Sebastian, blaß und mager wie ein Heiliger, mit schwarzen Augen, die ohne Glanz und Kraft schauen, zieht schmerzlich die Stirn in Falten — »Worauf warten *wir* noch?«

Melis setzt sich in Padrines Café und horcht herum.

Am Abend erzählt er — »Sie warten auf Goded, auf den heiligen Aloisius von Gonzaga und unsere Dummheit — daß wir nämlich anfangen. Darauf warten sie und auf nichts anderes. Romeos hat es selbst gesagt, wir sind alle Republikaner, nicht nur Bartolomé und Sebastian. Wir verlangen das gleiche Recht wie sie, Selbstverwaltung und Selbstverteidigung. Wenn sie uns das verweigern, handeln wir in Notwehr und schlagen sie nieder, um die Republik und unsere Heimat vor den Anarchisten zu retten. Was heißt das?«

Bartolomé flüstert ihm zu — »Hast du die Waffen gefunden? Nichts?«

Melis schüttelt den Kopf — »Im Garten nichts, im Hause nichts, bei den Felsen nichts — ich glaube immer mehr, Hormiga hat geträumt.«

Die Stille wird immer tiefer; selbst der Lautsprecher vermag nichts gegen sie. Es ist zwar allen klar: die Regierung hat gesiegt. Aber das drückende Gefühl bleibt, daß mit diesem Siege das Ende beginne.

Nur die Kirche macht gute Geschäfte. Das Dorf wußte bis heute nicht, daß es eine Kirche hatte. Jetzt drängen sich plötzlich Männer und Frauen in den rohen Holzbänken, zwischen den Gerüsten, die das halbeingestürzte Dach stützen. Der Beichtstuhl ist umringt von zitternden Sündern, die in dumpfer Verzweiflung auf den Knien liegen und sich an die Brust schlagen. Das Ende der Welt ist nahe und Torquemadas Schatten gewinnt Form, Leben und Macht.

Niemand arbeitet. Die Bauern meiden die Äcker, die Fischer das Meer, als könnten sie etwas Wichtiges versäumen, wenn sie nicht an der Quelle des Schreckens, dem Radio, sitzen.

Die Terrasse des Cafés ist vom Abend bis zur Morgendämmerung, wenn wieder die ersten Lichter der neuen Sonne grün über das Cap emporschießen und kalter Wind die Schlaftrunkenen erschauern macht, belagert von ängstlich lauschenden Bauern. Sie spitzen die Ohren, indes ihre Augen ruhelos den Horizont absuchen, ob da nicht Rauchwolken aufsteigen oder Kanonen donnern. Denn sonderbarerweise geht der Kampf weiter.

»Weshalb kämpfen sie weiter, wenn alles zu Ende ist? War es gar nicht Goded, der da am Radio den Sieg der Regierung verkündet hat?«

Möglich ist alles. Barcelona und Madrid geben Nachrichten, die niemand begreifen kann. »Wollen sie die Wahrheit verschweigen, um uns zu beruhigen? Wissen sie selber nicht, was geschieht?«

Sebastian schmiert die Maschinen, Peppé schaufelt Mandelschalen auf den Rost, der Strom speist das Radio und je lauter die Nachrichten dröhnen, desto unwahrscheinlicher klingen die Meldungen und die Furcht wächst in allen Herzen.

Als Erste bleiben die Fischer aus. Sie meiden das Café und versammeln sich rings um das Posito in ihrem Viertel. Die Patrone der großen Barken zahlen jedem einen Duro pro Tag und halten sie in ständiger Alarmbereitschaft. Sie erzählen, daß die Anarchisten das Dorf in die Luft sprengen wollen, die Barken anzünden und Häuser, Frauen und Mädchen beschlagnahmen.

Sie hocken in Padrines Café, wo es jetzt ebenfalls ein Radio gibt. Don Romeos hat es geliehen. Und von hier sieht die Welt ganz anders aus. Hier geben die Befreier des Vaterlandes, die echte, einzige und sozusagen wahre Wahrheit zum Besten.

Allerdings in kastilianisch, das die Fischer nicht verstehen. Aber Tomeo, der lahme Lehrer, übersetzt jedes Wort... »Wir haben die Leiche des großen Generals Sanjurjo, der einem Flugzeugunglück zum Opfer fiel, einbalsamiert. Als Erster soll er die Hauptstadt Madrid betreten. Morgen erreichen unsere siegreichen Soldaten die Vorstädte Madrids, das ohne Licht, ohne Wasser und ohne Lebensmittel dem sicheren Untergang geweiht ist.«

»Muy bien, sehr gut das alles — und wann dürfen wir wieder fischen gehen?«

»Sobald Madrid gefallen ist.« Die Antwort erteilt ein Hafenbeamter aus Palma, der die Mole besichtigt hat, das Posito untersucht und im Hotel beim Trommler wohnt. Er trägt eine weiße Mütze auf den blonden Locken, ein großes Fernglas baumelt ihm auf der Brust, mit dem er von Zeit zu Zeit den Horizont absucht.

»Vorläufig darf keine Barke auslaufen. Wenn einer mal im Nachen hinausrudert und ein paar Sardinen fischen will, habe ich nichts dagegen. Er muß in Sicht bleiben!«

Die Fischer schütteln die Köpfe und gehen mißmutig nach Hause.

Aber auch hier weiß Bartolomés Radio die Wahrheit und bald wissen es alle.

Die Schuld trägt Menorca. Dort stehen die Dinge schlecht für die Faschisten. Am Montag vormittag erschien in Ciudadela der Carabinero Pedro Antonio im Café am Hafen und rief — »Na, ihr Männer, gehen wir?«

Die Fischer und Hafenarbeiter standen auf, packten, was sie an Knütteln und Stangen grade finden konnten und sagten — »Vamos, gehen wir!«

Und so zogen sie vor die Kaserne, verprügelten die beiden Posten am Tor und nahmen ihnen die Gewehre ab. Auf den Lärm hin liefen die Offiziere auf den Hof, den Fischern direkt in die Arme. Bevor sie wußten, wie ihnen geschah und sie schreien oder schießen konnten, waren sie entwaffnet und eingesperrt.

Dann ließ Pedro Antonio die Soldaten antreten und beurlaubte sie in ihre Dörfer. Aber keiner von ihnen ging, sondern alle stellten sich der Regierung zur Verfügung.

»Die Voerges haben Angst, daß wir die Jungens von Menorca holen könnten. Hoch Menorca!«

Es ist Luis, der das sagt. Sitzung des Verteidigungskomitees, die im Keller einer verlassenen Mühle stattfindet. Anwesend sind außer ihm Valenti, Bartolomé, Melis und Juanito, der draußen Wache hält. Er übersieht von dem steilen Hügel aus das Dorf und die Landstraße bis Cabra. Wilde Feigenbäume und Mauern von Kakteen umschließen den zerfallenen Turm. Alle Fugen sind mit hohen Dornsträuchern verstopft. Drückende Hitze, das Meer liegt glatt, kein Segel, kein Dampfer, kein Boot ist zu sehn. Straße und Strand liegen verödet. Die Fremden sind abgereist und warten in Palma auf die Kriegsschiffe, die sie nach Frankreich bringen sollen.

Aber wie ein Phantom der Hoffnung aus Nebelwolken leuchtet in der Ferne die weiße Küste der glücklicheren Schwester Menorca. Immer wieder starrt Juanito hinüber — »Vielleicht kommen sie doch, der Pedro Antonio mit seinen Soldaten...«

»Und wenn wir sie holen?«

Valenti ist fest entschlossen; alle kennen ihn gut genug, um zu wissen, daß gegen seinen Willen nichts auszurichten ist.

»Wer geht mit?«

Luis hebt die Hand.

»Kannst du eine Barke führen, kannst du steuern?«

Es stellt sich heraus, daß noch keiner von ihnen jemals drüben war.

»Und woher sollen wir eine Barke nehmen? Und Gasolin? Unmöglich. Ich schlage vor, daß Luis nach Palma fährt und der Partei unsern Entschluß unterbreitet. Wir haben noch acht Tage Zeit. Die Faschisten wissen nicht, was sie mit uns machen sollen. Pueblo und Cabra allein sind zu schwach; die Männer in Iglesias trauen sich nicht mehr auf die Straße, die Carlisten drohen, jeden, der bei den gemischten Gerichten Klage eingereicht hat, zu erschießen. Juan, der Alkalde, ist abgesetzt und ohne Geld. Und hier? Die Waffen sind unauffindbar. Angèl hat mir gestern nochmals versprochen, daß er marschiert, wenn wir die Männer bewaffnen. Ich verhafte alles bis Manacor hinunter, wenn ich nur hundert Gewehre habe. Die anderen Carabineros warten darauf, daß einer beginnt, hat er gesagt. Ich schlage vor, unser Luis fährt morgen früh in die Stadt. Er sieht aus wie ein Herr. Wirst du imstande sein, bis morgen abend alles zu erledigen?«

»Gut, ich fahre heute nachmittag und wir treffen uns morgen abend wieder hier. Genau wie heute. Einzeln, in Abständen von einer Viertelstunde. Spätestens um zehn Uhr müssen alle hier sein.«

Juanito klettert als Erster durch das Gestrüpp hinab und einer nach dem anderen verläßt die Mühle.

Luis kommt unbehelligt in Palma an. Die Stadt hat scheinbar ihr freches und lautes Wesen wiedergefunden. Die Trambahnen rasseln, die Autos jagen, die Fischhändler schreien und der Markt duftet wie nur je.

Aber Luis merkt bald, daß hinter dem Geschrei und der lauten Geschäftigkeit nicht die alte, heilige Gleichgültigkeit steckt. Am Brunnen lauern Posten mit Maschinengewehren, in allen vier Ecken des Marktplatzes stehen Rotten von Blauhemden. Die Straßen auf und ab ziehen Patrouillen, monarchistische Fahnen hängen lang aus den Fenstern des Rathauses und der Adelspaläste, vor deren Gittern Carlisten mit roten, breitwallenden Mützen ihre grünen Hemden und Abzeichen spazieren führen.

Braun und ehern lastet die Kathedrale auf ihrem Felsblock. Vergebens breitet der Friedensengel auf dem Dache seine Arme aus. Die Soldaten vor dem Regierungsgebäude gegenüber sehen ihn nicht. Sie spannen grade Stacheldraht um hölzerne Böcke und sperren die Straße zur Stadt.

Von der Domrampe aus kann Luis die Mole, den Hafen und die Fremdenstadt überblicken. Dämmerung fällt schnell und es versinken die Wälder, die Berge, das Schloß in Nacht. Nur die weißen Häuser an der Bucht leuchten und weiter südlich, dem offenen Meere zu, die großen silbernen Tanks. Verlassen und staubig liegt der Hafen. Düster Santa Catalina die Rote. Luis sucht etwas anderes, den Dampfer, wo die Freunde sitzen. Immer noch weht die schwarze Fahne gegen den lichtgrünen Himmel. Wo sind die andern?

Genau zehn Tage sind seit jenem Sonntag vergangen. Er seufzt tief auf — »Es war doch falsch, daß wir die Leute damals nicht hinausgeführt haben — «

Langsam und gleichgültig gegen alles wendet er sich um

und blickt hinüber zum Dom, aus dessen weit geöffneten Toren die Menschen herausquellen, schwarz und in Wirbeln vor- und zurückflutend, als könnten sie sich von diesem heiligen Orte nicht trennen. Hier sind sie sicher und in einer mächtigen Hand geborgen. Draußen aber, zu Hause, ist alles ungewiß und jedes Wort kann das letzte sein.

Vergebens sucht Luis nach einem Bekannten. Aber er hat ein paar Adressen und erfährt endlich, was er wissen wollte.

Die Jagd auf die Republikaner geht ununterbrochen weiter.

Die meisten, die der ersten Vernichtung entrinnen konnten, sind geflüchtet und haben sich in einem Tunnel versammelt, der den Hafen mit dem Bahnhof verbindet und seit Jahren schon nicht mehr befahren wird. Ein Junge führt ihn hin.

Etwa zweihundert Männer liegen da auf den Schienen und Schwellen in dem feuchten Gewölbe, durch das der Wind bläst und Schwalben flattern. Luis tappt im Finstern über Leiber, Kisten und Stroh und wagt nicht, ein Wort zu reden. Der Ausgang zum Bahnhof hin ist bewacht. Zwei Männer mit Jagdflinten hocken hier auf Kisten und starren trübsinnig vor sich hin. Die Geleise glitzern silbrig und in der Ferne, unerreichbar weit, leuchten ein paar Laternen. Die Nacht glänzt mit allen Sternen groß und feierlich. Wie ein Schleier weht die Milchstraße über die Stadt, zart wie Spinngewebe und so nahe, als berühre sie die Spitzen der Kirchtürme.

Die beiden Wächter haben kein Mißtrauen, sie verlangen kein Losungswort und hören ihn in Ruhe an.

»Wir haben vor drei Tagen schon eine Barke hinüber geschickt. Aber sie ist nicht zurückgekommen. Vielleicht ist sie auch von Menorca weiter nach Barcelona gefahren, um von dort Hilfe zu holen. Wir wissen auch nicht mehr als ihr. Ihr seid jedenfalls frei in euren Entschlüssen ...«

Luis tappt wieder zurück, dem Hafen zu. Weiber kommen angeschlichen und bringen den Gefangenen Reis mit Kaninchenfleisch und Brot. Alle weinen laut und voller Verzweiflung. Auch Luis sind die Tränen nahe.

Der Junge wartet am Eingang und sie klettern über die Quader der Böschung wieder hinauf zum Ufer, so schnell sie können. Grauen schüttelt ihn.

Mit dem Frühzug fährt er zurück nach Iglesias. Am Abend berichtet der Chauffeur des Postautos — »Die Carlisten haben das Versteck im Tunnel entdeckt. Mit einem Zug sind sie zwischen die Männer hineingefahren und haben alles erschossen, was nicht von den Rädern zermalmt wurde. Nicht einer ist lebend herausgekommen.«

Die Besprechung in der Mühle wird abgesagt.

Am nächsten Morgen fällt die Entscheidung.

Jetzt gibt es keinen Widerstand mehr.

Dem neuen Gesetz der Regierung muß die Tat folgen, die Scheidung der Geister ist vollzogen, die republikanische Partei ist vernichtet: die Überlebenden müssen sich bekennen, für oder gegen die Faschisten.

Es marschiert von Cabra herunter der Gemeindediener Per Andreu, genannt el Pajaz, der Clown. Sonst kam er wie jeder andere Bauer in Hemd und Hose, den vergilbten Sombrero auf den puderweißen Locken und verkündete unter Trommelwirbel, daß der Goldschmied aus Muros da sei und höchste Preise für alte Goldmünzen oder zerbrochene Ringe zahle. Oder daß die Steuer fällig sei. Niemand hörte hin. Es war genauso, wie wenn der Scherenschleifer kam oder Jorge, der Essighändler auf seinem Wägelchen mit vollen Tonnen eingelegter Zwiebeln und Kapern.

Aber heute hat sich alles geändert.

Diesmal ist der Pajaz feierlich in schwarzem Anzug, ein grauer Filzhut krönt den stolz erhobenen Kopf und sein Schnurrbart ist frisch gewichst. Ein Gott könnte nicht schöner sein. Sogar die alte Trommel blitzt und leuchtet. Und mit sich führt er einen Schwarm feiner Leute, die Söhne des Millionärs, dicke rosige Knaben in blauseidenen Hemdchen. Den Major außer Dienst Vigilio, der ein Band an seinen Hut genäht und unter das Kinn gelegt hat wie einen Sturmriemen. Und viele andere Señoritos aus den Villen marschieren mit ihm. Alle haben Stöcke geschultert und lassen die freie Hand hinauf bis zur Schulter schwingen. Im Gleichschritt rücken sie die Straße von Cabra herunter, in Staub gehüllt wie Elis Schafe. Vor ihnen her läuft das Gerücht, daß die ganze Insel faschistisch geworden sei.

Pueblo ist das letzte Dorf und muß auch faschistisch werden oder es wird an allen vier Ecken angezündet! Die Regierung hat es befohlen!

»Welche Regierung?«

»Die in Palma natürlich. Es gibt doch keine andere.«

Sabine zittert vor Aufregung — »Bartolomé, nimm den Lautsprecher von der Terrasse und sperr das Tor zu.«

Bartolomé läßt sich überrumpeln, montiert den Apparat ab und versteckt ihn in der Küche hinter den Holzkohlen. Die Stimme der Wahrheit ist verstummt. Pajaz, die Stimme der Lüge, naht.

Bartolomé zeigt mit einer großen Gebärde hinauf zu den Bergen — »Hinaus! Alles muß geräumt sein, geht in die Berge oder legt euch ins Bett und schlaft, bis die Katalanen kommen!« damit schließt er das Café. Die Bauern laufen über die Äcker zum Wald und auf Umwegen nach Hause.

Sabine setzt sich auf die Türschwelle und preßt ihr Töchterchen Antonia an sich, die den Kopf in ihren Schoß gelegt hat.

Der Pajaz und seine kriegerische Schar sind endlich angelangt.

Rauh rattern die Schlegel über das Kalbfell, Wirbel auf Wirbel, als wolle es überhaupt kein Ende nehmen.

Seine Begleiter weichen ein paar Schritte zurück — und da erscheint, was sie verbargen. Ein Bursche, der Hai ist es, im blauen Hemd mit drei roten Streifen auf dem linken Ärmel, tritt neben den Gemeindediener und steht nun da wie eine Bildsäule, bekleidet und doch nackt, ein Fischerbursche, den alle kennen und Hai, Hai! necken. Und es ist doch ein ganz anderer, eine bedeutende Persönlichkeit aus einem fremden Lande, Mussolini, ein General wie Goded oder gar der wiedererstandene Primo de Rivera.

Und was er da in seinen beiden dreckigen Fäusten hält ist ein richtiges Gewehr. Und an seinem Hosengurt trägt er eine schwarze Patronentasche und ein kurzes Messer.

Tiefe, staunende Stille bei den Dörflern —

Niemand redet ein Wort, in starre Betrachtung dieses wunderbaren Heiligen Hai versunken.

Hai hat zwar ein Gewehr, aber immer nur noch ein Auge. Über die leere Höhle fällt sein struppiges Haar und verdeckt zugleich die niedrige Stirn.

Sein Gesicht ist wild und blaß.

Er hat Lampenfieber, atmet heftig und zittert — denn jetzt ist Bartolomé aus dem Laden auf die Straße getreten und stellt sich dicht vor den beiden auf, die seitlich vor ihm zurückweichen und wieder Fuß fassen. Die Arme gekreuzt, in aufmerksamer, beherrschter Haltung, horcht Bartolomé auf das, was Pajaz da mit weithin schallender Stimme zu verkünden hat.

»Im Namen seiner Exzellenz des Gouverneurs der Balearen, des Generals Cristobal Goded, erkläre ich — Kriegszustand, Belagerungszustand und Aufhebung aller zivilen Rechte.

Alle Macht auf den Inseln ist an uns, den General Goded und seine Offiziere übergegangen.«

Da platzt Bartolomé laut heraus — »Goded? Welchen Goded? Der Tote? Oder habt ihr noch einen? Der Tote gehört uns, holt ihn euch in Barcelona!«

Und dabei haut er sich auf den Schenkel und kniet sich auf den Boden in einem tollen Gelächter, das wie Tiergebrüll dröhnt. Niemand kann ernst bleiben, selbst die Burschen in den blauen Hemden müssen lachen, die doch dazugehören und alles glauben, was von Generälen verkündet wird.

Per Andreu hält verlegen an, bis Bartolomé sich beruhigt hat.

Die beiden hassen sich wie nur Bauern hassen können, die einander Blutrache geschworen haben.

Aber Pajaz ist diesmal der Stärkere, er hat Geduld, denn er hat für Bartolomé noch etwas ganz Besonderes zu trommeln.

Endlich hat er sich beruhigt und setzt sich auf die Hausschwelle neben Sabine — »Die Toten leben! Ach, diese verflixten Generäle wollen nicht sterben, die anderen sollen krepieren!«

Er ist großartig in seiner vollendeten Verachtung und hört nicht mehr hin auf das, was der Gemeindediener zu sagen hat.

»Die Bürgermeister von Cabra und Pueblo sind abgesetzt. Ich ernenne zu Bürgermeistern die Herren Don Pedro Agosté und Don Ignazio Fermerols ...«

Zwei der Begleiter kleben Zettel mit diesen Neuigkeiten an die Hotelmauern und drei Häuser rechts und links von Bartolomés Café und Laden. Dann ziehen sie weiter durch das Dorf, trommelnd, drohend.

Die Männer in Padrines Café erheben sich und nehmen die Kappen ab. Der dicke Capitano klatscht in die Hände und alle anderen ebenso. Don Vigilio salutiert und schreit so laut er kann: »Hoch Goded! Hoch Spanien! Hoch Don Juan!«

Das hätte er nicht tun sollen. Gleich stecken die Fischer ihre arbeitslosen Hände in die Taschen und gehen nach Hause.

Auch Per Andreu ist beleidigt. Denn es ist sein Amt zu rufen. Vergebens sucht er die Begeisterung mit lauten Wirbeln zu übertönen.

Die Weiber lachen und die Kinder heulen. Die Nonnen treten heraus aus ihren Mauern und bilden Spalier. Sie schlagen das Kreuz und machen Knickse, als die Prozession vorübergeht und genau vor Jeronimos Haus abermals hält. Türen und Fenster bleiben verschlossen. Francesco, der ältere der Millionarios-Söhne klebt einen Aufruf mitten auf Jeronimos Hauswand.

Weiterhin kommt der Wald, und die Bäume erkennen das neue Regime nicht an. Ebensowenig Hunde und Katzen, Hühner und Schweine. Die leben und sterben, vermehren und zanken sich wie bisher und seit ewigen Zeiten. Sie sind Individualisten. Nur der Mensch ist ein Herdentier.

Vor dem Walde löst sich der Zug auf, Pajaz kehrt allein zurück nach Cabra. Vorher aber begeht er eine Dummheit. Frech tritt er in Bartolomés Café und bestellt mit lauter Stimme einen Anis. Bartolomé steckt den Kopf aus der Küche und ruft — »Dein Anis wächst oben, bei Voerge oder Padrine, du Leichenbitter für einen toten General!«

»Jeder hat seinen Beruf, der eine längere, der andere kürzere Zeit. Ich tue nur, was mir die Republik befiehlt.«

»Das ist gut — dann befehle ich dir, zu gehen, sonst wirft dich die Republik auf die Straße!«

Da klemmt er seine Trommel unter den Arm und geht.

Damit ist der Faschismus in Pueblo eingezogen. Aber es geschieht vorläufig nichts. Nur die Zettel erinnern noch an die große Stunde. Sonne und Regen verfärben sie bald und die Kinder reißen sie der Reihe nach herunter.

Bleibt der Hai.

Irgendwo muß er ja wohl bleiben, und was liegt näher, als daß er in Pueblo bleibt, wo er geboren und aufgewachsen ist. Vorläufig allerdings scheint er sich zu verstecken.

Alle warten gespannt, was er nun weiter unternehmen wird. Er hat das Gewehr, die Uniform; die Carabineros und der Hafenkommandant haben auch keine anderen Zeichen ihrer Macht. Wie wird er sie gebrauchen und vor allem, gegen wen? Wird er lange allein bleiben oder sich vermehren, wie es den Haifischen angeboren ist?

Hai läßt sich bei Tage nicht blicken, weder auf der Straße noch im Café. Nachts aber rumort und brodelt es rings um das Haus seiner Eltern, bei denen er wohnt. Männer kommen und gehen, die Nonnen bringen ihm Pakete und schneidern Hemden für die Jungens, die er um sich versammelt hat. Mützen, Hosen und Fahnen werden genäht. Dann üben sie gemeinsam Lieder im Schulsaal des Klosters, und das Klavier klimpert stundenlang in der Nacht die gleiche, trostlose Melodie.

Ohne daß es jemand merkt, hat sich der Hai verändert. Er war ein Fischer wie alle Fischer, nicht schlauer, nicht dümmer. Nur bösartig war er, und daher bekam er den Namen Hai. Er ist ein Verfluchter, ein Gezeichneter. Weshalb hat er nicht zwei Augen wie jeder Mensch? Die Burschen sind hinter ihm her, halten ihm einen Angelhaken mit Fleischbrocken hin — »Da, Hai, friß!«

»Halt ihm zwei Haken hin, einen kann er nicht sehen.«

Verfing sich wirklich mal ein Hai in den Thunfischnetzen, schrien sie bestimmt — »Deinem Bruder ist es schlecht ergangen, das nächste Mal kommst du an die Reihe.«

Dann warf er ihnen das krumme Garnmesser oder einen Stein nach. Begegnete er einem Bauern in der Früh, ließ dieser alles stehen und liegen. »Ich hab den Hai getroffen, der bringt Unglück!«

Kein Wunder, daß ihm die Mädchen im Bogen aus dem Weg gingen. Während der Fiesta blieb er zu Hause oder schlief auf der Barke draußen in der kleinen Bucht, die größte Strafe für einen jungen Mann in Pueblo.

Jetzt endlich kann er ihnen zeigen, wer er wirklich ist: Juan Matteo Ferrol y Melis, der Herr des Dorfes Pueblo, Kommandant der Falangisten, Vertreter des Generals Goded und des Oberkommandierenden Franco. Und schon kamen die ersten Ehrgeizigen an und leckten seine rauhe Pfote, die Millionärskinder. Sie kamen nicht allein, sie brachten Geld mit, Brot und Fleisch, dann Freunde und Verwandte. Es galt allerdings erst Platz und Ordnung zu schaffen im Hause.

Da ist sein Vater, der die Freunde nicht hineinläßt und ihn, den großen Hai, einen Lumpen und Tagedieb schimpft. Ja, er muß sogar das Gewehr im Kloster verstecken, da der Vater droht, es zu zerbrechen. Er wirft den Alten kurzerhand auf die Straße. »Sieh zu, wo du bleibst. Ich zahle die Miete, ich schaffe das Essen herbei, also hast du zu tun, was ich sage! Ich habe lange genug geschwiegen, jetzt ist Schluß! Du hast mich unglücklich gemacht, jetzt mach' ich dich unglücklich. Wenn du nicht ruhig bist, meinen Freunden nicht die Hand gibst, sperr' ich dich in den Langustenkeller.«

Weinend wie ein Weib kommt der Alte zu Bartolomé gelaufen — »Hilf mir doch, Mann, was soll ich mit dem Hai anfangen? Er hat mich hinausgeworfen, den ganzen Tag läuft er mit dem Gewehr herum. Die Nonnen machen ihn vollends irre, bringen ihm Heiligenbilder und Schokolade, hängen ihm Medaillen um den ungewaschenen Hals. Die Buben des Millionario sitzen bei ihm und nennen ihn Kommandant. Sogar der Feldhüter kommt jetzt nachts und läßt sie exerzieren, erklärt ihnen, wie man das Gewehr auseinandernimmt, lädt und zielt... was soll ich bloß machen?«

Er sitzt in der kleinen Küche Bartolomés, der alte Pedro Ferrol, Tränen in den wimperlosen, entzündeten Augen. Schluchzend vor hilfloser Wut. »Du bist doch der Bürgermeister. Gibt es denn kein Recht gegen einen solchen Verbrecher? Das ist nicht mein Sohn. Dazu habe ich ihn nicht großgezogen, daß er die Republik mit Füßen tritt. Drei Jahre bin ich in Palma im Gefängnis gesessen, weil ich desertierte, um nicht für den König dienen zu müssen. Ich war immer ein Republikaner, immer, und ich werde es bleiben bis an mein Lebensende!«

Bartolomé hört sich den Jammer ruhig an. Es sind zum Teil Phantasien des Alten, der ein wenig schwachsinnig ist. Er hat zwar drei Jahre im Gefängnis gesessen, aber nicht wegen politischer Delikte, sondern wegen Schmuggelns. Und er haßt den Sohn nicht, weil er Faschist ist, sondern aus ganz anderen Gründen, deren Ursprung dunkel und nichts anderes als allerlei Weiberklatsch ist, Dorftratsch, in dem Voerge eine große Rolle spielt. Was weiß er? Aber eines steht fest, was auch immer für Gründe vorliegen mögen, der alte Ferrol haßt den Hai, haßt den Faschismus und noch mehr haßt er den Voerge, was ja ein und dasselbe ist. Und Bartolomé hat eine Erleuchtung — »Was geht das alles mich an? Ich bin nicht mehr Bürgermeister. Aber frag' doch deinen Sohn, was ihm der Voerge für den Transport gezahlt und wo er die Kisten versteckt hat. Er wird es dir zwar nicht sagen, aber nur so kannst du mit ihm fertig werden — frag' nach den Kisten und du hast ihn in der Hand. Aber verrate nicht, daß ich dir das gesteckt habe, hast du mich verstanden?«

Der Alte wird blaß und starrt fassungslos auf Bartolomé — »Der Voerge hat ihn gekauft?«

»Jawohl. Der Voerge und der Italiener unten am Strand, von der Villa Levante.«

Der alte Fischer, dünn und krumm wie eine Angel, steht langsam auf und hebt die Rechte wie zum Schwur — »Mann, wenn das wahr ist, erwürge ich ihn.« Und er preßt die Hand zur Faust — »... dann gnade ihm Gott, dem Sohn des Voerge, diesem hijo de puta!«

Weit braucht er nicht zu laufen mit seiner Wut.

Der Hai begegnet ihm unterwegs. Hai ist erwacht und marschiert mit seinen Anhängern zum ersten Mal durch das Dorf. Sechs Burschen in blauen Hemden, kleine Militärmützen schief auf dem Ohr, stapfen hinter ihm drein.

Der Alte geht geradewegs auf den Sohn los, der ausweichen will. Ferrol hält ihn am Ärmel fest, Hai hat den Kopf gesenkt und starrt auf den Boden. Die Männer im Café erheben sich, um besser sehen zu können.

»Was willst du?« knurrt Hai wie ein bissiger Hund.

»Du gehst gleich mit mir nach Hause, hab dir was zu sagen, komm komm, die Flinte gib dem Jungen da!«

»Was hast du mir zu sagen? Ich hab keine Zeit, geh allein, ich komme später...«

»Nein, nein, keine Flausen, komm nur gleich mit, ich muß dir was vom Voerge ausrichten, wegen der Kisten...«

Weiter kommt er nicht.

Hai hebt den Kopf, packt seine Flinte quer beim Lauf als wollte er im nächsten Augenblick mit dem Kolben zuschlagen. Noch einen Schritt tritt er näher zu dem Alten, Brust gegen Brust fast stehen sie da, inmitten des Dorfes, das sie mit hundert neugierigen und schadenfrohen Augen anstarrt.

Hais Gesicht leuchtet in wildem Haß gegen diesen Mann, der sein Vater ist und ihm dieses Unglück angetan hat. Der ihm den Angelhaken ins Auge schlug beim Tintenfischfang, im Streit, er war es, der ihn scheu, zum Gespött der Menschen, zu einem Verfemten im Dorfe machte. Zum häßlichen Hai, der böse ist und Unglück bringt. Er zieht den Alten von den Jungens weg, zu der Hecke auf der anderen Seite.

Er ist trunken vor Haß und Scham zugleich, er röchelt, der Haß raubt ihm den Atem, er erstickt daran — »Was weißt du? Welche Kisten? Du warst bei dem Hund da drüben, dem Bartolomé! Ich sag dir nur das Eine, sieh dich vor! Ein Wort mehr und du bist erledigt, ein einziges Wort, daß du irgendeinem anderen sagst über Kisten oder Voerge, kann dein letztes sein. Mach, daß du nach Hause kommst!« und damit packt er ihn beim Arm, dreht ihn um und gibt ihm einen Stoß ins Kreuz, um ihn in Trab zu setzen.

Der Alte gehorcht, ohne zu begreifen, wie ihm geschieht.

Hai schultert das Gewehr, blickt sich nach allen Seiten um, schiebt den linken Daumen unter den Gewehrriemen, den rechten unter den Patronengurt mit dem breiten Messingschloß, wie er es bei den Offizieren in Palma gesehen hat und winkt seinen Jungens.

Als sie bei Bartolomés Café vorübermarschieren, werden ihre Schritte langsamer. Nicht daß sie sich gefürchtet hätten. Wer konnte ihnen, den neuen Herren, etwas anhaben? Diese Bauern und Hirten da waren nicht besser als ihre Esel und Schafe, die man einsperren oder schlachten kann, wie es dem Herrn gefällt.

Etwas ganz anderes hält sie auf. Da kommt Angèl, der Zollwächter, quer über die Felder und klettert über die niedrige Mauer auf Bartolomés Terrasse. Das ist der Mann, der das Geheimnis wußte und verraten hat.

Die Burschen bleiben stehen und betrachten ihn voller Wut.

Angèl bleibt ebenfalls stehen und sieht zu ihnen hinüber. Da streckt er sein Gewehr in die Luft und schwenkt es gegen die Blauhemden — war das eine Drohung?

Hai tritt vor, streckt ebenfalls sein Gewehr empor und ruft laut über die Terrasse den Kampfruf der Falange: »Arriba España!«

Angèl aber, der schöne, aufrechte Angèl, antwortet so laut er kann — »Viva la Republica!«

Das war das letzte Mal, daß dieser Ruf laut und frei im Dorfe Pueblo erscholl. Bartolomé läuft heraus und mit ihm dreißig Männer, in Lumpen, grau, ein Trupp von

Bettlern und Landstreichern scheint es. Sie stehen hinter Angèl, der sein Gewehr krachend auf die Fliesen aufstellt und nochmals ruft — »Hoch die Republik! Tod dem Voerge und seinen Haifischen!«

Und wie *ein* Mann, heiser und voll tierischer Wildheit, Gebrüll eines wütenden Stieres, schreien die Männer — »A muerte el Voerge! Tod dem Voerge!«

Hai sieht ein, daß es noch zu früh ist. Mit diesem Widerstand hat er nicht gerechnet. Seine Freunde prallen zurück.

Hai macht ein paar Schritte und kommandiert — »Ruhig weiter gehen! Tritt fassen! Nicht umsehen, gradeaus, marsch!«

Und sie marschieren im Laufschritt nach Cabra hinauf. Es sieht aus wie eine Flucht.

Hai ist sich klar, daß er handeln muß — »Wir marschieren nach Iglesias, zum Kommandanten, Hauptmann Sabèr, und verlangen die Waffen!«

Angèl setzt sich seufzend auf einen Stuhl — »Was soll ich mit diesen Bauern machen?«

In einer Stunde ist Appell. Er weiß, was ihm bevorsteht.

»Hast du gehört, was in Soller geschehen ist?«

Die Bauern rücken näher zu ihm.

»Bartolomé, hast du die Todesanzeigen in der Zeitung gesehen, im Kampf für die Befreiung des Vaterlandes fielen in Soller die beiden Hauptleute — gut, das habt ihr alle gehört. Aber ihr wißt nicht, weshalb sie gefallen sind. Das hat mir gestern die Witwe eines Kameraden aus Soller erzählt, der ebenfalls gefallen ist. Aber dessen Todesanzeige haben sie nicht veröffentlicht, das werden *wir* nachholen. Hört zu, es ist eine traurige und widerliche Geschichte und ich erzähle sie grade euch, damit ihr euch erinnert an diesen Morgen, heute. Am Montag, dem 20. Juli, kommen ein Oberst, ein Hauptmann und etwa fünfzig Infanteristen aus Palma in Soller an, mit der elektrischen Bahn natürlich, verhaften den Bürgermeister und alle Stadtverordneten. An ihre Stelle setzen sie den Führer der Falange ein, dann verhaften sie den Arzt und die beiden Lehrer. Die Faschisten von Soller schließen sich den Soldaten an, rufen Arriba, die Guardia Civil präsentiert das Gewehr und geht ebenfalls zu ihnen über. Selbstverständlich.

'Und wo sind die Carabineros?' fragte der Oberst.

'Die sind in der Kaserne' meldet der Leutnant der Guardia. 'Die wollen nichts von uns wissen.'

Der Oberst stellt sich in Positur und kommandiert 'Auf zur Kaserne der Zollbeamten!' und alle marschieren hinter ihm drein, Soldaten, Gendarmen, Falangisten und Monarchisten, weit über zweihundert Mann.

Die Kaserne liegt draußen am Hafen, etwa eine Stunde weg von der Stadt. Die Straße führt zwischen Orangenhainen und Mandelgärten in kurzen Windungen, Wasser plätschert da rechts und links in den Gräben. Dieses Land ist ein einziger Garten wie Alicante, meine Heimat.

Wie sie auf halbem Wege sind, knallen plötzlich Schüsse, erst einige wenige, dann knattert Schnellfeuer von allen Seiten. Die Faschisten fliehen, die Soldaten und Gendarmen suchen Deckung hinter Steinen und Sträuchern. Sie haben bereits ein Dutzend Verwundete, die um Hilfe schreien. Die Bauern in den Gärten schreien ebenfalls und rennen davon.

Das Feuer ist verstummt, der Feind hat sich offenbar eines Besseren besonnen. Der Oberst zieht den Degen, der Hauptmann ebenso, Kommando — 'Vorwärts! Zum Sturm auf marsch, marsch!'

Die Falangisten bleiben im Hintergrund und brüllen nur ihren Schlachtruf.

Die Antwort kracht ihnen entgegen, die beiden Offiziere und sechs Mann brechen tot zusammen.

Der Leutnant der Guardia übernimmt das Kommando. Aber er ist klüger und sendet erst zwei seiner Leute nach

Soller zurück. Eine Viertelstunde später kommen sie mit zwei Lastautos, auf jedem ein Maschinengewehr.

Soldaten und Gendarmen klettern auf die Wagen, die Maschinengewehre rattern los und nun geht es mit Vollgas die Straße hinunter dem Hafen zu.

Da sieht man sie — eine kleine Gruppe von Carabineros klettert in aller Hast über die Mauern. Schüsse, — es sind sieben Mann, die einzigen Männer auf dieser traurigen Insel, die sich gegen Goded gewehrt haben. Und auch deshalb erzähle ich diese Geschichte, weil das Traurigste daran ist, daß die Bauern von Soller keinen Finger gerührt haben, um den Carabineros zu helfen. Alle sind in die Berge geflohen, obwohl es ein Leichtes für sie gewesen wäre, die Straße abzusperren, Waffen zu nehmen. Es gab genügend Gewehre und Munition in der Kaserne. Aber die Bauern wollen nichts riskieren, am allerwenigsten ihre Haut.« Er sieht von einem zum andern und lächelt trübe — »Genauso wie hier. Oder nicht?«

Niemand antwortet.

Sollen sie ihm sagen, daß er recht hat? Daß sie feige sind? Das sind sie nicht. Sie glauben, wenn er aufstehen würde wie der Pedro Antonio in Menorca und sagen — »Vamos! Gehen wir, Männer!« dann würden sie mit ihm gehen, genauso wie die Jungens da mit dem Hai marschieren.

Aber der Bauer denkt weiter. Und er denkt zurück, wie das im Jahre 34 war, oder während des großen Krieges. Und weiter noch zurück, vor fünfzig Jahren oder hundert. Da ist die Stadt mit ihren Generälen und Soldaten. Da sind die anderen Städte, gleichfalls voller Militär und Faschisten. Gegen diese Tausende von Gewehren und Kanonen sollen sie anrennen?

Die Arbeiter von Barcelona, die haben es doch gewagt?

Gewiß, aber — leben sie auf einer Insel? Und sie waren in der Mehrzahl, die Regierung von Katalonien stand hinter ihnen, sogar Polizei und Guardia kämpften auf ihrer Seite.

»Wer ist auf unserer Seite? Die Carabineros, vielleicht. Wieviele sind das? Fünfhundert. Und die anderen? Zehntausend und mehr noch, viel mehr. Das ist aussichtslos. Was ist aus der Partei in Palma geworden? Mann für Mann in der Arena erschossen, in den Gefängnissen, auf dem Jaime Primero. Nein, Angèl, wir haben Geduld. Wir warten seit tausend Jahren, da kommt es auf drei oder sechs Jahre auch nicht mehr an. Hat Goded nicht selbst erklärt, daß der Aufstand zu Ende ist?«

So denken sie und sie senken nicht die Augen.

Sie verhärten nur ihre Herzen. Da kann niemand hineinsehen.

Angèl spuckt aus und wischt sich das Gesicht ab. Dann redet er weiter, als sei nichts geschehen.

»Sieben Männer, sieben Carabineros haben den Kampf aufgenommen, um den Faschisten zu zeigen, was Spanier wert sind. Denn es waren samt und sonders Spanier und keine Mallorquiner. Ich sage das nicht, weil ich etwas gegen euch hätte, keineswegs. Aber ihr seid nun mal keine Soldaten und ihr werdet es auch nie werden. Ihr lebt bereits im Paradies und da kommt man bekanntlich erst hinein, wenn man gestorben ist — so ist es doch?«

Einige lachen verlegen, die meisten aber nicken ganz ernst und geben ihm recht. Sie können sich immer noch nicht vorstellen, daß auf ihrer Insel etwas Böses, Barbarisches oder Unmenschliches geschehen werde. Noch niemals seit Menschengedenken hat ein Mallorquiner einen Landsmann ermordet, nicht einmal in der größten Wut hebt er die Hand oder gar das Messer gegen einen anderen. Soll sich das so schnell ändern können? Niemand glaubt es. Valenti glaubt es vielleicht und der Sebastian. Aber nicht einmal Bartolomés Glaube an die Güte der Menschen ist ins Wanken geraten. Sie werden mich wieder einsperren und nach ein paar Wochen laufen lassen, das ist das Schlimmste, was er sich vorstellen kann.

»Jeder wie er es gelernt hat. Ich habe es anders gelernt und drei Kugeln als Quittung bekommen von den Moros in Afrika. Die Faschisten werden es euch schnell beibringen, daß eine Flinte immer nur nach vorne losgeht und der dahintersteht nichts zu fürchten hat. Nicht mehr jedenfalls, als der, der vorne steht... ja also — die sieben Carabineros feuern weiter und die Faschisten umzingeln sie langsam von allen Seiten. Nach drei Stunden schwenken die Überlebenden ein weißes Tuch, sie ergeben sich. Keine Munition mehr. Es sind noch drei: Jesu Orgaz, Anselmo Ferrer, Orlando Castilian. Alle drei sind verwundet und bluten.

Der Kommandant der Guardia spart sich die Mühe und vernimmt sie erst gar nicht. Sechs Soldaten und sechs Faschisten bilden das Peloton, treten an.

Im letzten Augenblick, die drei Carabineros stehen schon an der Mauer, mit Handschellen aneinander gefesselt wie Kälber — Ketten hatte die Guardia genügend mitgenommen, viel zu viel — im letzten Augenblick, sage ich, läßt der Gendarm die Schützen zurücktreten und schickt zwanzig Mann hinauf zur Kaserne der Carabineros, die nicht gekämpft hatten und von denen er infolgedessen annahm, daß sie sich ergeben würden. Zwanzig Mann mit den beiden Maschinengewehren rücken ab.

Die drei Verwundeten setzen sich mit dem Rücken gegen ihre Mauer und rauchen die letzte Zigarette. Sie betrachen ihre Mörder und rufen ihnen zu — 'Verkauftes Fleisch! Was hast du vom Voerge genommen, du Dreck! Die Garotte ist euch sicher, ihr hijos de puta!'

Ihr könnt Euch denken, was sie noch alles gerufen haben. Die Gendarmen von der Guardia nehmen weiter keinen Anstoß, sie wissen, was sie wert sind und wofür man sie hält. Sie verteidigen nur ihren schlechten Ruf.

Die Soldaten haben mit ihren Verwundeten zu tun und

113

wünschen sich und die Welt zum Teufel. Es waren Mallorquiner, zum Teil Burschen aus Soller, die die Carabineros kennen, ihnen sogar recht geben und im Grunde ihres Herzens helfen möchten. Aber da sind noch die Faschisten, sie haben sieben Tote und an die zwanzig Verwundete, geraten in Wut und richten ihre Gewehre auf die Carabineros. Die lachen, weil sie wissen, daß die Burschen nicht schießen können. Sie zeigen ihnen den Hintern — 'Da schießt hinein, Hurenbengels vom Voerge!'

Endlich kommen die Soldaten zurück mit den sechzehn anderen Carabineros, die sich in der Kaserne versteckt hatten.

Der Leutnant der Guardia läßt sie antreten, vor seinen Leuten, die sie, das Gewehr im Anschlag, aufs Korn nehmen. Und dann hält er folgende Ansprache — 'Carabineros, ihr wißt, was geschehen ist. Diese drei Meuterer da werden erschossen und zwar von euch! Schießt ihr, beweist ihr so eure Treue gegenüber dem neuen Spanien, so geht ihr frei aus und behaltet eure Uniform. Sonst — stellt euch zu den dreien dort an die Mauer! Verstanden?'

Keiner ist aus der Reihe getreten.

Sie nehmen die Gewehre der Guardia und erschießen die drei Kameraden, mit denen sie in der selben Kaserne lebten, unter dem selben Dach, deren Frauen und Kinder mit ihren Frauen und Kindern plauderten und spielten und die nun zu Hause sitzen und weinen. Sie schießen ihre besten Freunde nieder, aus Feigheit, aus Dummheit, was weiß ich weshalb die Menschen einander erschießen.«

Bartolomé stöhnt.

Ein Schauder überläuft diese gesunden und starken Männer. Leise fragt ihn Bartolomé — »Und du, Angèl, was hättest du getan?«

Angèl sieht ihm fest in die Aguen — »Ich hätte geschossen — aber auf die Richtigen!«

Sie haben ihn verstanden.

»Da kommt Fustèl, adios und vergeßt mich nicht!«

Alle stehen auf und nehmen ihre zerfetzten Mützen und Strohhüte ab.

Stumm und voller Schmerz blicken sie ihm nach, wie er gemächlich davonschreitet, die gleiche Straße hinauf, die vor einer Stunde etwa Hai marschierte.

Sie haben sich nur wenig mehr zu sagen, die beiden Carabineros, jeder bleibt bei seiner Ansicht. Fustèl, daß jeder Widerstand sinnlos und dumm sei und der Regierung auch gar nichts nütze.

Angèl hat zu oft und zu lange widersprochen, um den Freund zu überzeugen, weil der es ja auch keineswegs leicht nahm. Ja, in gewisser Hinsicht viel schwerer als er, Angèl selbst. Fustèl denkt nur an seine Frau und seine beiden Kinder. Außerdem ist er korpulent und träge. Ihm behagt das Leben als Carabinero so wie es ist, weshalb soll er es opfern? Der Politik zuliebe?

»Auf uns Soldaten kommt es nicht an, haben wir eine Verantwortung? Wir tun, was man uns befiehlt. Den Oberst, den Leutnant trifft die Verantwortung, niemals uns!«

Am Dorfeingang haben sich die Blauhemden in dichten Rudeln versammelt und lassen sich von den Mädchen bewundern.

Die beiden Carabineros gehen ohne Gruß vorüber. Gespräche und Lachen verstummen hinter ihren Rücken.

Auf dem düsteren, ummauerten Hof der Kaserne, gleich unter den braunen Felsen, auf denen die Burg ruht, sind die Zöllner in Reih und Glied angetreten. Leutnant und Feldwebel grüßen die beiden kurz, und laufen nebeneinander, von innerer Unruhe getrieben, auf und ab, halten plötzlich mit einem Ruck am Tor, horchen hinaus und wandern weiter.

Angèl ist linker Flügelmann. Er tritt an seinen Platz und grüßt mit lauter Stimme. Niemand antwortet.

Die Carabineros sind blaß und stützen sich erschöpft auf die Läufe der Gewehre. Sie wissen nicht, was ihnen bevorsteht.

Nur Angèl lacht — »Schlecht geschlafen? Tut mir leid, euch gestört zu haben.«

Die Sonne brennt in das Viereck, kein Lufthauch rührt sich.

Von draußen dröhnt das Rattern eines Autos, das den Berg herauffährt. Die beiden Offiziere springen vor, der Leutnant wirft die Enden seiner dunkelblauen, rot gefütterten Tunika über die Schulter und kommandiert — »Achtung!«

Die Stiefel knallen zusammen, die Kolben klirren auf dem Pflaster. Der Feldwebel reißt das Tor auf und herein eilt der Oberst, grauhaarig, in eine viel zu enge Uniform gepreßt, die über dem Bauch tiefe Falten wirft.

»Achtung! Stillgestanden!«

Dann meldet der Leutnant — »Sechsundvierzig Carabineros, ein Feldwebel, ein Leutnant — zur Stelle!«

Der Oberst schreitet die Front ab — »Danke...« und stellt sich in der Mitte vor den Mannschaften auf.

Jetzt holt er seine goldene Brille hervor, setzt sie vorsichtig vor die ein wenig herausquellenden Augen und entfaltet einen großen Bogen Papier, den er in der Hand trug.

Faltet ihn umständlich auseinander und liest etwas vor, das niemand versteht, so schnell und dumpf murmelt er die Sätze vor sich hin. Nur beim letzten Artikel erhebt er seine mürbe Greisenstimme zu einiger Klarheit — »Das Corps der Carabineros ist bereit, den Kampf der glorreichen Armee und der Patrioten der Falange Espanola gegen die Barbaren in Madrid, die Spanien zugrunde richten und seiner edelsten Söhne berauben, mit allen Mitteln und bis zum letzten Mann zu unterstützen. Es lebe Spanien, es lebe die Armee! Sind alle damit einverstanden?«

In die tiefe Stille — der Oberst faltet das Dokument wieder zusammen und will grade Danke sagen — fällt hell und deutlich ein einzelnes *Nein!*

Der Oberst zuckt zusammen, reißt die Brille empor und sucht den Mann, der da widersprochen hat.

»Wer war das?!«

Angèl tritt vor. Ruhig tut er die zwei vorschriftsmäßigen Schritte geradeaus und blickt dem Obersten fest in die Augen.

»Weshalb sind Sie mit der Verordnung der Regierung nicht einverstanden?«

»Weil ich der Regierung in Madrid und der Republik den Eid geleistet habe — und solange diese Regierung besteht, bin ich an diesen Eid gebunden.«

»Sie irren sich. Ich, Ihr Oberst, entbinde Sie und alle Ihre Kameraden von dem Eid auf die Republik.«

Angèl schüttelt den Kopf — »Das können Sie nicht, ohne Ihren Eid zu brechen — und außerdem kämpfe ich nicht gegen meine Brüder!«

Jetzt schwillt seine Stimme, die bis dahin militärisch schüchtern geklungen hatte, zu drohender Stärke an, als spräche er zu allen Carabineros und Soldaten, zu allen Männern und Frauen hier auf der Insel.

»Und wenn ich sterben soll wie die Kameraden in Soller, dann lieber von einer faschistischen Kugel als von einer republikanischen. Merkt euch das, Kameraden!«

Die drei, Oberst, Leutnant und Feldwebel haben ihre Revolver gepackt.

Die fünfundvierzig Carabineros stehen unbeweglich, unerschütterlich.

Da wirft Angèl sein Gewehr dem Obersten vor die Füße, klirrend schlägt es auf das Pflaster. Dann schnallt er das Koppel mit dem Bajonett ab und schwingt es wie ein Lasso auf das Gewehr.

Dann erst dreht er sich zu seinen Kameraden, betrachtet sie der Reihe nach.

»Cobardes! Feiglinge!« sagt er und spuckt vor ihnen aus.

Diensteifrig ist der Feldwebel inzwischen hinausgelaufen und kommt mit zwei Gendarmen zurück.

»Führen Sie den Mann da ab!«

Angèl in der Mitte, marschieren sie schnellen Schrittes die Dorfstraße hinunter nach Iglesias, wo die Guardia ihre Kaserne hat.

VII

Antonia Calafat ist keine Schönheit. Sie kennt weder Puder noch Schminke wie alle anderen Mädchen im Dorf, und ihre Kleider kauft sie als echte Bäuerin fertig von der Stange in der Tienda. Auch die Mode ist ihr gleichgültig, sie wechselt nur die Farben — auf ein blaues Kleid folgt ein rotes oder ein gelbes.

Sie ist auch nicht so verschlagen wie die Mehrzahl ihrer Landsleute, die ihre wahre Meinung hinter heiteren Mienen und in freundlichen Worten zu verbergen wissen, bis sie sich plötzlich in endlosen Prozessen oder Feuersbrünsten äußert.

Melis stellt nach kurzer Bekanntschaft mit ihr fest, daß sie zur Rasse der Ameisen gehöre, nichts von der Welt verstehe, vorlaut aber sympathisch sei wie der kleine Jeronimo.

Trotz dieses wohlwollenden Urteils eines Menschenkenners bleibt es zweifelhaft, ob diese Ameiseneigenschaften einen Ausgleich für die vielen Mängel bieten, die ihr die ewig ungerechte Natur so reichlich mitgegeben hatte. Sie alle aufzuzählen wäre eine Beleidigung der anderen Frauen des Dorfes. Reiz, wenn sie überhaupt auf einen Mann wirkte, mochte in ihrer kindlichen Hilflosigkeit liegen, die Mitleid weckte: sie hat wasserhelle, kurzsichtige Augen, die sie zusammenkneift, um jemanden zu erkennen. Aber sie scheint die Menschen richtiger zu sehen als jene, die diese Art verlachen. Außerdem ist sie klein von Gestalt, nicht wie ein Kind, sondern wie ein im Wachstum stehengebliebener Baum; alles an ihr ist rund und gedrungen, wie für einen größeren Menschen als sie selbst berechnet.

Wie alle Kleinen, ist sie ungemein flink und hier ist das Urteil des dicken Melis unbedingt richtig. Ihr schlimmstes Gebrechen ist jedoch ihre Armut. Sie fand infolgedessen nie Verehrer, sondern gleich einen Bräutigam, allerdings auf lange Sicht, der ebenso arm war wie sie selbst. Immerhin hatte er einen köstlichen Spitznamen, eine Auszeichnung, auf die Antonia ebenfalls verzichten mußte, was hierzulande wirklich nur den Allerärmsten widerfuhr.

Stumm, die Arme über den zu schweren Brüsten gekreuzt, sitzt sie manchmal zwischen den Männern im Café, denn sie hat auch keine Freundin. Es ist nicht zu erkennen, ob sie zuhört, wenn Bartolomé vorliest, oder schläft. Jedenfalls ist sie niemandem im Wege. Irgendwann wird sich schon herausstellen, wer sie ist.

Antonia stammt aus Iglesias und ging nach Pueblo in Stellung zum Grafen Fontanelli, ein ungewöhnlicher Schritt, den die Familie mißbilligte. Denn Ausländer, und seien sie hundertmal Aristokraten, sind immer unberechenbar. Und die Weiber von Pueblo werden sich rächen, daß sie ihnen Konkurrenz macht.

Antonia ist die geborene Magd; niemand hätte sie für eine Spanierin, aber jeder überall in der Welt für ein Dienstmädchen gehalten. Und so war es nur natürlich, daß sie es zu Hause nicht länger als drei Wochen müßig aushielt, obwohl es da schlimm aussah und keineswegs an Arbeit fehlte.

Es war das erste Mal, daß sie ihr Dorf auf längere Zeit verließ oder besser gesagt, verlassen mußte. Denn sie war mit ihrer angestammten Herrin, der Condesa Felicidad de la Forteza wegen ihres Bräutigams Jaime, genannt el Rey, der König, in Streit geraten, der ein Arbeiter auf den Feldern des Grafen und mit allen anderen nach den Wahlen entlassen worden war. Antonia diente den Fortezas wie ihre Mutter und Großmutter seit ihrem zehnten Jahre mit stummem Fleiß. Sonntags wie werktags, von fünf Uhr bis neun Uhr abends, eine Maschine, die nach zehnjährigem Lauf stehenblieb und ebenfalls hinausgeworfen wurde.

Antonia hatte es nur gewagt, allerdings gegen Rey's Willen, die Gräfin um seine Wiedereinstellung zu bitten. Diese Fürsprache machte sie gleichfalls verdächtig. Als die Gräfin ihr den weiteren Umgang mit ihrem Bräutigam verbot, ließ Antonia alles stehen und liegen. Felicidad warnte ihre Freundinnen vor dieser Calafat. Iglesias war für sie gesperrt und so mußte sie das Weite suchen.

Sie war gewöhnt, mit Adligen umzugehen, ohne sie für höhere Wesen zu halten. Über Fragen der Etikette machte sie sich daher nicht die geringsten Sorgen, wie es Neulinge wohl getan hätten. Es war eher die Furcht vor Heimweh und den Ausländern im allgemeinen, die ihr den Abschied so schwer machte. Rey tröstete sie, so gut er es vermochte und versprach, sie jeden Sonntag zu besuchen. Das war die einzige Möglichkeit gegenseitigen Trostes, denn beide konnten weder lesen noch schreiben. Die Fortezas machten dies zu einer grundsätzlichen Bedingung bei der Auswahl ihrer Arbeiter, in Übereinstimmung mit den kirchlichen Behörden.

Antonias Furcht vor den Fremden fand reichliche Nahrung in den sonderbaren Gewohnheiten der beiden Fontanellis, obwohl ihr der Dienst zunächst als Erholung erschien nach dem dumpfen Leben im Palast der Fortezas, das einer ununterbrochenen, ewig rasselnden Tretmühle glich, in der jeder gleich einem Hunde oder einem Mulo mit verbundenen Augen lief und lief, bis er tot umfiel.

Villa Levante liegt auf einer sandigen Anhöhe, einer flachen Düne über der kleinen Bucht, inmitten alter Pinien, die sich wild verkrümmt tief über den Boden neigen und im

Sommer köstlichen Schatten, im Winter aber Schutz gegen den eisigen Nordwind geben. Hinter dem Hause dehnt sich ein großer Garten mit Weinstöcken und Obstbäumen bis zur Straße, die Cabra im Bogen umgeht und nach Iglesias führt. Diese Straße ist das Werk des letzten Bürgermeisters Don Romeos, des treuesten Dieners Don Juans, an dem beide gut verdienten.

Die Straße erschloß nämlich ihr eigenes Land, und hier, an den projektierten Nebenstraßen, sollten die Kolonien für den neuen Kurort Pueblo entstehen, das Paradies der Fremden, an dessen Kasse Don Romeos als Sankt Michael sitzen würde. Vorerst aber waren das nur Pläne, und rechts und links der Straße dehnten sich bergauf, bergab, Wald und Gestrüpp.

Antonia kannte nichts von der Welt als ihre Heimat, das Tal von Iglesias mit seinen weiten Feldern, in denen die Wasserräder knarrten, wo Bauern hackten, säten, ernteten und ihre ewigen Klagelieder sangen. Das war Leben, immerhin.

Wie einsam und sonderbar aber war es hier. Und wie erstaunte sie erst, als sie die Lebensgewohnheiten dieser beiden alternden Aristokraten genauer kennenlernte.

Da waren zum Beispiel vier Hunde einer merkwürdigen Rasse, langgestreckte, hochbeinige Flederwische mit spitzen Köpfen, aus denen zwei unendlich traurige, rötliche Augen blickten, ruhelos lauerten, gleich Schmeißfliegen auf Fleisch. Diese Hunde waren so mager, daß sie wie Skelette in allen Gelenken krachten.

Der Graf hatte ihr gleich bei ihrer Ankunft streng verboten, den Tieren auch nur das Geringste zu fressen zu geben — »Das sind ganz seltene und kostbare Hunde, jeder einzelne ist mehr wert als dieses Haus. Sie fressen nur, was ich oder die Gräfin ihnen geben — diese Patentbiskuits da...« Er zeigt ihr eine bunte Blechkiste voll weißlicher Brosamen.

Antonia hatte, wie alle Bauern, für Tiere, die nicht arbeiten, kein Verständnis. Vor diesen Hundegespenstern aber fürchtete und ekelte sie sich. Schließlich bedauerte sie sie, als sie beobachtete, wie der Graf jeden Vormittag eine Stunde lang im Zimmer umherlief und sprang, um Fliegen zu fangen, deren es ja im Sommer genügend gab. Jedesmal, wenn er eine erwischte, lockte er die Hunde und fütterte sie der Reihe nach, wie andere wohl ihre Kanarienvögel — »Da — so eine fette Fliege — und da ist noch eine — Fliegen sind besser als Knochen!« so hungerten sich die Hunde zu Tode, ohne zu leben oder wirklich zu sterben. Meistens rührten sie sich nicht von der Stelle, lagen wie Teppiche vor dem Kamin.

Im Hause gab es außerdem Hühner. Hühner picken ihr Futter überall. Aber die gräflichen Hühner durften den engen Stall nicht verlassen — »Sie könnten ihre Eier woanders legen, dann gibt es nur Streit mit den Nachbarn.«

Diese sonderbaren Hühner legten jedoch keine Eier. Nicht ein einziges wurde je bei ihnen gefunden. Die Gräfin überhäufte Antonia mit Klagen und Verdächtigungen — »Es muß hier Diebe oder Marder geben.«

Antonia lachte — »Sie müssen den Hühnern Mais und Brot geben, dann werden sie schon legen.«

Der Graf hatte auch hier seine eigenen Ernährungsprinzipien. Der Garten wimmelte von Schnecken, besonders in diesem Jahre, das sich durch lange Regen und zahllose Gewitter auszeichnete, die alles Ungeziefer wunderbar sich vermehren ließen. Auf allen Vieren kroch der Italiener von Strauch zu Strauch, sammelte jedes Schneckchen in eine Büchse und zählte sie den Hühnern vor, die nach dem widerlichen Getier hackten, aber nicht die Kraft fanden, die Gehäuse zu zerbrechen.

Vielleicht waren diese Ausländer arm oder geizig?

Dem widersprach, daß sie fast jeden Tag Gäste hatten. Antonia durfte einkaufen und kochen nach Herzenslust.

Alles war im Überfluß vorhanden, und da sie viele der Gäste und deren Lieblingsgerichte kannte, erntete sie bei allen großen Beifall.

Mit der Gräfin vertrug sie sich besonders gut, die Antonia mit Lob überhäufte und ihr jede Freiheit ließ. Es gab Trinkgelder und Prozente bei Sabine und den Fischweibern. Rey trug sich sogar mit dem Gedanken, ebenfalls nach Pueblo auszuwandern und als Gärtner in den Häusern der Fremden, in den Hotels als Diener oder als Fischer zu arbeiten. Vielleicht konnte er sogar Antonia helfen, den arg verwilderten Garten der Villa Levante in Ordnung zu bringen. Die doppelte Arbeit des Kochens und Servierens wuchs, bei dem ständig zunehmenden Strom vornehmer Gäste, der kleinen Antonia allmählich über den Kopf.

»Ich könnte im Stehen einschlafen, so müde bin ich. Ich muß meine Wäsche zu den Weibern ins Dorf geben. Gestern hatten wir sieben Gänge für elf Personen. Die Alte rührt keinen Finger. Sag dem Bartolomé, daß der Goded und noch vier Offiziere da waren, aber alle in Zivil. Der Forteza auch, er hat getan, als kenne er mich nicht.«

So etwa standen die Dinge, als etwas Unbegreifliches geschah, das ihr Leben von Grund auf änderte.

Eines Morgens gab Antonia den Hühnern die Abfälle der Speisen, die vom vorhergehenden Tage übriggeblieben waren. Sie hatte das stillschweigend seit langem getan, und auch die Hunde wieder zu erträglichem Anblick aufgefüttert, ohne jemals auf Widerspruch gestoßen zu sein. Die Hühner legten fleißig und die Hunde tollten im Garten zur allgemeinen Freude.

An diesem Morgen aber stellte Fontanelli Antonia; nicht plötzlich, wie man einen Übeltäter ertappt, sondern kaltblütig, nach lang vorher erwogenem Plan. Der immerhin mögliche Streitfall, Verschwendung oder Mißachtung seiner Vorschriften, den schlechte Laune oder Kopfweh am Morgen nach einem Feste herbeiführen konnte, kam nur ganz obenhin zur Sprache. Entgegen seiner sonstigen kalten und abweisenden Art, trat Fontanelli in großer Erregung vor sie hin und schüttelte sie an der Schulter — »Das hat aufzuhören!«

Antonia blickt ihn erschrocken an und fragt, was sie verbrochen habe.

»Ich verbiete Ihnen, außer zu den Einkäufen, ins Dorf zu gehen und auch hierzu gebe ich Ihnen nicht mehr als eine Stunde Zeit am Tage. Vor allem warne ich Sie, jemals wieder das Café dieses Bartolomé zu betreten oder mit irgendeinem der Menschen dort zu reden. Es genügt außerdem, wenn Ihr Bräutigam alle vierzehn Tage herkommt, Sie können ihn hier im Garten empfangen — es kann doch wohl jeder hören, was Sie sich zu erzählen haben? Wie?«

Antonia ist wie betäubt. Rey? Was hat Rey angerichtet? Oder war es der Forteza? Will er sie zwingen zu kündigen? Was aber, wenn sie auch diese Stellung verliert?

Schließlich bin ich nicht seine Gefangene und was ausgemacht ist, muß bleiben. Den Rey nicht mehr sehen, nicht mehr mit Bartolomé und den Männern im Café sprechen, was bleibt ihr da? Sie weiß, was im Dorfe vorgeht und weshalb er sie aus dem Café fernhalten will. Sie versteht nicht viel von Politik, sie ahnt nur dumpf, daß die gleichen Gegensätze wie in Iglesias, auch hier in Pueblo und wahrscheinlich überall auf der Welt zu finden sind. Sie ist eine Arbeiterin, sie gehort zur Partei der Habenichtse, und da sie außerdem eine Bäuerin ist, hart und dickschädelig, so bleibt sie bei denen, die ihre Sprache sprechen und Gerechtigkeit für jeden verlangen.

Sie streicht ihre Schürze glatt, krempelt die Ärmel herunter und tut, als wolle sie gleich gehen.

»Dann will ich lieber eine neue Stellung suchen als auf alles verzichten.«

Es wäre ein Leichtes für Fontanelli gewesen, jetzt nachzugeben, zu beruhigen, weil er doch eine Trennung vermeiden mußte. Wo sollte er eine so tüchtige und bescheidene, oder, wie er sagte, dumme Magd finden? Andererseits mußte er sie einschüchtern und das konnte er nur durch Drohungen, durch Gewalt, die ihm weit mehr lag, als er sich eingestehen wollte.

»Das gibt es nicht. Sie haben sich auf ein Jahr verpflichtet und Sie bleiben!«

Was will er eigentlich? Hat sie vielleicht gestern abend beim Servieren einen Fehler gemacht?

»Es wäre dann besser, Herr Graf, Sie würden mir sagen, was ich falsch gemacht habe.«

»Sie haben nichts falsch gemacht. Hier im Hause jedenfalls nicht, und deshalb will ich ja auch, genau wie die Gräfin, daß Sie bleiben. Sie sollen sich nur von diesen Anarchisten und Tagedieben im Café fernhalten.«

»Ich habe keine Angst.«

Fontanelli lächelt — »Aber *ich;* ich habe Grund, nicht, Angst zu haben, aber sagen wir mal, vorsichtig zu sein. Es schleicht allerlei Gesindel hier um das Haus, ich kenne alle — ein gewisser Jeronimo, dann dieser hinterhältige Melis — alle Spitzbuben sitzen in diesem Café und lauern nur darauf, hier einbrechen zu können. Ich traue niemandem von euch, niemandem!«

Das also meint er, daß sie ihn bestehlen könnte!

Sie kann kaum sprechen vor Entsetzen — »Sie — Sie halten mich für eine Diebin?«

Jetzt hat er sie gepackt; scharf und drohend blickt er sie an, sagt weder ja noch nein — »Ich wollte Sie nur warnen!«

Fontanelli weiß nicht, daß es für die Bauern hier auf der Insel keine schwerere Beleidigung gibt als Dieb. Auch nicht in der größten Not rühren sie fremdes Eigentum an, und aus dieser Sittenstrenge ziehen die Kaziken all ihren Vorteil.

Es ist richtig, daß Bartolomé ihr aufgetragen hat, auf

Papiere und Briefe zu achten, die Fontanelli wegwirft. Aber sie hat nie das Geringste gefunden, da er alles einzuschließen oder zu verbrennen pflegt.

Die Gräfin war sehr unordentlich und ließ Schmuck, Kleider und Wäsche offen herumliegen. Aber niemals hatte Antonia sich auch nur ein Band angeeignet.

Schluchzend ruft sie — »Sie sollen mir sagen, was ich Ihnen gestohlen habe — gehen wir nach Cabra zum Richter — ich bin keine Diebin! Ich tue meine Arbeit, alles, was mir aufgetragen wird — suchen Sie in meiner Kammer, ob Sie etwas finden, das nicht mir gehört.«

Antonia ist eine Magd, die sich für acht Duros im Monat abrackert. Das tut sie freiwillig, sogar mit Liebe, weil sie so geboren ist; nicht einmal die Forteza hat gewagt, ihre Ehrlichkeit anzuzweifeln, und die war doch eine Kanaille.

»Wir sind arm, darin sind wir alle gleich. Sie sind reich, und die Männer im Dorf leben einen Monat von dem, was Sie an einem Tag ausgeben. Aber stehlen! Nicht einen Strohhalm rühren wir an. Nicht eine Mandel, die am Boden liegt!«

Sie schreit, daß es durch den Garten gellt.

Fontanelli winkt ab — »Und die Pistoleros in Barcelona? Und in Madrid und Malaga? Tag für Tag Mord und Raub und Überfälle! Das sind doch die gleichen Armen wie ihr, sie reden genau so wie Sie, sie verteidigen sich mit den gleichen Worten.«

»Ich weiß nicht, was das ist, Pistoleros. Aber ich sage nochmals, niemand von uns stiehlt. Niemand. Wir wissen genau, wer stiehlt. So dumm sind wir nicht!«

»Wen meinen Sie?«

Sie zuckt die Achseln.

»Antonia, wenn Sie es nicht sagen, gehe ich nach Iglesias zur Guardia und zeige Sie an! Sagen Sie den Namen!«

»Ich werde doch keinen anzeigen, den sowieso jeder kennt! Auch die Guardia wird lachen, wenn sie den Namen hört, ... und sagen, da hat die Antonia recht! Die sind zwar alle verkauftes Fleisch, aber so dumm sind sie doch nicht! Und das würde ja auch schnell rumkommen, daß Ausländer sich um Dinge kümmern, die doch nur uns was angehn! Ich kümmre mich nicht um das, was hier vorgeht. Wenn ich meine Arbeit tue, so ist alles andre meine Sache!«

Was hier vorgeht? — Ausländer kümmern sich um unsere Sachen — »So — und was geht hier vor? Was haben Sie gesehn? Sie haben nichts gesehn und nichts gehört!« — Er lauert. Er frißt sich in ihre Gedanken.

Sie hält seinem Blick stand.

Er wird es mir nicht sagen, wo sie sind, aber ich werde es erfahren — »Nichts« —

»So — gut — aber das sage ich Ihnen, wenn Sie draußen im Dorf erzählen, was Sie etwa hier hören — und was Sie nicht verstehn können — so ist das noch schlimmer als Diebstahl — und wenn Sie die Guardia nicht fürchten, ich habe Mittel, um Sie zum Schweigen zu bringen! Auch ohne Polizei —«

Immer ruhig — langsam kommt man weiter — »Es ist schwer für einen Fremden, uns zu verstehn. Schließlich waren wir immer hier —«

»Den Ersten, der sich hier blicken läßt, schieße ich nieder — und Sie dazu!«

Womit willst du schießen? Wo hast du die Gewehre?

Sie bewegt die Lippen, ohne ein Wort hervorzubringen — du Voerge du — so wie er seinen besten Freund umgebracht hat, da oben auf der Terrasse — hundertmal versucht, die Flecken wegzubringen — das werde ich dem Bartolomé sagen, daß er schießen will — das Haus werden sie dir anzünden — nachts, wenn du schläfst — ich werde die Türe zusperren und dich erst herauslassen, wenn du mir sagst, wo die Gewehre liegen — »Vielleicht sprechen Sie mit dem Bürgermeister oder Angèl, dem Zollwächter —«

»Was gehn mich diese Anarchisten an? Was soll ich ihnen erzählen, was sie nicht schon wissen oder sie mir, was ich nicht schon weiß? Wie?« Er flüstert — »Was wissen die Männer im Café?«

»Man weiß vieles nicht und der andere möchte gerne etwas wissen — dazu hat uns Gott die Sprache gegeben — «

Fontanelli gerät in Verwirrung.

Er lacht und nickt — sehr gut, Gott hat uns die Sprache gegeben, um nichts zu sagen — »... und die Augen, um nicht alles zu sehn — das wollte ich nur noch sagen — also — lassen wir das — hier ist ein Duro, den haben die Herren gestern abend für Sie zurückgelassen — Gott sagt noch etwas anderes — diene deiner Herrschaft wie du mir dienst — ich schaue in die geheimsten Falten deiner Seele — haben Sie das nicht auch gelernt?«

Sie steckt den Duro in die Schürzentasche — »Gelernt hat man so vieles — hinterher weiß man nicht, weshalb man nicht eigentlich das Gegenteil gelernt hat — «

Das ist doch nicht Dummheit?

Oder ist es Verschlagenheit? Was meint sie eigentlich?

»Gut — die Hauptsache, daß Sie etwas gelernt haben — « und mit dem Finger drohend als sei sie ein Kind, geht er ins Haus.

»Voerge — Würger!« Sie spuckt hinter ihm aus.

Die Arbeit muß getan werden. Sie kann nicht gegen ihre Erziehung zur Magd ankämpfen.

VIII

Jeden zweiten Tag kommt Melis mit seinen Körben voll Gemüse — Tomaten, Pepperoni, Auberginen.

Beim Wiegen flüstert er — »Na, gefunden?«

»Nichts — im Hause nichts, im Garten nichts — vielleicht im Kloster oder unter den Felsen — beim steinernen Schiff — Kisten können doch nicht verschwinden — «

»Verflucht. Jeronimo hat sie gesehn und schwört, daß sie im Hause liegen — adios!«

Ein andermal fragt er — »Kennst du Hai?«

»Nein, wer ist das?«

»Der Einäugige, hat das Schiff gesteuert. War der hier? Auf den achtgeben — wenn er kommt, ist was los! Quetsch ihn aus, er weiß, wo die Gewehre liegen, die ersten Melonen, Fräulein — es geht los! Adios.«

Alles wird klar als der Tag der nationalen Erhebung anbricht. Rey hat ihr durch Filippe, einen Freund, sagen lassen, daß er nicht kommen könne.

»Ist er krank?« Der Mann schüttelt den Kopf — dabei lauert er nach allen Seiten — »Nicht mehr als wir alle ...« und dabei streckt er die rechte Hand aus — flüstert — »Hier — im rechten Arm, da sitzt der Schmerz. Das mußt du jetzt üben und wenn du das nicht kannst, dann bist du eben krank.«

Graf Fontanelli ist wie verwandelt. Plötzlich duzt er Antonia.

»Du kannst froh sein, daß du bei uns in der Villa Levante bist.«

Antonia lacht.

»Du weißt doch, daß Revolution ist? Oder weißt du es nicht?«

Sie rührt ihre Suppe um und läßt ihn reden. Aber er meint es ernst und beginnt zu kommandieren — »Aufgepaßt!« Er streckt die rechte Hand aus wie Filippe — »Mach das nach! So mußt du uns nämlich jetzt begrüßen, das ist der erste Schritt in das neue Reich der Freiheit. Los, streck die Hand aus!« Sie tut wie ihr befohlen und streckt den hölzernen Löffel weit von sich ab. »So, sehr gut. Und jetzt rufe Hoch Spanien! Hoch Mussolini!«

Antonia murmelt es nach und beugt sich über den Herd — »Ich sag doch lieber guten Morgen oder guten Abend, wie ich es gewohnt bin.«

Der Italiener setzt alles daran, Antonia zu bekehren. Bei Tisch beginnt er von neuem, legt Gabel und Messer hin und macht ein ernstes Gesicht. »Neue Männer werden hier und in ganz Spanien die Regierung übernehmen. Du hast verschiedene von ihnen hier im Hause gesehen, es sind meine Freunde. Du weißt, was das bedeutet! Treue Dienste werden belohnt, merk dir das, Verräter aber — « er führt das Messer zwischen Kinn und Kragen vorüber — »So! Wo steckt übrigens dein Bräutigam? Hat er Arbeit gefunden?«

Antonia wartet mit dem Tablett zwischen Tür und Angel — »Nein, er ist krank, er kann den rechten Arm nicht heben.«

Fontanelli überhört diese Worte. Nach Tisch setzt er seine Predigt fort — »Weißt du, wer Mussolini ist?«

Antonia verneint.

»Du mußt doch wissen, wer Mussolini ist! Hast du niemals diesen Namen gehört? Das ist unglaublich, so viel Unwissenheit ist ein Verbrechen!«

Die Gräfin unterbricht ihn — »Ich bitte dich, Benito, sie ist doch eine Analphabetin, was weiß eine spanische Magd von lateinischer Kultur. Du könntest genauso gut die Steine draußen fragen. Du wirst nur Undank von diesem Volk ernten, das wird der einzige Erfolg deiner Politik sein.«

Als Antonia wieder in der Küche arbeitet, die zugleich mit der Speisekammer und ihrem kleinen Zimmer in einem Vorbau liegt und durch einen Gang mit den Wohnräumen verbunden ist, klopft es an der äußeren Tür.

Sie schaut aus dem Fenster. Da steht ein Mensch in zerrissenen Kleidern, die Mütze in der Hand, den Kopf mit wild aufstrebendem, struppigem Haar gesenkt, neben den Persianas wie ein Bettler. Er dreht ihr den Rücken zu, aber Antonia ahnt, wer das sein könne und spürt eine leichte Beklemmung.

Sie wartet, ob er vielleicht wieder gehen wird. Aber der Bettler geht nicht. Stumm und geduldig wie ein Mulo steht er neben der Tür in respektvoller Entfernung und wartet. Da geht sie hinaus, aber das Wort erstirbt ihr auf den Lippen — es ist der Hai, der Mann, der die Waffen gebracht hat.

Hai blickt überrascht auf und tritt noch einen Schritt weiter zurück, lächelt hilflos und verbeugt sich, ungeschickt, aber immerhin, er versucht höflich zu sein.

Er ist gewöhnt, daß die Leute, vor allem die Frauen, vor ihm erschrecken.

Antonia aber ist nicht erschrocken. Die Häßlichen verstehen sich besser und schneller als die Schönen und Unauffälligen.

Nur ein dumpfes, lähmendes Gefühl hat sie befallen, von dem sie nicht weiß, woher es kommt noch was es verkündet. Vielleicht sind Bartolomés Drohungen daran schuld. Aber es ist mehr in ihrem Innern, ein Gemisch von Neugier und Angst, das sie zurückhält und warnt, auch ohne daß sie der Worte Bartolomés gedenkt.

Zugleich fühlt sie sich nämlich angezogen von diesem sonderbaren Menschen, dessen verfluchte Häßlichkeit und Menschenscheu der Verlassenen nahe gehen, als fühle sie sich ihm verwandt. Auch er ist erniedrigt, ausgestoßen. Einer, der Schutz sucht bei den Mächtigen dieser Erde.

Ist er deshalb schon ein Verräter? Ihre Mienen hellen sich auf und die Frage schwebt ihr auf den Lippen — Gut, daß du kommst. Du bist doch der Hai? Sag mir, wo sind die Kisten?

Und weil sie so kurzsichtig ist, neigt sie sich vor, sogar weiter als eigentlich nötig, und streckt ihm die Hand hin, die er ergreift. Verblüfft und glücklich.

»Ich bin der Hai« flüstert er, »kennst du mich?«

Sie zieht ihn in die Küche. Sie überlegt einen Augenblick und dann begreift sie, daß es besser sei, sich in acht zu nehmen. »Ich bin nicht von hier, woher sollte ich dich kennen? Ich kenne niemanden hier.«

Hai sieht sich um, mit gierigem Auge überblickt er suchend die noch halbvollen Schüsseln. Sein Mund füllt sich mit dünnem Speichel.

Antonia versteht ihn. »Setz dich, ich geb dir einen Teller Fleisch und Reis, iß nur, du brauchst dich nicht zu fürchten.«

Aber Hai wehrt ab — »Ein anderes Mal, heute habe ich keine Zeit, ist Exzellenz da?«

Antonia staunt über diese schnelle Wandlung; eben noch war er ein hungriger Bettler, ein armer Bursche, jetzt ist er plötzlich ein Herr. Er bettelt nicht, er ist nicht hungrig, er hat etwas zu sagen — »Ich muß den Grafen sprechen, sag ihm, daß ich hier bin.«

Antonia denkt nicht daran, ihm zu gehorchen, es genügt, wenn sie einem gehorcht — »Sag es ihm doch selber, du kannst ruhig hineingehen, da ist die Türe — aber so einfach ist das nicht — du siehst ja aus wie ein Bettler. Keinen Knopf am Hemd, die Hände schwarz wie Erde — hier, wasch dich und gib das Hemd her, ich werd es dir richten... «

Hai streift das blaue Hemd über den Kopf, sein Oberkörper ist von einem schwarzen Vlies bedeckt wie bei einem Tier, und das Spiel seiner Muskeln, wie er sich Hände und Gesicht wäscht, verrät unbändige Kraft. Auf dem linken Oberarm hat er eine Krone, auf dem rechten einen Totenkopf tätowiert. Er zeigt es ihr — »Spanien oder der Tod!«

»Wer sagt das?«

»Wir sagen das, die Männer von der Falange!«

»Ich denke, du bist ein Fischer, Hai? Was gehen dich die Señoritos an?«

Einen Augenblick schweigt er verlegen über diesen Vorwurf, daß er seinen Stand und seine Freunde verraten habe. »Darauf kommt es jetzt nicht an, wie einer aussieht und was er gelernt hat. Ich war ein Fischer, jetzt bin ich Soldat. Der heilige Petrus war auch ein Fischer!«

»San Pedro ein Fischer? Der war doch sein Leben lang ein Bauer, und das ist er heute noch.«

Hai lacht sie aus — »Ich mein' doch den ersten Papst, der im Petersdom begraben liegt, in Rom.«

»War der auch bei der Falange? Er hat die Medaille geweiht, da am Halse, was?«

»Der Bischof hat gesagt, mit dem Gewehr und dieser Medaille da werden wir siegen!«

»Wird es bald sein? Madrid hat kein Wasser mehr, habe ich gehört, und was ist mit Barcelona? Früher kam Goded jede Woche, jetzt läßt er sich gar nicht mehr bei uns sehen, das ist sehr schade, er hat immer einen Duro unter der Serviette für mich liegen lassen.«

Hai ist mißtrauisch. Der Tod Godeds und die Niederlage in Barcelona, all das ist ihm wohlbekannt. Aber es ist streng verboten, darüber zu reden. »Weshalb tut Goded dir leid?«

»Nun, ich meine eben wegen des Trinkgeldes, siehst du ihn noch manchmal? Sag ihm einen schönen Gruß, er solle doch wieder zum Grafen Fontanelli kommen, ich werde ihm ein besonders schönes Hühnchen braten — «

Hai spürt den Hohn in ihren Worten und reißt ihr das Hemd aus den Fingern — »Laß den Spott, ich hab' keine Zeit, melde mich bei dem Grafen.«

Antonia zuckt die Achseln — »Ich habe dir ja gesagt, was du tun sollst« und sie geht in ihre Kammer. Er will ihr nachgehen, sie zurückhalten, aber sie drängt ihn hinaus — »Der Graf schläft jetzt, komm später, gegen fünf Uhr. Was kannst du schon Wichtiges haben, das am Abend nicht auch noch wichtig wäre? Sag es mir und ich richte es aus, sobald die Herrschaften aufgestanden sind.« Das klingt so gleichgültig als bestelle sie einen Fisch bei ihm für das morgige Essen. Und sie lächelt ihm zu. Willst du oder willst du nicht sehn? Ich bin doch hübsch und freundlich zu dir.

Hai läßt sich auf nichts ein — »Geh und wecke ihn —«

So ein Starrkopf. »Aber Hai, ich bin doch über alles unterrichtet, ich weiß mehr als du — was hast du schon geleistet — na?« und sie streckt die rechte Hand aus. Diese Hand ist rot, verarbeitet, sie zittert als halte sie eine Last... »Hoch Spanien! Hoch die Falange!« Genügt ihm das immer noch nicht? Will er mich fressen? Was noch?

Hai schüttelt den Kopf. Er ist stark — »Ich kann dir nichts andres sagen — hol' ihn — ich hab' einen Brief für ihn — «

»Ach so, ein Briefträger — gib schon endlich her — so ein Wichtigtuer — als wär' er Juan March selbst! Der war nicht so verbohrt!«

Hai lacht. Das ist nicht schlecht. »Du kennst Don Juan? Das ist sehr gut. Du sagst nicht, er sei der Voerge, wie? Der Blutsauger — das darfst du nicht sagen. Was wissen diese Pistoleros von ihm, von uns? Du bist nicht von hier — aus

Iglesias — Antonia heißt du? Wer ich bin, willst du wissen? Laß das. Kommandant der Falange — Juan Matteo Ferrol y Melis — hier in diesem stinkenden Pueblo — statt in Iglesias — da haben wir dreihundert Mann — aber ich hab' diese Burschen bald — ich werde sie alle einsperren, verstehst du?«

Sie verstand. »Was haben sie dir getan, die Männer von Pueblo?«

Er hatte die Angewohnheit, den Kopf schräg zur Seite zu halten. Zur Erde hin zu sprechen. Jetzt richtet er sich auf und deutet stumm auf sein Auge. Sie weiß, daß das der entscheidende Augenblick ist. Sie lächelt schmerzlich, streicht ihm voll Mitleid die Haare aus der Stirn — »Ist das so wichtig bei euch? Ich muß sagen, daß ich das ungerecht finde. Mich stört das nicht im geringsten. Es kommt doch nur auf den Charakter an, ob einer zuverlässig ist und treu... «

»Du, da danke ich dir, du machst mich wirklich glücklich. Bei der Falange geht alles militärisch zu und so bin ich nur Kommandant von Pueblo geworden. Ich hab' eine Idee, ich kann dir noch nicht sagen, was es ist — du bist fein, Antonia — und da wirst du staunen! Der Hai ist nicht nur zuverlässig und treu — « Er nimmt sie um die Schulter und drückt sie ganz leise an sich. Seine Hand streichelt über ihre Haare, die gegen das Licht rötlich leuchten — »Roja mia, meine Rote... « flüstert er.

Sie dreht sich weg und kneift die Augen zusammen — »Findest du, daß ich rot bin?«

Er betrachtet sie lange und voller Zärtlichkeit — »Ja, Antonia, deine Haare leuchten wunderbar rot, du bist rot und lieb... «

Man nannte sie in Iglesias kurz Antonia die Rote, zum Unterschied von all den anderen Antonias, die in die Kirche gingen und ins Kloster eintraten, heirateten und gegen die Republik wetterten. Vielleicht wußte er das? Dann war es allerdings schwieriger, mit ihm fertig zu werden — »Hast du das gewußt oder erfunden?«

Er drückt ihr die Hand — »Aber Antonia, nichts weiß ich von dir, — wahrscheinlich genauso wenig wie du von mir, obwohl du ja eigentlich wissen müßtest, wer ich bin. Ich war ja auch schon einmal hier in diesem Hause.«

»Wann?«

Hai lacht — »Das geht dich nichts an! Aber grad deswegen muß ich den Grafen sprechen — «

Jetzt geht sie. Sie hat genug erfahren. Jetzt heißt es aufpassen.

Es war wie Hai gesagt hat. Fontanelli ist gleich wach und auf den Beinen, als er den Namen Hai hört und läuft vor ihr her in die Küche. »Bitte kommen Sie doch in mein Arbeitszimmer, lieber Freund, was bringen Sie?«

Hai macht ihm ein Zeichen und sie gehn durch den Garten zum Strand hinunter.

Antonia beobachtet sie. Hai überreicht dem Grafen einen Brief und dann ein großes, offenes Papier, das Fontanelli gleich einsteckt. Den Brief liest er, unterschreibt ihn und gibt ihn dem Boten wieder zurück. Sie gehn noch eine Weile am Meer auf und ab. Hai grüßt militärisch und gleich darauf kommt Fontanelli in die Küche — »Ist Obst und Wein da? Gut. Richten Sie alles her, wir bekommen Besuch heute abend, etwa zehn Personen — nein, erst nach dem Abendessen...«

Antonia macht sich im Garten zu schaffen, in der Hoffnung, Hai werde nochmals zurückkommen. Die Entscheidung ist nahe, sie spürt es. Aber niemand kommt, ihr zu helfen.

Der Melis läßt sich nicht blicken. Haben sie Angst?

»Alles bleibt an mir hängen, ich muß heute Nacht ins Café...« und dann denkt sie an den Hai — »Vielleicht könnte ich ihn bekehren?« Seine traurige Stimme, sein wildes und zugleich scheues Auge, die ganze Unordnung in diesem Menschen, sein Schicksal geht ihr nahe und sie schämt sich ihrer Unsicherheit —

»Wie ein Hund kommt er mir vor, verprügelt und verhungert — ich verstehe nicht, weshalb er sich an den Voerge verkauft hat, wenn er nichts anderes davon hat, als daß er in Fetzen wie ein Bettler herumlaufen muß ...«

Sie wälzt ein Stück Holz gegen die Hauswand, grade unter ihr Fenster und probiert aus, ob sie heraussteigen kann. Es geht.

Das Abendessen ist vorüber, sie räumt schnell ab und stellt Blumen auf den Tisch, als auch schon die Gartenpforte klirrt und gleich darauf an der Haustüre gerüttelt wird. »Öffnen Sie und führen Sie die Herren in das Wohnzimmer.« Fontanelli springt auf.

Es ist Hai und mit ihm die ganze Rotte der jungen Falangisten, sieben Mann. Fontanelli umarmt und küßt sie der Reihe nach in großem Zeremoniell, bietet Zigaretten an, rückt die Stühle zurecht — »Bitte tun Sie als seien Sie zu Hause, wir sind Freunde, Kämpfer, Soldaten — «

Dann klatscht er in die Hände — »Antonia! Bringen Sie Wein und Obst, machen Sie Kaffee für die Herren —«

Antonia hat sich schnell eine frische weiße Schürze umgebunden und ein Häubchen aufgesetzt, macht einen tiefen Knicks und ruft laut mit erhobener Hand — »Arriba España!«

Alle, sogar Fontanelli, springen auf und wiederholen den Ruf.

Hai streckt ihr die Hand entgegen — »Komm her und laß dich umarmen« und er nimmt sie und küßt sie auf beide Wangen. Die Burschen klatschen in die Hände.

Fontanelli strahlt, denn das ist sein Werk.

Die Fischer aber, die alle bis vor wenigen Tagen noch bei Bartolomé saßen und auf der Terrasse tanzten, dann zu Hai gingen, weil er ihnen Uniform, ein Gewehr und Geld versprach, schöpfen keinerlei Verdacht. Sie sind nicht einmal verwundert. »Sie ist so wie wir« und deshalb, weil sie mit ihr im gleichen Hause sind, betrachten sie Antonia als die Herrin dieses Hauses.

Seit acht Tagen sind sie wie im Rausch, das Blatt hat sich gewendet, alle Macht der Jugend, die Nacht den Alten; sie sind überzeugt vom Sieg ihrer Sache, die ganze Glut ihrer achtzehn Jahre, der ganze Hunger ihrer leeren Seelen rast in ihnen und jeder ist bereit, nicht nur sein eigenes Leben, sondern vor allem das seiner Mitmenschen zu verschwenden.

Antonia hantiert lange und umständlich mit Flaschen und Gläsern.

Die Gräfin zieht sich zurück — »Diese Leute behagen mir nicht. Der Bursche mit dem bösen Blick ist mir widerlich. Muß diese Versammlung hier stattfinden? Wollt ihr die Eroberung von Barcelona feiern? Auf jeden Fall bitte ich dich, vorsichtiger zu sein. Du bist deiner Sache zu sicher. Die Engländer reisen ab, das Hotel steht vollkommen leer, die Banken sind gesperrt. Das ist der erste Erfolg. Was soll aus unserem Geld werden? Hat Don Jaime die Kisten bezahlt?«

Fontanelli windet sich gequält hin und her — »Ich bitte dich, sprich leiser. Don Jaime hat mir heute durch Hai mitgeteilt, daß er die Sendung übernehme und mich bittet, wegen der Bankensperre mit der Überweisung der Summe noch Geduld zu haben. Ich hoffe, daß dir der Name Don Jaime genügt. Und außerdem ist ja auch noch Rossi da.«

»Die Engländer betrachten die Sache hier seit dem Fiasco in Madrid als sehr kritisch. Verstehst du, was das heißt? Daß es sehr lange dauern kann, bis wir an der Herrschaft sind.«

»Unsinn, die Armee steht vor Madrid.«

»Ich würde lieber sagen, Madrid steht vor der Armee. Ich bereite mich darauf vor, ebenfalls abzureisen.«

Die Gäste lärmen und schreien durcheinander.

Francesco, der ältere der beiden Millionärssöhne, hat die Verstimmung der Gräfin bemerkt. Er will beweisen, daß er dieses Betragen seiner Kameraden unwürdig findet. Klopft an das Glas und erhebt sich.

»Kameraden, ich bitte euch als Spanier, die Würde dieser Stunde und dieses Hauses zu wahren, in das uns unser Kommandant Don Juan Luigi Matteo Ferrol Melis — « er deutet auf Hai, als ihn alle erstaunt fragen, wen er meinen könne — »genannt el tiburon, der Hai, eingeladen hat. Weshalb sind wir hier? Um Instruktionen zu empfangen, damit unser Sieg und der Sieg unserer Fahne, unserer Partei, vollkommen werde! Deshalb sind wir hier und nicht, um uns zu betrinken, zu lärmen und uns wie Kinder zu betragen. Zeigt, daß ihr Männer seid. Arriba España!«

Alle, auch Antonia, strecken den rechten Arm aus und stimmen ein in den Schrei.

Sie füllt die Gläser mit Wein oder Anis, wie es gewünscht wird, bietet Obst, Kuchen und Zigaretten an; Hai strahlt, denn alles ist für ihn nur durch Antonia so schön, und dieses Fest wird nur ihretwegen gefeiert — als sei es eine Verlobung. Er steckt eine Nelke in den Mund und hält das Mädchen am Arm fest. »Willst du nicht das Haus der Falange führen und für uns kochen, Antonia?«

Fontanelli wehrt ab — »Bleiben Sie bei der Sache, Kommandant!« und zieht ein Papier aus der Tasche. »Es handelt sich um die ersten Maßnahmen zur Sicherung der öffentlichen Ruhe und Ordnung. Dann um die Säuberung des Dorfes oder der drei Dörfer Pueblo, Cabra und Iglesias von gefährlichen Elementen.«

Lautlos ist Antonia in den Schatten neben das Buffet getreten. Ihr Gesicht ist unverändert ruhig, kein Name entgeht ihr. Von Zeit zu Zeit lächelt sie nur Hai zu. Dann beugt sie sich wieder über den Tisch, ordnet Obst und Kuchen und schenkt ein.

Fontanelli überreicht das Blatt Francesco. Alle umringen ihn und rufen sich die Namen der Verdächtigen zu — »Bartolomé, Sebastian, Jeronimo, José, wer ist das? Bravo! — Juanito — Valenti, das ist der Schlimmste, gleich erschießen! Den Leo ebenfalls. Melis, welcher Melis? Der Dicke! Gehen wir gleich los!«

Hai reißt das Blatt an sich und donnert — »Ruhe! Ich habe hier zu befehlen, wann marschiert wird, ja oder nein?«

Die Burschen setzen sich erschrocken nieder und Fontanelli beginnt seine Rede — »Ihr Kommandant hat vollkommen recht. Wir sind uns einig, daß die Falange die Verhaftungen nicht selbst durchführen soll. Das schafft nur Verdruß mit den Familien untereinander und schreckt die anderen jungen Leute, die gerne zu uns kommen möchten, ab. Überlassen Sie die Verhaftungen der Guardia Civil, das stärkt den Eindruck der Legalität. Unsere Aufgabe ist eine andere. Überwachen Sie die Häuser, zeigen Sie den Gendarmen die Verdächtigen, beobachten Sie jeden einzelnen, mit wem er spricht... «

Antonias Herz krampft sich zusammen. Es ist kein Trost, daß sie den Rey nicht genannt haben, im Gegenteil — sie haben seinen Namen absichtlich weggelassen.

Jetzt gibt es keine Bedenken mehr. Alle müssen fliehen, alle. Nur sie nicht.

Fontanelli redet weiter »... ob er zu Bartolomé geht, ob er Waffen versteckt hat, ob er Post empfängt. Reden Sie mit den Frauen, horchen Sie die Kinder und die Dienstboten aus, notieren Sie alles, denn alles ist von Wichtigkeit... «

Hier unterbricht er seine Rede — »Antonia! Sind Sie fertig hier? Dann können Sie gehen.«

Hai springt auf und öffnet ihr die Türe — »Bis nachher — « flüstert er ihr zu. Sie nickt und geht in die Küche, klappert laut mit Tellern und Töpfen und schleicht wie eine Katze zurück, um zu horchen.

Aber sie kann nichts verstehen, eintönig und leise redet Fontanelli weiter.

Dann rückt jemand einen Stuhl und sie flüchtet wieder in die Küche, setzt sich an den Tisch und wartet.

Fontanelli entwickelt sein Programm. »Was Sie selbst durchführen können und müssen, ist die politische Säuberung des Dorfes. Konfiskation der Radioapparate oder zumindest deren Lampen. Sie gehen in jedes Haus und verlangen, daß die Lautsprecher abmontiert werden. Beschlagnahme aller verbotenen Bücher und Bilder, Zeitungen und Zeitschriften — wenn Sie im Zweifel sind, ob ein Buch für uns gut oder schlecht ist, so nehmen Sie es auf jeden Fall.«

Francesco Oleo schreibt alles mit, was Fontanelli anordnet und sagt immer wieder — »Ausgezeichnet, Exzellenz, wirklich sehr gut, nur so kann man die Dörfer reinigen.«

Hai hebt die Hand — »Jetzt kommt das Wichtigste, geben Sie mir bitte den Schlüssel, Herr Graf.«

Fontanelli nimmt Hai und Francesco rechts und links bei den Schultern mit in sein Arbeitszimmer — »Es genügt, wenn Sie beide allein das erledigen. Sie müssen ja auch die Verantwortung übernehmen. Sind Sie ganz sicher, daß die anderen keine Waffen haben? Auf jeden Fall muß der eine oder andere von Zeit zu Zeit hier Posten stehen. Wenn jetzt zuviel Arbeit sein sollte, um das Depot ständig zu bewachen, ist das das wenigste, was geschehen muß. Hier ist der Schlüssel — noch etwas — wissen Sie eigentlich, wozu dieser Keller dient?«

Die beiden sehen ihn erstaunt an — »Nein, ich denke, es ist ein Käfig für Langusten oder ein Depot für die Nachen, wie sie alle Fischer hier haben.«

»Unsinn. Dort mündet das Kabel von Menorca.«

Sie hören zum ersten Mal von diesem Kabel. Sie wissen auch gar nicht, was ein Kabel ist — »Ach so, ein Draht für das Telephon?«

»So etwas Ähnliches. Hören Sie zu, dieses Kabel muß zerschnitten werden!«

Hai nickt. Das gefällt ihm. Man muß alles zerstören, was man nicht versteht. Je mehr zerstört wird, desto richtiger ist die Revolution, desto mehr Eindruck macht sie auf alle, und desto weniger Widerstand leisten sie. Wenn Fontanelli oder Hauptmann Sabèr ihm befohlen hätten, Pueblo und Cabra an allen vier Ecken anzuzünden, er hätte es voller Begeisterung getan.

Francesco ist klüger — »Weshalb sollen wir es zerschneiden?«

»Weil Menorca in den Händen der Anarchisten ist. Und sie über dieses Kabel mit Mallorca in Verbindung stehen. Und Mallorca umgekehrt mit den Aufrührern von Mahon und Ciudadela. Das ist der Grund. Wir wissen, daß hier Gerüchte umgehen, Meldungen, die weder durch Radio noch durch Fischer hierher gelangt sein können, und zwar nur Nachrichten über Menorca. Das muß verhindert werden. Außerdem stammt der Befehl von Hauptmann Sabèr.«

Hai wirft den Kopf zurück — »Gut, wird erledigt, komm!«

Antonia hört ihre Schritte, springt auf und dreht das Licht aus. Gegen die Wand gepreßt, lauert sie durch die halboffenen Persianas. Hai und Francesco gehen schnell unter den Pinien zur hinteren Pforte, jetzt rechts über den Strand und die Dünen hinauf.

Alles bleibt still, das Meer braust, die Pinien stöhnen und ihre Nadeln rieseln herab wie Regen.

Dumpf kommt aus dem Salon das Geräusch vieler Schritte und Stimmen, Unruhe und unterdrücktes Gelächter. Der Graf rüttelt an ihrer Türe, sie rührt sich nicht.

Weiß leuchtet der Strand und die Wellen tanzen auf dem Meer wie Gesichter. Kein Fischer draußen.

Die beiden sind scheinbar gegangen. Weiß Gott wohin,

vielleicht nach Cabra, um die Männer zu verhaften! Das wird es sein! Dann sind sie morgen in Iglesias und Rey ist verloren!

Sie hat ihn verraten an diesen Hai, sie hat die Hand aufgehoben gegen ihn. Gegen Rey und Valenti, gegen all ihre Freunde, gegen... was ist das?

Fast hätte sie geschrien.

Da kommen die beiden. Zwei Schatten wanken über die Düne herauf — ja, das sind sie, der Hai und der Francesco. Jetzt rutschen sie die Schräge hinab, richten sich wieder auf, um zu verschnaufen. Jetzt sind sie bei der Pforte, zerren eine Kiste herein und tragen sie durch den Garten — eine lange, flache Kiste. Fast sieht es aus, als trügen sie einen Sarg. Sie hört das Keuchen, die harten Schritte — das sind die Gewehre!

Da draußen unter den Dünen liegen sie vergraben! Antonia atmet auf. Die Männer werden sie finden und alles wird gut werden.

Jetzt heißt es warten, bis die Blauhemden gegangen sind.

Antonia legt sich auf das Bett und horcht auf den Lärm im Haus, das Blut klopft ihr in den Ohren — nein, es sind Hammerschläge, Bretter krachen, Jubelrufe.

Endlich gehen sie, Mann für Mann. Sie hört ihre Rufe draußen auf der Straße.

Der Graf sperrt das Haus zu, pfeift die Hunde herein.

Dann ist es ganz still.

IX

Antonia öffnet die Persianas, setzt sich auf die Fensterbank und läßt sich hinabgleiten. Sie atmet tief auf und horcht in die Nacht hinaus. Von allen Seiten kommen Stimmen und Geräusche, Lichter blitzen, die Erde lebt und rührt sich, die Äste winken und die Sterne zittern über ihr. Sie wußte nie, daß die Nacht hell ist, heller als der Tag, und von keinem Schlaf gebändigt.

Sie braucht einige Zeit, den Widerstand der Angst, die ihre Glieder lähmt, zu überwinden und sich zurechtzufinden. Erst dann kann sie tastend voranschleichen über die zahllosen Hindernisse, die sie nie gesehen hat — Baumstrünke, Steine, Wurzeln und Dornen.

An der Mauer macht sie halt und überblickt den Strand mit den Felsen rechts und links.

Und es ist, als habe sie es geahnt — von der Höhe herunter, wo die letzten Villen des Dorfes hinter den Agaven schlafen, kommt ein Mann gelaufen. Das ist der Hai. Er trabt, ohne sich umzusehen, durch den feuchten Sand, über der Schulter trägt er eine Axt. So nahe läuft er am Wasser entlang, daß er ausweichen muß, wenn die Wellen anstürmen. Plötzlich biegt er scharf landeinwärts auf sie zu — sie schreckt auf — er hat versprochen, sie noch zu besuchen, fällt ihr jäh ein. Aber er nahm nur einen Anlauf, um schneller die Düne hoch zu klettern, hinter der er verschwindet.

Da geht sie ihm nach, am Fuße des Hügels, wo Gestrüpp und wirre Steine eine feuchte Senke ausfüllen. Sie muß ganz nahe dem Versteck sein, denn sie hört ein Rumoren und Klirren, als rassle Vieh im Stall — und da sieht sie auch den Schein einer Lampe aus einem der Hügel leuchten. Eine Tür führt in den Hügel.

Der Hügel ist hohl. Eine Höhle. Da drinnen haben sie die Waffen versteckt!

Jetzt dringen kurze, wilde Schläge heraus aus dem Verließ; sie merkt sich die Stelle.

So schnell sie ihre Beine tragen, läuft sie zurück in das Haus, klettert in ihr Zimmer und legt sich zu Bett.

Durch das Gewirr der Äste vor ihrem Fenster sieht sie den dunkelblauen Himmel, und das Rauschen des Meeres erfüllt die kleine Kammer.

So vergeht eine lange Zeit, die nichts mißt als die dumpfen Schläge der Flut in immer gleichen Zwischenräumen.

So schlummert sie ein und als sie von dem Geräusch an ihrem Fenster aufschrickt, glaubt sie zuerst, daß ihr Traum Wirklichkeit sei — denn sie träumte von Rey. Das wird Rey sein! Eilends richtet sie sich auf, ganz benommen — ja, da steht er, der kleine Rey. Sie wankt zum Fenster, späht hinaus — ist das der Rey? Ist er das, der Mann, der sich da in ihr Fenster beugt, die Arme breit auf den Rahmen gestützt, als wolle er einsteigen?

Es ist schwer, jemanden gegen das Licht zu erkennen, besonders wenn man fest geschlafen hat. Oder will sie nicht sehen, daß der Mann da nicht der Rey ist? Und es ist auch nicht seine Stimme, jetzt erkennt sie ihn — »Antonia, erschrick nicht, ich bin es, der Hai ...«

Nein, sie erschrickt nicht mehr vor ihm, aber sie bleibt stehen inmitten ihres kleinen Zimmers, ergeben hebt sie die Hände zum Kinn, mit den Armen ihre Brust bedeckend als sei sie nackt.

»Komm her, komm her und sieh mich an!« Damit

schwingt er sich hinauf und dreht das Gesicht zur Seite, dem Mond zu, der es hell bestrahlt.

»Ich kenn dich doch, du bist der Hai« — aber sie kommt näher und betrachtet aufmerksam sein Gesicht, das sie so erschreckte, als sie ihn zum ersten Mal sah. Ihr ist plötzlich kalt und ein Schauder läuft ihr über den Leib. Es schüttelt sie — »Was soll ich denn an dir bewundern?«

Da fährt der Hai zurück, fast wäre er herunter gestürzt — »Du kannst nichts an mir entdecken?« und greift sich entsetzt oder enttäuscht nach dem Glasauge, das er zum ersten Mal in seinem Leben eingesetzt hat. Er wagte es nie. Es ist da, er fühlt es hart und kalt unter dem Lid.

»Es ist zu dunkel, das wird es sein... « und er knipst die Taschenlampe an, beleuchtet zuerst sein Gesicht und dann das künstliche Auge. Jetzt erinnert sie sich und erschrickt aufs neue, wie aus dem lächelnden Gesicht, das vor Erwartung und Eitelkeit strahlt, starr und unbeweglich das Glasauge gradeaus stiert und wie Glimmer funkelt, während das lebende Auge schräg zu ihr blickt, sie belauert, betastet und hündisch bittet. Es würgt sie in der Kehle, aber sie spürt, daß sie etwas Freundliches sagen muß — »Du hast ein neues Auge, Hai, siehst du jetzt besser?«

Er lehnt sich bequem gegen die Wand und spiegelt sich gleichsam in seinem neuen Glück. »Du hättest es nicht gemerkt, wenn ich es dir nicht gezeigt hätte, sag's ruhig. Ich weiß, daß sich alle vor mir deswegen fürchten. Nur du hast dich nicht gefürchtet vor dem, vor dem anderen, und deshalb komme ich ja auch zu dir. Es ist nicht so, daß ich mich dessen schäme. Ich freu' mich, wenn sich die Leute vor mir fürchten, und sie werden sich noch viel mehr vor mir fürchten. Nur du brauchst es nicht, nicht wahr, du fürchtest dich nicht vor mir? Deswegen sollst du allein wissen, wie ich wirklich bin... «

Er wendet sich zu ihr und ein Lächeln verjüngt sein zerstörtes und wildes Gesicht.

»Ja, Hai, ich möchte wissen, wie du wirklich bist.«

Er schweigt und blickt hinaus. Dann, mit einem Ruck, zwängt er sich durch das schmale Fenster, bleibt aber sitzen, greift ihre Hände und zieht sie zu sich.

»Ich setze es nur ein, wenn ich zu dir komme, das wollte ich dir sagen — « er beugt sich weit vor und versucht, ihr Gesicht mit seiner Stirn zu berühren. Sie weicht ihm aus und windet sich, ihre Hände frei zu bekommen — »Laß das, Hai, laß mich los, wenn der Graf merkt, daß du hier drinnen bist, muß ich gehen.«

Hai fletscht die Zähne — »Er wird tun, was *ich* will — und du ebenfalls.«

Mit einem Satz ist er in das Zimmer gesprungen und packt sie, als wolle er sie in Stücke brechen. Er verschlingt sie mit Haut und Haar, er ist wie ein wahnsinnig gewordener Hund, der gradeaus läuft, auf ein Ziel zu, das ihn plötzlich verläßt, vor ihm flieht, auf das er zurennen muß, immer und ewig, seit Jahren schon.

Es hat ihn jäh überfallen, all die angestaute Sehnsucht nach einem Menschen, nach einem einzigen Menschen, der ihm ganz alleine gehört.

Die Menschen sind vor ihm geflohen und heimlich ist er ihnen nachgerannt, hat sie bis in ihre Träume verfolgt.

Jetzt hat er einen Menschen erobert, geraubt.

Er trägt sie auf's Bett, er küßt und streichelt sie, er weint und lacht zugleich.

Was soll sie tun? Schreien? Sich wehren? Wie kann sie sich gegen einen Hai wehren? Sein Atem überflutet ihr Gesicht mit galliger Hitze, sie dreht es zur Seite, und da berührt sie etwas Kaltes, Eisernes an der Wange. Sie tastet vorsichtig mit der Hand hin — es ist ein Schlüssel, der an einer Schnur um seinen Hals hängt, zugleich mit einer Medaille.

Der war heute mittag noch nicht da.

Hai liegt neben ihr, er hat das Gesicht in ihre Haare ge-

wühlt und streichelt mechanisch ihre nackten Arme. Sie überläßt sich ihm. Dann beginnt sie die Schnur zu zerbeißen. Sie ist hart und zäh, aber es gelingt. Jetzt hat sie den Schlüssel, schiebt ihn unter das Kissen. Rüttelt den Mann
— »Du, Hai, du mußt gehen!«
Er stiert sie blöde an, knurrt.
Sie stößt ihn von sich — »Hörst du nicht? Du sollst gehen!«
Da gehorcht er und geht, ohne ein Wort zu sagen, so wie man einen Hund davon jagt.
Sie blickt ihm nach.
Mit einem Satz ist er über die Mauer und läuft vornübergebeugt die Straße hinab, dem Dorfe zu.
Sie wartet noch eine Weile, aber er kommt nicht zurück.
Hastig kleidet sie sich an, schließt die Fensterläden von außen und sieht die Axt an der Mauer, die Hai offenbar vergessen hat. Sie versteckt sie unter den Tannennadeln und läuft so schnell sie kann zum Strand hinunter, durch die Olivenhaine, hinauf zum Café.
Alles ist dunkel. Die Persianas sind fest geschlossen, aber sie glaubt, in der Küche Laute zu hören und klopft.
Nichts rührt sich. Sie klopft abermals und ruft ihren Namen.
Da hört sie endlich schlurfende Schritte, die Tür wird geöffnet. Bartolomé, und hinter ihm Valenti und Jeronimo tauchen im Dunkeln auf.
Sie drückt Bartolomé den Schlüssel in die Hand — »Frag' nicht, hinter der Villa Levante liegt ein Keller, in einem Hügel, drei kleine Pinien stehen oben. Das ist der Schlüssel dazu. Da liegen die Kisten. Ihr müßt sie noch heute holen, verstanden? Und dann noch etwas — ihr müßt gleich weg, alle sollen verhaftet werden — du, der Melis, Eli, Valenti, Juanito, Leo — alle. Einer muß hinauf nach Cabra und weiter nach Iglesias, um die anderen zu warnen. Wer kann gehen?«

Keiner von den dreien antwortet. Sie stehen da, Schatten im Schattenreich und haben die Sprache verloren.

Antonia rüttelt den Bartolomé — »So rede doch, Mann!«

»Wenn wir die Kisten heute herausholen und wegschaffen müssen, dann kann keiner von uns gehen. Das mußt du besorgen.« Valenti sagt es, die beiden anderen schweigen immer noch. »Außerdem müssen wir warten, bis die Faschisten alle zu Hause sind. Eben erst ging der Hai hier vorüber.«

»Der Hai, ach so — der Hai...« und dann fragt sie — »Vor dem fürchtet ihr euch wohl am meisten?« Sie hatte ihn bereits vergessen, so stolz ist sie auf ihre Tat, die sie von aller Schuld befreit hat. »Gut, dann werde ich also das auch noch erledigen — und wenn wir uns nicht mehr sehen sollten, adios, Männer!« Sie reicht jedem einzeln die Hand.

Bartolomé begleitet sie bis zu den Äckern — »Ich warte noch ein paar Tage, sonst stirbt mir die Sabine vor Angst. Grüße Leo und Rey und vergiß nicht den Juan in Iglesias, der muß ebenfalls weg. Sie wissen schon wohin, in die kleine Höhle im Cap Vermey — leb wohl Antonia. Ich danke dir, ich danke dir...«

Antonia hastet über die Felder zum Wald, folgt einem schmalen Fußpfad, der über einige Mauern, durch Gärten mit Orangenbäumen und Algarobas führt, bis zum Hause Elis. Sie trifft den Schäfer in der Hürde.

»Du mußt heute nacht noch weg, Eli, sie kommen dich morgen oder übermorgen holen.«

Eli zerrt seinen Sack tiefer über das Gesicht. Wie ein Römer, wenn er sterben muß. Nur einen kurzen Augenblick hat er gezaudert, dann wendet er sich ab und tut als habe er sie nicht gesehen.

»Sollen die anderen gehen. Ich bleibe hier bei meinen Schafen. Ich kann die Tiere doch nicht verhungern lassen!« Es ist ein Schrei, der Verzweiflung mehr noch als der Furcht.

»Wie du willst, Eli, ich hab' es dir gesagt.«

Antonia klettert weiter, den Burgberg von Cabra hinan.

Das Dorf schläft in Totenstille, wie ausgebrannt starren die Häuser in den phosphorgrünen Schein des Mondes. Niemand begegnet ihr.

Hier, im stillen, gewinkelten Burggäßchen, dessen baufällige Hütten in die rostbraunen Grundmauern der Feste hineingebaut sind, als hätten sie sich in der Erde verkrochen, wohnt Juanito.

Die Gartenpforte steht offen. Ebenso die Küchentür. Sie tappt im Dunkel mit vorgestreckten Händen und stößt gegen einen Stuhl. Jemand fragt laut — »Was gibt's?«

Sie hüstelt und klopft dreimal auf den Tisch. Unbeweglich wartet sie.

Juanito schüttelt ihr beide Hände gleichzeitig. Sie zieht ihn hinaus auf den Hof. Wiederholt ihre Botschaft. Juanito hört aufmerksam zu und hat begriffen.

»Gut, ich werde Leo und Luis wecken. Ich selbst kann noch nicht weg, es muß jemand hier bleiben, bei den Kindern ...« Ein Händedruck — vorsichtig schleicht er hinaus.

Antonia wartet, bis seine Schritte verklungen sind, und wandert weiter.

Bartolomé hat sie gewarnt, daß alle Ausgänge der Dörfer von Blauhemden bewacht sind. Aber sie kennt hier jeden Steg und jede Mauer; sie weiß, durch welche Finca sie gehen muß, um die Fahrstraße zu vermeiden. Ein kluger Bauer, springt über die Mauer, sagt man hier. So läuft und stolpert sie weiter, klettert, ihre Alpargatas klammern sich an die Felsen, von denen sie abspringt wie ein Kiesel vom Wasser. So federt sie über das Geröll, das die Wildbäche im Winter über das Ödland schleppen.

Aus den Wäldern kommt der Schrei einer Eule und Nebel zieht in langen Fahnen dem Monde nach. Es ist kalt. Die Kleider kleben ihr am Leibe.

Zur Linken, in einer Mulde hinter Ginster versteckt, liegt die große Töpferei, die Brücke. Jetzt muß sie sich mehr nach rechts halten, zur Finca der Vergons hin, wo die Weinberge beginnen.

Hier macht sie halt, um Atem zu schöpfen, und dreht sich um: da ragt Iglesias vor ihr. Der Klosterberg, von Licht umflossen, scheint aus Glas geblasen. Wie Säulen ragen seine Cypressen. Schwarz, aber klobig und leblos liegen die beiden hohen und kuppelreichen Pfarrkirchen gleich brütenden Ungetümen auf den niedrigen Häusern.

Der heimatliche Dunst von Pferdedung und ranzigem Öl sticht ihr in die Nase, dieser lebendige und einmalige Geruch der Heimat, den sie nie vergessen kann. Es ist der Atem dieser Stadt, er weht durch ihre Kindheitsträume und sie schnuppert in der Luft, voll Wohlbehagen.

Hurtig trabt sie weiter wie ein Pferd, das den Stall wittert. Sie muß sich beeilen, es schlägt Mitternacht von den Türmen.

Hier könnte sie nun mit geschlossenen Augen gehen, so gut kennt sie Wege und Häuser. Und da ist auch das Häuschen, in dem ihr Rey wohnt. Ist er noch ihr Rey? Sie fühlt einen Stich in der Brust, als sie die Hand ausstreckt um an sein Fenster zu pochen. Was soll sie ihm sagen? Sie wischt sich mit der Schürze über Lippen und Augen und reibt die Hände ab, als müsse sie etwas entfernen, was doch viel tiefer sitzt, mitten in ihrem Innern, wie ein stinkendes Geschwür.

Sie muß ihn doch retten, weshalb zögert sie? Eine verspätete Uhr rasselt und schlägt wimmernd, es nimmt kein Ende. Drei Mal pocht sie gegen das Holz. Rey lauert hinaus, sie winkt ihm.

Als schliefen diese Nacht alle in den Kleidern, so schnell sind die Männer fertig und bereit, alles zu verlassen.

»Wir haben damit gerechnet, ich wollte sogar heute abend zu dir kommen — «

Antonia erschrickt — »Ach, Rey — lieber Rey, wärst du doch nur gekommen!« und sie beginnt plötzlich zu weinen, leise und ohne einen Laut von sich zu geben. Er steht vor ihr und wartet. Eigentlich müßte er gerührt sein, daß sie um ihn weint. Aber es ist nicht zu ändern, er muß fort, obwohl er nichts zu verlieren hat, außer eben Antonia.

»So komm doch mit!«

Das wäre die Rettung, gewiß. Alles hätte ein Ende. Sie hat ihre Pflicht getan, weshalb soll sie sich nicht auch retten? Gestern wäre sie auch mit ihm gegangen, in die Berge, in den Tod, wohin immer er sie mitgenommen hätte. Aber jetzt? Heute ist es zu spät, niemand kann ihr helfen.

»Mir tun sie ja nichts, Bartolomé bleibt auch. Aber jetzt geh, ich muß den Juan, den Alkalden, noch holen. Wir treffen uns oben bei der großen Algaroba in Fortezas Garten. Beeil' dich!«

Rey klappt den Kragen seines Rockes hoch und geht.

Antonia setzt ihren Weg fort, durch Gärten und über Mauern, zum Haus des Bürgermeisters. Sie wirft einen kleinen Stein hinauf gegen das Fenster und wieder einen, als sich zuerst nichts rührt.

Aber gleich öffnet sich die Tür, Juan kommt heraus, ein Bündel in der Hand, eine Decke über der Schulter.

»Ich dachte, es seien die Gendarmen, die mich holen kommen... «

Zögernd blickt er zu seinem Haus empor, betrachtet jeden Baum und jeden Kohlkopf in dem kleinen Garten, klopft an die Kiste, in der die Kaninchen rumoren. Er seufzt. Aber es ist doch besser, in die Berge zu gehen, als im Gefängnis zu krepieren. Er ist vom letzten Mal noch krank.

Lautlos trabt er den schmalen steinigen Pfad hinauf, kurz und röchelnd geht sein Atem, seine Lunge ist krank.

Alle wissen es.

Antonia treibt ihn an. Im Tal unten kräht ein Hahn und in allen Höfen ringsum antworten die anderen. Die Sterne verblassen, der Nebel löst sich auf und regnet als Tau herunter auf die Felder.

Rey kommt ihnen ein Stück entgegen und nimmt Juan das Bündel aus der Hand. Juan sieht Antonia lange an — »Du bist mehr wert als zehn Männer. Wenn wir wieder zurückkommen...« weiter kommt er nicht, er schluchzt plötzlich auf und preßt die Hände vor die Augen.

Rey wendet sich ab, auch ihm ist schwer ums Herz. »Also, Antonia, du gehst nicht mit? Na, wie du willst. Du weißt wo wir sind? Komm uns besuchen, wenn du kannst, sei aber vorsichtig. Grüß die Kameraden — und adios!«

So trennen sie sich. Der Morgen naht, Helligkeit quillt über alle Büsche und Berge, von der Erde auf und vom Himmel herunter fließt das Licht wie ein laues Gewässer.

Jetzt ist ihr alles gleichgültig. Sie geht über den Hauptweg, ohne Schutz zu suchen, ohne sich zu beeilen. Plötzlich schreckt sie auf — ein Stein knirscht, Schritte nähern sich. Unwillkürlich drückt sie sich an eine Mauer und wartet.

Es ist ein Bauer, der seine Kuh nach San Servera zum Markte treibt. Ohne sie anzublicken, sagt er laut und feierlich den alten Gruß — »Einen schönen Morgen schenkt uns der Herr — «

Sie gibt keine Antwort.

Es ist heller Tag, als sie endlich in ihrer Kammer steht und das verwühlte Bett wieder richtet.

Auf verschiedenen Wegen haben inzwischen die drei Männer das Kabelhaus erreicht und geöffnet. Vorsichtig stemmen sie die Deckel der sauber gearbeiteten Kisten auf und tragen, einer nach dem andern, die Waffen auf den Felsen und werfen sie hinunter in die Flut.

Die leeren Kisten füllen sie wieder mit Steinen und klopfen die Nägel und Eisenbänder fest.

Eine der Kisten kippen sie hoch und lassen sie mit der langsam zurückweichenden Tür, gegen die sie sich alle drei mit voller Kraft stemmen, als einen unverrückbaren Hebel niederrutschen. Bartolomé schließt die Tür wieder zu und schleudert den Schlüssel ins Meer hinaus, so weit er kann.

Valenti verabschiedet sich. »Ich gehe zu den anderen in die Höhle. Versucht, mit uns in Verbindung zu bleiben. Bis die Katalanen kommen. Nehmen sie euch vorher fest, dann haltet euch! Mit allen Mitteln. Es ist Krieg und da ist jede List erlaubt. Schiebt die Schuld auf mich, auf Luis — noch etwas, hebt die Hand und tretet meinetwegen in die Falange ein, was immer sie von euch verlangen, tut es. Aber vergeßt uns und euch nicht!«

Jeronimo spuckt aus — »Das sind solche Ratschläge, die doch keiner befolgt. Das bleibt wie es war. Die trauen uns nicht und wir trauen ihnen nicht. Ich soll ein Kazike werden? Für Voerge arbeiten? Ich muß dir sagen, daß ich die Gewehre da nicht ins Wasser geworfen hätte. Und wenn auch keiner von uns schießen kann, der Schrecken hätte genügt. Das ist meine Meinung. Mich kriegen sie nicht! Adios!«

Er macht kurz kehrt und verschwindet zwischen den Felsen, wie eine richtige Ameise.

X

Hai hat ein Haus an der Hauptstraße von Pueblo besetzt und als Kaserne für sich und seine Leute eingerichtet. Als Lockspeise hängt vorne am Gitter ein ganzer Hammel und volle Körbe mit Brot, Käse und Eiern stehen im Garten. Das ist der Tribut, den er von Bauern und Sommergästen gleicherweise erhebt. Diesen Zeichen offenbaren Reichtums kann niemand im Dorfe widerstehen.

Die Falange, und mit ihr die nationale Revolution, hat den Appetit der Bauern und zugleich die Macht erobert.

Die Republikaner sind aufgerieben, verschwunden, geflohen.

Don Romeos hat zwei große Fahnen in den Farben der Partei herausgesteckt und eine Schultafel aufgestellt, auf der er die Siege der glorreichen Armee mit Kreide aufschreibt.

Das Dorf liegt düster und verschlossen in der grellen Julisonne. Niemand darf ausfahren. Die Gerüchte von einem bevorstehenden Angriff der Katalanen werden immer bestimmter. Alle Radioapparate sind abmontiert. Niemand traut dem andern über den Weg. Die Stimmung der ersten Begeisterung ist zwar verflogen, aber immer mehr Männer sammeln sich vor der Tafel mit den Nachrichten, die in unveränderter Folge bald Madrid, bald Malaga oder Barcelona verhungern, verbrennen, verdursten lassen oder alles drei gleichzeitig.

Die Fischer rücken ihre Kappen von einem Ohr auf das andere und setzen sich in Padrines Café, um den Reden des Capitano oder Porfirio zu lauschen, der der Held des Tages und ständig betrunken ist. Er hat die Gründung einer Bürgerwehr angeregt und sein Werbebüro in die Kneipe verlegt, wo er die Namen der Männer in Listen einträgt und sie mit Handschlag auf sich verpflichtet — »Für Freiheit, Vaterland und Brot!«

Der dicke Capitano, der die Namen feststellt, fügt jedesmal mit stoischer Gelassenheit hinzu — »Und Wein oder Anis.« Jedesmal brechen alle in lautes Gelächter aus.

In drei Tagen hat Porfirio fünfzig Männer angeworben.

Hai ist geschlagen.

Es ist weniger ein Erfolg Porfirios als Fontanellis, dessen Arbeit von der Aversion seiner Frau wesentlich angetrieben wird — »Dieser Hai ist ein gefährlicher Bursche, er hat den bösen Blick und er wird dich bestimmt betrügen. Eines Tages wird er die Waffen rauben und Don Jaime wird sie nie bezahlen, niemals! Du mußt gegen ihn vorgehen und ihn entlarven, ehe es zu spät ist.«

Den ersten Schritt tut, wie immer, Porfirio. Er hält den Francesco auf der Straße an und klopft ihm auf die Schulter.

»Ich laß dem Hai sagen, daß ich Waffen und Munition für meine Bürgerwehr brauche, fünfundsiebzig Gewehre und zwei Maschinengewehre. Für die Offiziere Lederzeug und Pistolen. Und zwar bis heute abend! Graf Fontanelli ist sehr ungehalten, daß Sie die Auslieferung fortwährend hinauszögern. Er ist der Kommandant dieser neuen Truppe, morgen soll Appell auf dem Marktplatz sein und die Hauptsache, die Waffen, fehlen. Sagen Sie ihm, daß Graf Fontanelli auch um die Rückgabe der bereits ausgelieferten Gewehre bittet, und zwar an mich.«

Francesco ist so verwirrt, daß er sich noch bedankt und salutiert, als habe er einen Vorgesetzten vor sich.

Hai hat ein Grammophon konfisziert und läßt eine Platte nach der anderen spielen. Dem Posten hat er gesagt — »Ich bin für niemanden zu sprechen, wer mich stört, den lasse ich an den Baum binden!«

Mit diesen Worten hat er sich eingeschlossen. Die Burschen wünschen sich nichts Besseres als Ruhe, legen sich auf die Matratzen und schlafen.

Francesco stürmt herein in diese Stille, hört die Musik, und bevor ihn jemand warnen kann, klopft er mit der Faust gegen die Tür — »Mach auf, ich muß dich sprechen, Hai. Ich bin's, der Francesco, es ist unerhört wichtig, wichtig sage ich!«

»Geh zum Teufel!« brüllt Hai und legt eine neue Platte auf. Francesco läuft über die Terrasse und klettert durch das offene Fenster in Hais Stube, stellt das Grammophon ab — »Du kannst hier eine Bar eröffnen, die Kaserne und die Falange existieren nicht mehr. Fontanelli verlangt die Gewehre zurück, er hat eine neue Garde gebildet, die er bewaffnen will. Wenn du nicht den Schlüssel zum Depot ablieferst, will er dich durch Hauptmann Sabèr verhaften lassen!«

Hai stutzt.

Er greift nach der Brust, tastet Rock und Hose ab, wendet alle Taschen um, wirft Papiere, Grammophonplatten, Patronen vom Tisch auf die Erde — der Schlüssel, wo ist der Schlussel? Plötzlich brüllt er Francesco an: »Scher dich zum Teufel! Was starrst du mich so an?«

Francesco deutet nur stumm auf sein Gesicht und platzt heraus — »Hai, Mensch, du hast ja zwei Augen plötzlich!«

Hai errötet, wendet sich ab und nimmt das Glasauge heraus, steckt es in die Tasche.

Der Kopf schmerzt ihn. Ratlos blickt er sich in dem kahlen Raum um. Wo ist der Schlüssel? Wie konnte er ihn nur vergessen?

Er hat an nichts mehr gedacht als an Antonia. Die letzte Nacht hat er unter ihrem Fenster geschlafen, mit dem Rücken gegen einen Baum gelehnt. Er ist ganz krank, verhext. Alles ist ihm gleichgültig, Pueblo, die nationale Revolution, der Dienst, die Republikaner — er hat einfach alles vergessen.

Francesco wird ungeduldig — »Du must dich entscheiden, Hai, was soll ich dem Porfirio antworten?«

Hai kriecht auf dem Boden herum und sucht — »Was will denn dieser Bandit?«

»Hast du es immer noch nicht begriffen? Er hat hundert Mann Bürgerwehr aufgestellt, die Falange soll entwaffnet und aufgelöst werden.«

Hai richtet sich auf — »Soll er kommen!«

Francesco zuckt die Achseln, nimmt den Kameraden beim Arm — »Hai, was ist mit dir los? Hier geht alles drüber und drunter. Du kümmerst dich um nichts — «

Hai nimmt das Gewehr aus der Ecke, schnallt das Koppel mit der Patronentasche und dem Seitengewehr um — »So, du übernimmst das Kommando hier, bis ich zurückkomme. Laß alle Leute im Garten antreten und Wache halten. Alle! Auch die Auswärtigen. Niemand betritt das Haus!«

Antonia begegnet ihm im Dorf. Sein Herz klopft — »Vielleicht hat sie den Schlüssel gefunden?« Er streicht die Haare aus dem Gesicht, knöpft das Hemd zu und salutiert.

»Darf ich dir den Korb tragen?«

Antonia dankt und geht an ihm vorüber.

»Du, Antonia, ich muß dich sprechen …«

Sie gibt keine Antwort, weicht ihm aus und flüchtet in eine Tür.

Da sieht er ein, daß er einen Fehler gemacht hat. Ich hätte sie nicht hier im Dorfe ansprechen sollen. Marschiert die Landstraße hinab und wartet an der Wegkreuzung, kurz vor der Villa Levante.

Antonia fürchtet sich nicht vor ihm, sie hat auch kein Mitleid mehr, das sie zuerst für ihn empfand.

Bartolomé steht drüben vor seinem Hause und winkt.

»Alles in Ordnung — nochmals — vielen Dank...«

»Keine Ursache, ich freue mich, wenn ich euch helfen kann...«

Sie geht in den Laden, zahlt ihre Rechnung — »Ist sonst noch etwas zu erledigen?«

»Vorläufig noch nicht, vielleicht heute abend, wenn das Postauto kommt...« Bartolomé zwinkert ihr zu.

Sie hat ihre Pflicht getan, nichts weiter. Die Männer sind gerettet, die Waffen liegen im Meer, jetzt kann Hai machen, was er will. Jetzt hat er es mit ihr zu tun, mit ihr allein. Jetzt braucht sie keine Rücksicht mehr zu nehmen. Und die Fontanellis werden mir auch helfen. Die Gräfin hat mir sogar verboten, mit Hai zu reden. Sie zerbricht sich nicht mehr den Kopf, weswegen. Sollen sie sich untereinander totschlagen, mir kann es nur recht sein.

Langsam wandert sie mit ihren beiden schweren Körben über die Chaussee. Da wartet der Hai. Sie muß lachen, als sie daran denkt, wie er nach dem Schlüssel gesucht haben mag.

Als sie vorübergehen will, hält er sie auf. »Hör mal, Antonia, was ist geschehen? Hier kannst du doch ruhig mit mir sprechen, hier sieht uns ja niemand...«

Sie geht weiter in ihrem gewöhnlichen Schritt, er geht neben ihr, flehend — »Willst du mich nicht mehr? Kennst du mich nicht mehr?«

Sie gibt keine Antwort.

»Du, Antonia, was habe ich dir getan? Was ist geschehen?«

Jetzt sind sie schon an der Gartenmauer. »Du kommst hier nicht vorbei, das kannst du mit mir nicht machen, es ist mein Ernst, Antonia... du weißt nicht, was du tust — ich wollte dir vorschlagen, daß wir heiraten — du kannst alles von mir haben, was du willst, ein Haus und Geld und Kleider — in ein paar Tagen ist hier alles ruhig... «

Sie schüttelt nur den Kopf und bricht plötzlich in lautes Gelächter aus. Stößt ihn mit der Schulter beiseite, aber Hai hält sie fest — »Du sollst antworten!« Er schüttelt sie — »Willst du nicht antworten?«

Sie richtet sich auf, blickt ihn fest an und sagt laut — »Nein! Nein!«

Er läßt die Hand sinken.

Ohne sich zu beeilen, öffnet sie das Tor und will eintreten. Da läuft er ihr nach, kurz vor der Türe holt er sie ein — »Gib den Schlüssel her! Den Schlüssel!«

Sie sieht ihn erstaunt an — »Welchen Schlüssel?«

»Ich hab hier einen Schlüssel verloren, den muß ich wiederhaben!«

»Ich weiß nicht, was du meinst, laß mich ins Haus, ich muß an die Arbeit... «

Damit tritt sie ein und schlägt die Türe zu.

Was soll Hai jetzt machen? Ihr »Nein« gellt ihm noch in den Ohren. Nein sagte sie. Nein. Zweimal Nein!

Ich hörte es deutlich und gelacht hat sie wie alle andern hier.

Ist es eigentlich dunkel, Nacht? Oder ohnmächtig hinsinken — die rauhe Wand wankt — die rauhe Wirklichkeit.

Jetzt brennt die Sonne rot und feurig — die Tränen aus meinem einen Auge kommen von der Blendung.

Verflucht dieses Weib — schmerzt es? Wie damals als mir die Angel ins Auge flog. Ich bin arm, ich habe nur ein Auge, wer gibt mir eins von seinen — aus Glas, das nicht zerbricht.

Ganz drinnen frißt es, pickt es lebendes Fleisch aus meinem Leib. O diese Hure Antonia — und dieses weiße Haus, das auf und nieder tanzt, mit dem schwingenden Dach — vielleicht werde ich blind!

Das Gewehr drückt mich — abdrücken jetzt und mitten in die Brust. Mund auf den Lauf. Besser, sicherer. Lockere die Zehen in den Alpargatas, mit dem Zeh den Hahn niederdrücken — die Patronentaschen drücken mich nieder — ich kann mich nicht mehr aufrichten. Krüppel!

Man muß als Soldat leben oder sterben. Fest ins Auge blicken. Mit keinem Auge mehr — ein Loch im Gesicht. Was aber Gott? Die Tür zum Paradies auf ewig verschlossen — Selbstmörder hinter der Mauer, im Schwefelpfuhl brennend, ohne zu verbrennen, sagt Don Ilonso.

Trotzdem muß ich weiter —

Er drückt die Klinke — er tritt ein in den Garten.

Ich darf es nicht sagen — der Schlüssel ist weg — der heilige Schlüssel zu allem. Die Medaille ist noch da — tut sie Wunder?

In ihrem Bett wird er sein — o diese dreimal verfluchte Nacht der Unzucht.

Was hab ich denn getan? Was denn? Todsünde!

Hab ich noch nicht genug gelitten, für alle Todsünden der ganzen Insel? Bitteres überall, im Mund, im Magen. Vergiftet, krank — es schüttelt mich vor Ekel. Ich kann das Bett sehn — weiter.

Das Beil — ein gutes Zeichen.

Oder nicht? Komme ich *zu spät!*

Das Depot ist leer und ich bin leer — erledigt — finden mich morgen früh steif und blind — in den Mund geschossen — tot.

Aber nicht allein geht Hai den Weg zur Friedhofsecke — die Braut für eine Nacht geht mit in die Nacht — geliebt mehr als — mehr als was? Wer weiß das?

Die Mauer. Der Sand. Das Meer um die Felsen. Pinien — wer da? Niemand, Hai. Niemand — großartig — Gott ich danke dir für all deine Güte — die Tür ist verschlossen und unversehrt das Schloß — klapp-klapp — guter Stahl das — englischer Stahl — glatte Stahlwand, grau gestrichen — kein Kratzer — dahinter ist das Kabel — dahinter ist noch etwas andres — bummbumm — er haut mit der Faust gegen den Stahl — wie lustig das knallen wird!

Er hebt das Schutzschild vor dem Schloß auf — nichts zu sehn oder zu fühlen — unversehrt — aber sie war keine Jungfrau mehr — richtig, keine Jungfrau — also mit wem denn? Ich war nicht der Erste, der da eintrat.

Wo? Hier? Nein, Antonia — keine Jungfrau mehr.

Nicht der Erste — aber der *Letzte!* Das schwöre ich! Da kommt niemand mehr hinein — eine so saubere Arbeit mit Dynamit zu sprengen — alles fliegt in die Luft und vorbei der ganze Krieg.

Ohne Schlüssel kein Eintritt in die Kabelgrotte!

Nur nichts merken lassen.

Es ist besser, ich gehe weiter, bevor der Italiener — dieser Hund hat mich verraten — das war abgekartet — das ist es!

Jungfrau ohne Schlüssel — nein, sie hat ihn. Der Italiener hat sie. Der Porfirio hat sie. Alle haben sie. Nur ich nicht — nein!

Schweiß rinnt ihm über Brust und Rücken. Gebenedeite Mutter Maria unseres Erlösers mit den sieben Wundmalen — auch ich hab doch so viel gelitten — beichten — ich habe gesündigt bei einer Hure — jetzt hilf mir heiliger Antonius, den Schlüssel finden — hörst du?

Antonius und Antonia stecken beide unter einer Decke, im selben Bett — da wird er sein!

Und wenn er nicht da ist?

Dann muß ich sie zerreißen, in ihrem Leib wird er stecken!

O Heilige Maria des wundertätigen Wassers von Lluch — ich werde mich da hinstellen — an diesen Baum da — das erleichtert — das hat mich etwas erleichtert ... da läuft es nun.

Warum will sie nicht mehr?

Weil sie mich nicht mehr braucht und jeden andern haben kann.

Aber *ich* brauche sie! *Ich!* Das ist doch das wichtigste — der Schlüssel zum Glück ist verloren — ich gehe ja schon.

Da kommt dieser Italiener — buongiorno alla mattina — was sagt er? Was schreit er mit mir? Ich verstehe — »Hat man Ihnen nicht befohlen, das Depot Don Walter zu übergeben?«

Nur Ruhe, Freund und Verräter — befohlen? Wer befiehlt hier? Gewehr und Kopf hoch!

Hai schiebt ihn beiseite. Das wäre ja noch schöner — »Ausländer sollen sich zurückhalten — Kaziken brauchen wir nicht — schon gar nicht aus Italien! Mit dem nächsten Schiff abschieben! So!«

Was stiert er mich an mit seinen toten Fischaugen? Scher dich — ».... ich werde die Guardia um Schutz anrufen — Hauptmann Sabèr verständigen — Polizei!« Aber er weicht zurück.

Hai öffnet die Fensterläden und klettert in Antonias Kammer — da drinnen hat er was zu suchen und zu finden.

Sie ist in der Küche. Der Lärm in der Kammer — Diebe! Diebe! Die Gräfin schreit auf — »Hai! Der Hai ist im Haus!«

Fontanelli stellt sich mit der Pistole in der Faust vor die beiden Frauen. Ruhe! Sie hören ihn lärmen, fluchen, er zerbricht Bett und Schrank — was denn — gibt es keine Gerechtigkeit?

Es gibt eine Gerechtigkeit — ich bin die Gerechtigkeit! Ich der Hai! Wo ist der Schlüssel?

Er reißt das Bett auseinander, wirft Decken und Laken, Matratze und Rahmen auf den Boden, schleudert ihre Kleider umher und der Schrank stürzt zusammen — nichts.

Was gibt es noch? Die Truhe sprengt er auf — die Wäsche — das ist, als berühre er ihr Fleisch — obenauf in einem Kästchen Ketten, Medaillen, eine Brosche — hinweg — das da ist ein Bild — ein Photo. Das muß ich sehn — Antonia und ein Mann — wer ist der Mann? Hand in Hand und lächelnd sehn sie sich in die Augen.

Das ist — den kenn ich doch — das ist der kleine Rey. Das ist der Schlüssel zu allem.

Was wollte ich denn eigentlich?

Nichts. Gar nichts. Lassen Sie das Geschrei, mein Herr, da hinter der Türe — ich gehe ja schon — woher ich gekommen bin.

Das Bild steckt er ein.

Jetzt wissen wir also, was wir schon wußten, bevor sie es selbst wußte — keinen Schlüssel — aber sie wird auch keinen mehr haben, der sie aufschließt.

Diesen Rey also liebt sie. Ich liebe ihn gar nicht. Das wird er bald erfahren, daß ich ihn nicht liebe.

Alles hätte ich für sie getan, alles, ich weiß nicht, was alles. Sie hat gelacht. Nein, zweimal nein — dafür zweimal — zwei Mann — verflucht und hingerichtet — Rey und die Reina.

Und alle andern — das ganze Dorf.

Heulen sollen sie von Pueblo bis Iglesias — und es wird kein Fleck sein, wohin sie sich retten — die Falange garantiert die Rettung des Landes — und ich bin hier die Falange — was?!

Der Posten vor dem Haus der Falange erschrickt.

So haben sie den schrecklichen Hai noch nie gesehn, bleich, mit hohlen Wangen, dreckig. Mit stierem Blick, in kalter Ruhe, seine Stimme heiser — »Wo sind die Listen der Verdächtigen? Lies die Namen vor!«

Bei jedem klopft er auf das Gewehr — »...hinweg damit — «

Geduld... »Hinweg mit allen — und schreib hinzu — Jaime Cordau genannt Rey — Iglesias — fertig? Gut — hol den Porfirio — « Francesco rennt.

Porfirio stutzt, als er die militärischen Vorbereitungen zum Abmarsch der Kolonne sieht. Aber er kann nicht mehr zurück. Der Posten hat das Tor hinter ihm geschlossen — Klappe zu — Mausefalle.

Hai sitzt mit dem Rücken gegen das Fenster. In breitem Glanze leuchtet hinter dem Riesen aus Stein das freie Meer — der Hai ist der Herr des Meeres. Guten Tag — du willst meine Hand nicht? Gut.

»Wollen Sie bitte die Zigarette aus dem Munde nehmen — sind hier nicht im Café bei den Anarchisten — « Also ganz wie zu Hause. Das imponiert dem Deutschen. Krieg ist Krieg. Schieß los, Hai!

Hai bietet ihm nicht einmal einen Stuhl an.

»Sie haben eine Bürgerwehr eingerichtet und wollen sie bewaffnen? Ich befehle Ihnen, die Bürgerwehr wieder aufzulösen. Die Waffen habe ich und ich werde sie an die Männer verteilen, die ich ausgesucht habe. Im übrigen werde ich Sie ausweisen lassen. Sie und Fontanelli. Packen Sie ruhig Ihre Koffer. Sie können gehen.«

Porfirio rennt zu Fontanelli, der nach Iglesias zu Hauptman Sabèr fahren soll.

»Dieser Bursche ist wahnsinnig geworden. Ich werde ihn verhaften lassen und Schutz verlangen. Er dringt heute früh in mein Haus ein, überfällt mein Mädchen, durchwühlt Schränke und Betten — ich werde das nicht dulden! Unter keinen Umständen!«

»Er muß vor allem den Schlüssel zu dem Waffendepot herausgeben. Wenn ich ein Maschinengewehr habe, jage ich ihn mitsamt seiner Bande ins Meer.«

»Das soll Sabèr ausfechten, das geht uns nichts an — «

Grade als sie beim Mittagessen sitzen, nähert sich ein sonderbares Brausen — Flugzeuge! Und schon ertönen drei dumpfe Explosionen in der Nähe der Villa Levante.

Gellendes Geschrei bricht aus dem Dorf, weitere dumpfe Schläge folgen.

Die Flieger umkreisen das Cap und wenden sich westwärts, Menorca zu. Der Krieg beginnt —

Ariane ist wie gelähmt vor Schreck und kann sich nicht mehr erheben. Antonia hilft ihr ins Bett und legt ihr nasse Tücher auf den Kopf.

Die Katalanen haben Zeitungen und Aufrufe abgeworfen, alle Lügen über Barcelona und General Goded brechen zusammen. Eine wilde Jagd auf die Blätter beginnt. Hai läßt ausschwärmen und die Blauhemden entreißen den Weibern die Zeitungen, die auf dem Markt verbrannt werden.

Gegen Abend erscheinen die Flugzeuge abermals, überfliegen das Dorf, werfen Zeitungen ab und kreisen über Cap Vermey.

Fontanelli hält den Autobus an, der mittags nach Iglesias fährt. Hai sitzt drinnen, neben dem Chauffeur, und tut, als sehe er den Grafen nicht.

Sabèr bemüht sich nach Kräften, den Italiener zu beruhigen, und verspricht ihm, sein Haus bewachen zu lassen und Hai zurechtzuweisen. »Sie dürfen nicht vergessen, daß er absolut zuverlässig und seit Jahren in der Partei ist. Und daß wir es nur seiner Energie verdanken, daß wir hier auf der Insel Fuß gefaßt haben. Wir haben die Macht erobert, ohne einen Schuß abzufeuern.«

»Sie vergessen, daß Sie ohne meine Hilfe aber gar nicht zur Macht gekommen wären — oder glauben Sie ernstlich, mit einem Regiment Infanterie und ein paar Kanonen eine Insel wie Mallorca unterwerfen zu können? Sie haben Palma erobert, weil Oberst Rossi und ich, das heißt Italien, Ihnen die Möglichkeit dazu gegeben haben. Und wenn es stimmt, was unsere Gewährsmänner aus Barcelona berichten, daß die Katalanen hier landen wollen, so bitte ich Sie dringend, bei der Wirklichkeit zu bleiben und sich von jedem Vorurteil gegen uns frei zu machen, Herr Hauptmann!«

Hauptmann Sabèr wiederholt lediglich seine Zusicherung, daß er alles tun werde, was in seiner Macht stehe, und wie dergleichen diplomatische Wendungen lauten.

Hai ist ebenfalls nach Iglesias gefahren und übergibt dem Feldwebel der Guardia Civil die Liste der Verdächtigen — »Diese Leute hier müssen verhaftet werden — «

»Soweit sie noch hier sind — « und mit dem Bleistift streicht er Namen nach Namen aus — als ersten den des Jaime Cordau, genannt Rey — »... die mußt du selber suchen — «

»Dieser da, der Rey — ebenfalls weg?«

»Der ist ebenfalls weg — und noch viele andre — der Apotheker zum Beispiel und alle Carabineros von Felanitx — «

»Und wo ist er — dieser Rey?«

Der Feldwebel zuckt die Achseln und deutet hinaus über das Land, das Meer — »... in die Berge — in die Höhlen — die Wälder — wer weiß, ob sie nicht schon in Menorca sind! Pech! Tut mir leid — gern zu Diensten natürlich — adios — und Arriba — «

Pech! Das werden wir sehn. Das werden wir sehr bald sehn.

Eins — zwei — eins — zwei — wir marschieren — Pech hat er gesagt, dieser dicke Lackhelm da oben — in Menorca! Das ganze Dorf drehe ich um, die ganze Insel reiße ich auf — alle Höhlen absuchen — die Wachen verdoppeln — der Rey ist weg!

Ich werde sie auf die Folter legen, bis sie gesteht!

Rey oder der Schlüssel! Eins ist Rey — zwei ist Schlüssel und eins zwei drei haben wir auch sie! Singen! Singen!

Weit über die Äcker schallt das Lied der Falange und die Bauern richten sich auf, blicken ihm nach, blicken zu den Bergen. Es war nur das Echo. Die Berge sind stumm. Die Bauern lächeln.

XI

Ein großer, mit weißen Plachen verdeckter Lastwagen rollt schnell die Chaussee von Cabra herunter und hält am Dorfeingang. Am Steuer sitzt ein Mann im Blauhemd und neben ihm ein anderer, der aussteigt, ein Gewehr unter dem Bock hervorzieht und zum Haus der Falange geht.

Vom Gartentor aus ruft er ein paar Kommandos und gleich darauf erscheint Hai, gefolgt von seiner ganzen Truppe.

Hai hebt die Leinwand hoch, grüßt, aus dem Wagen steigen vier Gendarmen der Guardia Civil aus Iglesias. Stülpen ihre Lackhüte auf, legen die Sturmriemen unters Kinn, entsichern die Gewehre, rücken Gurt und Patronentasche zurecht und marschieren, nach diesen umständlichen Vorbereitungen, mit kurzen Schritten hintereinander auf Sebastians Haus zu. Die Gewehre halten sie locker in der Linken. Ihr quittengelbes Lederzeug leuchtet.

Hai verteilt seine Leute in weitem Bogen hinter Pinien und Steinen. Er braucht nicht viel zu reden, alles ist oft und genau geprobt worden. Ein Wink, ein Stoß oder ein Fußtritt genügen, um jeden Mann an seinen Platz zu bringen.

Der Dorfausgang ist abgeriegelt, niemand kann ihnen entkommen.

Die Gendarmen marschieren im Gänsemarsch zum Elektrizitätswerk hinüber. Mißtrauisch geht der Unteroffizier um die großen Maschinen, die wie Gebirge aus Stahl und Kupfer sich hoch hinauftürmen, schwarz und feindlich. Die Schwungräder stehen, nichts rührt sich.

Die Polizisten tappen weiter im Halbdunkel, das sie nach der grellen Sonne draußen besonders verwirrt und unsicher macht, über Röhren und Kabel zum Heizraum.

Hier sitzen Sebastian und Peppé auf dem Steinsockel des Dampfkessels und blicken den Gendarmen ruhig entgegen.

Der Unteroffizier kennt die beiden. Er grüßt nicht, sondern zeigt nur mit dem Daumen über die Schulter zu den drei Begleitern. Die beiden reiben sich ihre Hände an Putzbaumwolle ab, Peppé stellt die Schaufel an die Wand. So wie sie sind, in ihren schmutzigen Overalls, werden sie abgeführt und als erste auf den Wagen verladen.

Der nächste ist Bartolomé.

Schweigend reicht er Sabine die Hand, nimmt das Bündel mit Wäsche, das sie seit Tagen vorbereitet hat, und folgt mit breiten, unsicheren Schritten wie ein Matrose.

Jetzt übernimmt Hai die Führung.

Zwei Gendarmen schleppen den Eli herbei, der im Café saß. Andere wiederum holen den dicken Melis.

Jeronimo ist nicht zu Hause. Hai fragt drohend — »Wo ist dein Mann?«

Catalina plustert sich auf zu ihrer ganzen Wucht und Größe. »Jeronimo ist ein Fischer, also wird er wohl draußen sein, mit der Barke. Geht ihn auf dem Meer suchen, oder bist du wasserscheu geworden?«

»Du weißt, daß es verboten ist, auszufahren.«

»Was ist verboten? Zu arbeiten? Und zu hungern ist erlaubt?«

Hai schickt drei seiner Burschen aus — »Lauft zum Posito hinunter und seht nach, ob Jeronimos Barke daliegt. Wenn ihr ihn findet, bringt ihn gleich mit.«

Catalina stemmt die Arme in die Hüften — »Du brauchst

wohl nicht mehr zu hungern, hast dir einen besseren Beruf ausgesucht, bist ja auch ein Hai, ein Menschenfresser — sag mal, hast du gar keine Scham mehr?«

Hai stößt den Kolben auf die Fliesen und schreit — »Schweig! Sonst sperr' ich euch beide ein!«

Der Unteroffizier lacht — »Wenn du so weiter machst, wird der Hai dich wirklich fressen — Weiber kann er sowieso nicht leiden.«

Catalina dreht ihm ihr Hinterteil zu. »Dann soll er da anfangen, aber das merk dir, Makkaroni kriegst du nicht bei mir...«

Hai nagt an der Unterlippe — »Werd' dir das Fett schon absäbeln, warte nur, du Luder!«

Er läuft hinaus auf die Straße und zeigt auf ein Haus auf der anderen Seite — »Dorthin, das ist das nächste, vorwärts!«

Es ist sein eigenes, elterliches Haus.

Vor der Türe macht er halt. Erstaunt bleiben die Faschisten auf halbem Wege stehen.

Was will er? Hai wartet an der Türe, die Gendarmen treten ein, sie wissen nichts, fragen wie gewöhnlich — »Wo ist der Mann?«

Hais Mutter bricht in lautes Weinen aus — »O Señor, lassen Sie ihn in Frieden sterben, er bereut ja alles, was er gesagt hat — O Madre Santissima y Purissima, heilige und reinste Gottesmutter, hilf mir doch! Hai, hilf mir doch! Ich bin doch deine Mutter!«

Sie schreit mit kläglicher Stimme wie ein verirrtes Lamm, wirft sich vor den Gendarmen auf die Knie und beginnt laut zu beten. Hai steht an der Türe, unheimlich wie ein Gespenst. Sein böses Auge starrt ins Leere. Der Unteroffizier begreift nicht recht, was da vorgeht, er kennt die Leute von Pueblo kaum — »Wer ist denn der Mann?«

Hai rührt sich nicht, nichts an ihm rührt sich. Er ist aus Stein und Haß. Heute erfüllt sich einer seiner ewigen Träume, Rache zu nehmen an allen, die ihn verachteten, und grade an diesem Mann, der ihm jeden Schimpf angetan hat. Der sein Vater sein soll.

Der Unteroffizier fragt erstaunt — »Ist das vielleicht Ihr Vater?«

Hai braust auf — »Hab' keinen Vater und brauch' auch keinen! Machen Sie Schluß!«

Einer der Polizisten tippt der Alten vorsichtig auf die Schulter. »Also sei ruhig, Mutter, es geschieht dir ja nichts, wo ist denn der Mann?«

Da kommt der Alte über den Hof gehumpelt und nimmt demütig den Sombrero ab — es sieht aus, als krümme ihn ein plötzlicher Schmerz noch tiefer zu Boden — »Hier bin ich, Señores, wenn Sie mich suchen... «

Der Unteroffizier schüttelt den Kopf. Selbst ihm graut vor diesem Menschen da, dem Hai. Aber was soll er machen? Er nimmt die Liste heraus und fragt mit höflicher Stimme — »Sind Sie der Clemente Ferrol?«

»Clemente Pedro Ferrol y Melis, das ist mein Name, Señor.«

»Dann muß ich Sie mitnehmen — « und er streicht seinen Namen aus.

»Ich bin da, vamos, gehen wir.«

Er schleppt sich an seinem Stock voran und auf die Straße, vorüber an seiner Frau, die laut weinend die Hände vor's Gesicht schlägt, vorüber an seinem Sohn, der jetzt ganz blind ist.

Aber auch der Vater tut, als sehe er ihn nicht. Mit keinem Wort, keiner Gebärde, verrät er, daß er diesen Burschen da überhaupt kennt, besser kennt als alle Menschen auf der Welt. Daß der da sein eigener und einziger Sohn ist, der ihn angezeigt hat und in den Kerker werfen läßt.

Die Weiber nebenan und aus allen anderen Häusern treten in die Türen, um sich das Schauspiel anzusehen. Da hebt der Alte seinen Stock — »Ich sage euch, Weiber, schlagt eure Kinder mit der Axt über den Schädel, bevor sie groß werden, dann helft ihr euch und ihnen!«

Da schreit ihm die dicke Catalina nach — »Das hättest du zuerst tun sollen, aber es ist ja immer noch Zeit dazu!«

Er nickt mit dem Kopf.

Die Weiber kreischen vor Lachen.

Bartolomé zieht den Alten herauf auf den Wagen — »Na, was hab' ich dir gesagt? Vom Voerge gekauft und wir bezahlen es...«

»Ich hätt' ihn ertränken sollen, als er noch nicht laufen konnte. Schande bringt er über das ganze Dorf, nicht nur über mich. Jetzt habe ich meine Lehre und ich weiß, was ich zu tun habe!« und er hebt das Verdeck hoch und ruft den Burschen zu — »Holt doch alle eure Eltern und werft sie in den Wagen hier, dann seid ihr uns los. Ein Mörder hat doch wenigstens einen Richter, vor dem er sich verantworten kann, damit er seine Tat bereut. Ihr habt ja nicht mal das, nicht mal Reue!«

Aber alles Schimpfen hilft nichts, der Tag des Gerichts ist angebrochen.

Die Razzia geht weiter. Zum Haus des kleinen José, der aus Palma hierher kam mit seiner Frau Eliza und einem Töchterchen, das grade laufen lernt.

Eliza nimmt das Kind auf den Arm und folgt José die wenigen letzten Schritte, die sie noch gemeinsam tun können. José hat sich wenig um Politik gekümmert. Vielleicht Feinde in Palma, die ihn denunziert haben? Niemand weiß etwas. Sie reicht ihm die kleine Marguerita hinauf. José küßt sie.

Keine Träne, kein Wort der Klage.

Die Straßen sind leer.

Nur hinter den fest verschlossenen Fensterläden ahnt man die Menschen, die voller Schadenfreude oder mit Tränen in den Augen, klopfenden Herzens, in grauenvoller Angst, ob sie nicht die nächsten sein werden, Abschied nehmen von diesen Männern, die sie nie wiedersehen sollen. Über ihr Schicksal sind sich alle im Klaren.

Niemand setzt sich zur Wehr, sie nehmen die Gewalt hin, wie die Erde die Jahreszeiten oder ein Gewitter hinnimmt.

Eliza steht mit dem Kinde mitten auf der Straße und winkt dem Wagen nach.

Da läßt Don Romeos, der in seinem neuen Auto ebenfalls nach Cabra hinauffahren will, plötzlich und laut seine Hupe ertönen. Eliza wendet den Kopf, ohne einen Schritt zur Seite zu gehen.

»Bist du taub, kannst du nicht hören? Scher dich weg da! Sollst froh sein, daß du den Mann los bist!«

Das runde Gesicht des Alkalden strahlt Zufriedenheit und Selbstbewußtsein. Er ist der Sieger. Das Dorf ist ihm abtrünnig geworden, jetzt hat er es zurückerobert.

Eliza wird blaß. Sie schwankt, drückt das Kind an sich, als müsse sie sich an ihm festklammern. Dann sagt sie so laut, daß es alle Fischer, die mit krummen Rücken in Padrines Café sitzen, hören können — »Heute lachst du, Alkalde. Aber wenn wir dich eines Tages holen, dann werden wir tanzen, eine Jota werden wir tanzen zu deiner Ehre. Und so wahr es eine Gerechtigkeit gibt auf dieser Erde, sie werden dich holen, Alkalde! Dich und deine feine Senora, und deshalb könnt ihr heute ruhig lachen, noch viel schamloser, damit auch die Dümmsten sehen, was ihr für Tiere seid!«

Erst dann tritt sie an die Hauswand, der Wagen rollt davon und überholt den Transport beim Elektrizitätswerk.

Hier warten die drei Burschen, die Hai aussandte, mit Jeronimo, der hinausgerudert war. Hai packt ihn bei der Brust und schüttelt ihn — »Was hast du draußen zu suchen?«

Hormiga drängt ihn zurück — »Frag' ich dich, was du hier drinnen zu suchen hast? Was du mit dem Gewehr machst? Was läufst du den ganzen Tag mit einer Flinte umher? Wer hat dir etwas getan?«

Dann steckt er die Hände in die Hosentaschen und wartet, bis der Unteroffizier aus dem Café kommt. Dem ist die ganze Sache zuwider und er schämt sich seiner traurigen Rolle.

»Wie heißen Sie?«

»Jeronimo Ternellas — «

Der Gendarm dreht das Papier um, sucht, schüttelt den Kopf — »Nicht verzeichnet — Sie können gehen! Scheren Sie sich!!«

Jetzt verliert Hai die Geduld — »Sein Name muß auf der Liste stehen — oder ihr habt sie gefälscht!«

Der Polizist reicht ihm das Papier hin — »Sehen Sie doch selber nach — oder haben Sie die Liste nicht geschrieben?« Jeder weiß, daß der Hai nicht schreiben kann. Alle lachen. Hai senkt den Kopf wie ein Stier — »Nimmst du ihn mit oder nicht?« Hai tritt einen Schritt zurück und reißt das Schloß seines Gewehrs auf und vor — eine Patrone steckt im Lauf.

Jeronimo lächelt breit und behaglich, als er den Streit um seine Person sieht. Die drei anderen Gendarmen treten neben ihren Unteroffizier und lächeln ebenfalls.

»Wenn du schießen willst, mußt du dich erst beruhigen, du zitterst zu stark.«

Der Unteroffizier bleibt ernst — »Ich halte mich an meine Vorschriften. Wenn Sie den Mann da los werden wollen, kann ich ihn ja mitnehmen — aber Sie müssen seinen Namen auf die Liste schreiben und Ihren Namen darunter, zur Bestätigung, daß Sie die Verantwortung übernehmen.«

»Hab' ich nicht nötig, Sie nehmen ihn mit! Schluß!« und er stößt Jeronimo vor sich her zum Wagen. Die Gendarmen steigen auf. Alles ist fertig, der Fahrer hantiert am Volant.

Willig, wenn auch langsamen Schritts geht Jeronimo mit Hai. Klein und schmächtig wirkt er neben dem breitschultrigen, massiven Hai, der mit ihm zu spielen scheint. Was ist er für ein Kerl, mächtiger selbst als die allmächtige Guardia Civil.

Hai läßt sein Opfer los, stellt das Gewehr an den Kotflügel und hebt die schwere Plache hoch, um den Zwerg beim Genick zu packen.

Als er sich wieder umdreht, nach rechts, wo Jeronimo eben stand, ist er weg — denn rechts ist der Hai ja blind. Darauf hat Jeronimo spekuliert. Wie ein Windspiel fliegt er die wenigen Schritte zu Sebastians Haus, mit einem Schwung ist er hinter der Gartenmauer verschwunden.

Hai ist so verwirrt, daß er nur schreien kann — »Halt!«

Aber Jeronimo hält nicht, sondern rennt über die Äcker im Zickzack dem nahen Walde zu. Verschwindet hinter den Dornsträuchern, bevor Hais Flinte losdonnert. Die Guardia kümmert sich nicht um ihn, das sind die Angelegenheiten der Falange.

Die Burschen rennen hinter dem Flüchtling drein. Es ist heiß und die Gewehre sind schwer, die gefüllten Patronentaschen hängen wie Steine an ihren Hüften.

Der Wagen braust davon, den Berg hinauf. Ohne anzuhalten verschwindet er hinter den staubgrauen Oliven und Mandelbäumen. Die Gefangenen wissen nichts von Jeronimos Flucht.

Antonia ist auf dem Weg ins Dorf — vor dem Wagen weicht sie aus an die Mauer, blickt ihm nach. Mit der Witterung des Feindes hat sie erraten, was er birgt. Sabine sitzt weinend in der Küche. Antonia schluckt ein paar Mal, kann kein Wort herausbringen und schleicht wieder auf die Straße. Von Eliza erfährt sie alle Namen der Verhafteten. »Jeronimo ist der Einzige, der Mut hat, der wird es ihnen heimzahlen! Wenn ich nur wüßte, was wir Weiber tun könnten!«

Antonia denkt nach — »Wovon wollt ihr jetzt leben?«
»Ich werde Körbe flechten oder betteln gehen... «

Catalina kommt ruhig und selbstbewußt wie immer und begrüßt die beiden — »Wir müssen nach Iglesias gehn und verlangen, daß die Faschisten uns ernähren. Sie haben unsere Mäner eingesperrt, jetzt sollen sie auch für uns sorgen. Nehmt alle die Kinder mit und legt sie ihnen vor die Füße.«

Antonia erledigt ihre Einkäufe und schleppt sich nach Hause — »Was soll aus den Männern werden — im Wasser, in der Kälte, in der Finsternis, da unten in der Höhle. Jetzt, wo die Freunde gefangen sind — was soll aus uns allen werden?«

Als sie die Türe öffnet, muß sie sich an den Pfosten lehnen, um nicht umzusinken. In der Halle warten Hai und sechs seiner Leute. Er tritt gleich auf sie zu — »An die Wand dort und Arme hoch!«

Sie stellt den Korb mit Fisch und Gemüse zu Boden und gehorcht.

Die Burschen stehen Schulter an Schulter in einer Reihe vor ihr, richten die Gewehre auf sie, starren sie an wie hungrige Hunde.

Jetzt haben sie etwas gelernt, die da wird ihnen nicht entkommen, wie der Jeronimo. Lebend nicht!

Antonia betrachtet ihre Gesichter, eins nach dem andern. Sie erkennt keinen wieder — »... das sind ja auch nicht mehr die gleichen Burschen, die auf der Wiese beim Melis Fußball spielten, bei Bartolomé tanzten und mir Fische verkauften — das sind Verrückte, Geisteskranke, die töten Vater und Mutter — die haben kein Herz und keine Seele mehr, alles hat ihnen der Hai genommen — der Hai da... «

Das Blut braust ihr in den Ohren, als stürme der Wind durch die Pinien, als donnere das Meer gegen die Mauern des Hauses.

Sie ist auch gar nicht in diesem Zimmer, sie läuft über die Felsen zum Cap, zur Höhle — »Hilf mir, kleiner Rey! Du hast recht, ich hätte mit euch gehen sollen — wo ist Fontanelli, die Gräfin? Hat er sie eingesperrt oder schon ermordet? Weshalb sind sie nicht hier?«

Hai tritt vor sie hin, den Kopf auf die Brust gesenkt, lange steht er da und betrachtet Antonia, als nehme er Abschied von ihr. Mit einer wilden Bewegung schüttelt er die Mähne aus der Stirn und richtet sich auf, schleicht sie an. Sein stinkender Atem fegt ihr voll ins Gesicht, sein Auge ist blutunterlaufen, die leere Höhle rosig und schamlos entblößt — sie schließt die Augen.

»Wo hast du den Rey versteckt?«

Die Arme brechen ihr fast ab, sie zittert vor Anstrengung, sie emporzuhalten, aber sie schweigt.

»Du willst es nicht sagen? Du willst immer noch nicht reden?«

Er stößt sie gegen die Wand. Da schreit sie laut auf, so laut sie kann — »Hilfe! Condesa — er will mich erschießen — Hilfe!«

Hai preßt ihr die Hand vor den Mund und sagt leise, erstickend an seinem Haß — »Wo hast du ihn versteckt? Du kommst hier nicht lebend heraus, bis du es gesagt hast — wo ist er? Wo sind die andern, der Luis und der Valenti und der Jeronimo, damit ich ihnen allen den Schädel einschlagen kann? — Du sollst dabei sein, wie ich sie zertrete. Du weißt, weshalb! Und dann erst kommst du an die Reihe, für die Nacht damals — und das Arriba España! So ist es besser, beide Hände hoch!«

Die Burschen setzen die Gewehre ab, sie können ja doch nicht schießen. Es kommt auch nicht dazu. Der Hai erwürgt sie lebend, wie sie ist. Sie spüren einen sonderbaren Druck in der Magengegend, es wird ihnen übel. Wie das Mädchen die Augen verdreht. Ihre Arme hängen herunter, als ob sie gekreuzigt sei — aber sie spricht nicht. Hai zieht plötzlich die Hand zurück — und da fällt Antonia um, rutscht wie eine Puppe die Wand hinab und sinkt in sich zusammen. Er will sie auffangen, aber sie ist zu schwer — und da sieht er auch, daß seine Hand blutet. Er wischt das Blut am Ärmel ab und spürt dabei einen heftigen Schmerz, als habe er sich verbrannt. Sie hat ihn in die Hand gebissen, als er sie würgte.

Das Blut tropft auf die Fliesen. Hai betrachtet erstaunt die Spuren. Einer seiner Burschen bindet ihm ein Taschentuch um die Wunde.

Da wird die Tür aufgerissen.

Vier Soldaten treten ein.

Mit ihnen Fontanelli und seine Frau, die vor den Blauhemden flüchteten. Der Anführer der Soldaten, ein Gefreiter, geht stracks auf Hai zu, der zurückweicht — »Sofort hinaus! Und melde dich bei Hauptmann Sabèr!«

Der Ton ist so scharf, das Bajonett auf dem Gewehr so nahe seinem Gesicht, daß Hai nichts anderes übrigbleibt als zu gehorchen. Die Blauhemden ducken sich und schleichen hinter Hai in den Garten. Die Soldaten hinter ihnen her. Treiben sie wie Schafe über den Weg bis zum Dorf.

Antonia erwacht aus ihrer Ohnmacht. Die Gräfin wischt ihr das Gesicht ab.

»Ich muß weg von hier, heute noch, ich bringe Ihnen nur Unglück, Condesa —«

Die Gräfin streicht ihr über den Kopf — »Bleiben Sie ruhig liegen, fürchen Sie sich nicht, der Hai und seine Leute werden entwaffnet und eingesperrt. Hier sind Sie besser aufgehoben, als irgendwo sonst... «

Antonia widerspricht nicht.

Sie weiß jetzt, was sie zu tun hat — sie muß zu Rey, zu den anderen in der Höhle. Der Hai kann sie durchs Fenster erschießen, im Dorf überfallen — niemand wird sich meiner annehmen. Ich muß hinaus — der Tag ist endlos lang. Sie tut ihre Arbeit wie im Halbschlaf. Mittags erscheinen wieder Flieger und kreisen lange über Cap Vermey, als wüßten sie, daß dort Freunde sitzen und auf sie warten.

Später am Abend kommt Porfirio und hat eine lange Unterredung mit dem Grafen.

»Dieser Hai weigert sich hartnäckig, den Schlüssel herauszugeben. Morgen kommen die Katalanen, gar kein Zweifel möglich. Hundertzehn Mann habe ich hier und in Cabra versammelt. Und keine Waffen! Es ist eine Schande!«

Fontanelli mietet ein Auto und fährt abermals nach Iglesias, um Hauptmann Sabèr zu sprechen.

Der ist nach Palma versetzt worden. An seiner Stelle hat der Hauptmann der Reserve Baron de Vergon den Befehl über die Streitkräfte der drei Dörfer übernommen.

Der Baron ist zwar ein Patriot, aber er ist zugleich Mallorquiner und haßt die Fremden. Er empfängt Fontanelli sehr kühl und verspricht ihm, nach dem Rechten zu sehen, sobald er Zeit habe... »Ich kenne den Hai nicht. Aber nach dem zu urteilen, was Sie gegen ihn vorbringen, kann ich ihm keinen Vorwurf machen. Er hat das Waffendepot auf unsere Anordnung hin in Verwahrung genommen, um es gegen jedermann zu verteidigen. Die Waffen sind von Don Jaime bezahlt und Eigentum der Regierung — oder des Volkes, was ja dasselbe ist.«

»Sie irren, Herr Hauptmann, die Waffen sind noch nicht bezahlt. Don Jaime versprach zwar, sie zu bezahlen, aber bis dahin bleiben die Waffen *mein* Eigentum. Es ist lediglich mein guter Wille, oder Ausdruck der Sympathie meiner Regierung mit der nationalen Erhebung in Spanien, wenn ich Ihnen die Waffen zur Verfügung stelle.«

Aber Vergon ist keineswegs eingeschüchtert — »Ich glaube nicht, daß Sie als Ausländer das Recht haben, Waffen zu besitzen. Wir könnten uns unter Umständen genötigt sehen, sie zu beschlagnahmen. Sobald wir nämlich in eine Notlage geraten, die uns dazu zwingt.«

Fontanelli verbeugt sich — »Ich möchte Sie vor einem unüberlegten Schritt warnen und Ihnen den Rat geben, als Freund, erst die Erlaubnis des Adjutanten des Generals Goded, Obersten Rossi einzuholen...«

Baron de Vergon erhebt sich und beendet diese unerquickliche Unterhaltung. »Ich werde dem Oberkommando in Palma über diesen merkwürdigen Fall berichten, das ist alles, was ich für Sie tun kann — adios, Señor!«

Ariane rast, als sie den Bescheid hört — »So mußte es kommen! Wie konntest du die Waffen herausgeben, bevor sie bezahlt sind? Jetzt bist du dein Geld und die Waffen los. Mein Geld ist es! Mein Geld! So ein Dummkopf, so ein gottverlassener Dummkopf! Und was ist mit den anderen Waffen in Palma? Ebenfalls verloren! Rossi ist ebenso blöd wie du, es ist zum Verzweifeln. Dieser Deutsche ist ein Waschlappen! Er soll den Hai festnehmen und ihn entwaffnen, und solange einsperren oder verprügeln, bis er den Schlüssel herausgibt. Das ist meine Meinung!« Sie wirft die Türe ins Schloß, daß die Scheiben klirren.

Die Idee ist gut.

Fontanelli geht zu den Soldaten ins Dorf und verhandelt lange mit dem Gefreiten. Der lacht — »Wenn ich das heute früh gewußt hätte, als er bei Ihnen im Hause war, da hätt' ich ihm die Flinte vorgehalten und nicht lange gefackelt — aber in der Nacht ist das was anderes. Wir ziehen jetzt auf Posten vor Ihrem Haus und da dürfen wir nicht weg...«

Antonia liegt in ihrem Bett und wartet.

Irgendetwas ist unruhig draußen. Sind es die Hunde? Ist es der Wind oder das Meer, das da tappt und wispert, näherkommt und sich wieder entfernt? Sie kann es nicht unterscheiden. Aber sie fühlt, daß es etwas Fremdes ist. Vielleicht lauert der Hai ihr auf oder einer seiner Burschen?

Sie hat keine Zeit, lange zu überlegen, sie hat keine Wahl mehr zwischen Hierbleiben oder Flucht. Morgen werden sie den Verlust der Waffen entdecken und sie erschießen.

Sie steckt das kurze, breite Gärtnermesser, ein Geschenk Reys, in die Tasche, bindet sich etwas Wäsche, Lichte, Zigaretten und eine Tüte mit Kaffee in einem Tuch fest um den Leib, wie es die Schmuggler tun, um beim Klettern beide Hände frei zu haben.

Zum Glück ist es finster. Wolken hängen in dichten Schwaden tief und tiefer am Horizont über dem Meer, das unruhig und schwarz hinter den Felsen schläft.

Sie verläßt das Haus durch die Küchentür und huscht gebückt zur Mauer hinunter, hinter der sie sich versteckt.

Jetzt hört sie leichte, hurtige Schritte eines Mannes, der hin und her geht, auf der anderen Seite der Mauer.

Von der rechten Ecke des Hauses zur linken und wieder zurück, gleichmäßig und beharrlich.

Auf allen Vieren kriecht sie zur Lattenpforte und lauert hinaus.

Es ist ein Soldat!

Was hat das zu bedeuten?

Der Posten marschiert eilends quer über den Strand zum Meer hinab, das er nicht beachtet, als sei es nicht da, oder als sei es der Exerzierplatz, auf dem er abgerichtet wurde. In kurzer Wendung, als folge er einem Kommando, macht er kehrt und marschiert auf das Haus, auf Antonia zu.

Sie sieht ihm ins Gesicht, das leer und knabenhaft ernst ist, wie das Gesicht eines Schülers vor dem Lehrer. Das Gewehr mit dem blinkenden Bajonett preßt er fest an die Brust. Ein weißes Bandelier läuft quer über seine schmächtige Brust, auch der Gurt ist weiß.

Antonia lacht ihm zu. »Buenas noches, Señor, guten Abend, was machen Sie hier?«

Der Mann ist zusammengeschreckt und kommt zögernd näher, immer im gleichen kurzen Schritt, als gehe er an einer straff gehaltenen Kandare. Zuerst rüttelt er an der Pforte, um sich zu vergewissern, daß sie auch geschlossen ist. Dann sagt er schnell — »Gehen Sie sofort ins Haus, bevor der Wachhabende kommt und Sie entdeckt...«

Antonia bittet — »Ist es denn so schlimm, ein wenig zu plaudern oder Luft zu schnappen?«

Aber der Soldat ist unerbittlich — »Kommen Sie morgen am Tage, jetzt müssen Sie gehen, es darf niemand das Haus verlassen, nein, auch in den Garten dürfen Sie nicht.«

Langsam kehrt sie um — »Wenn er wieder hinuntermarschiert, laufe ich hinter seinem Rücken zu den Dünen.«

Aber er marschiert nicht zurück, sondern wartet an der Pforte, bis sie wieder im Hause ist.

Hai sucht seine Niederlage durch doppelte Strenge wettzumachen. Er hat seine Leute auf ihren verschiedenen Posten, am Leuchtturm, beim Posito, im Elektrizitätswerk und auf Elis Terrasse inspiziert und beschimpft und wandert jetzt, erleichtert, mit seinem Adjutanten Francesco Oleis auf schmalen, halsbrecherischen Pfaden Pueblo zu.

Kurz vor der Chaussee macht er halt.

»Setz' dich, Francesco, ich muß dir was sagen.«

Francesco ist ein verwöhnter junger Herr. Das dauernde Umherlaufen in der Nacht bekommt ihm schlecht. Er hat sich die nationale Erhebung ganz anders vorgestellt, mit Fahnen und Musik, viel feierlicher, würdiger. Was ist er jetzt? Ein Spießgeselle, der Prügelknabe dieses Hai, den alle verachten — »Du hast den Jeronimo entkommen lassen, du hast den Porfirio nicht bewacht, du hast mir nicht gesagt, wer diese Antonia ist...« so geht das den ganzen Tag. Und wenn er etwas erwidert, daß er doch nur ein einfacher Falangist ist, so beginnt Hai zu toben und droht, ihn zu entlassen. Francesco ist todmüde und unzufrieden.

Was wäre die Kohorte ohne mich? Wer schafft das Essen und den Sold? Wer hat die blauen Hemden und Mützen nähen lassen? Wer führt die Listen und setzt die Tagesbefehle auf, damit etwas am schwarzen Brett steht? Wer kann hier lesen und schreiben? Ich, der Francesco. Und wer hat, vor allem, durch Höflichkeit und Gewandtheit den Italiener so weit beruhigt, daß er der Falange die Gewehre übergab? Ich, der Francesco.

Als hätte Hai seine nächsten Gedanken schon erraten, sagt er plötzlich — »Du, ich hab' den Schlüssel vom Waffendepot verloren...«

Francesco hat das längst vermutet, tut aber, als sei er entsetzt; springt auf, faßt sich an den Kopf und schreit — »Hai! Um Gottes willen. Hai! Was ist mit dir los? Was soll aus uns werden? Das mußt du doch melden? Wenn die anderen ihn gefunden und die Waffen gestohlen haben — Hai!« und dann ganz leise — »Wenn sie ihn gefunden haben, dann mußt du dich erschießen, Hai, du bist ein Offizier, deine Ehre verlangt das...«

Hai wehrt ab, knurrt böse — »Das möchte euch so passen. Unsinn. Wenn die anderen die Kisten gestohlen hätten, hätten wir das längst gemerkt. Ich bin jeden Tag vorbeigegangen. Bei der Verhaftung haben sie sich nicht gewehrt — sie haben also die Waffen nicht gestohlen! Hör zu — wir müssen jetzt gleich die Tür aufbrechen und die Gewehre in Sicherheit bringen. Im Kloster. Ich habe alles vorbereitet — setz dich!«

Er geht ein paar Schritte zu einem Baum, scharrt an den Wurzeln Erde und Steine beiseite, holt eine Axt und eine große Brechstange, wie sie die Bauern zum Brunnenbau verwenden, hervor. — »Hier, nimm die Axt. Wir stemmen jetzt die Tür auf, das wird nicht allzu schwer sein und laden morgen früh die Kisten auf unser Auto. Am hellichten Tage! Ich habe die Erlaubnis, über die Waffen frei zu verfügen. Wenn der Italiener sich wehrt, nehme ich ihn fest...«

Francesco ist zu allem bereit, was nach Aktion aussieht. Er schwärmt wie ein Desperado von Revolution, Massenbewegung, Waffentransporten; er bedauert, daß die Republikaner sich der Verhaftung nicht widersetzt haben.

»Und wer hat dir die Erlaubnis gegeben, wenn ich fragen darf? Oder ist das ein Geheimnis?«

Das ging ihm nur so grade durch den Kopf. Er erwartete ganz einfach den Namen von Hauptmann Sabèr oder Baron de Vergon zu hören.

Hai klopft ihm auf die Schulter — »Der Allerhöchste.« Dabei zeigt er zum Himmel hinauf, an dessen schwarzer Wolkenwand die Geisterhände des Leuchtturmfeuers vorüberhuschen.

Mit einem Satz springt Hai auf die Straße und läuft durch die Büsche auf Villa Levante zu, die sie in weitem Bogen umgehen. Bald stapfen sie durch tiefen Sand zwischen zerzausten Kiefern. Da fährt Francesco zurück.

Genau vor der Türe des Kabelgangs haben Soldaten ihr Zelt aufgeschlagen. Ein Posten marschiert ruhelos auf und nieder.

Sie wissen, was das bedeutet. Die Erinnerung an den bösen Morgen ist noch nicht verflogen, und lautlos wie sie gekommen, schleichen sie wieder zurück.

»Das hast du davon. Du hättest den Italiener nicht so beleidigen dürfen. Die Antonia hättest du im Dorf verhaften und einsperren können. Aber du durftest niemals in sein Haus eindringen. Schließlich ist er doch unser Freund und ein Graf!«

Hai wirft die schwere Eisenstange zu Boden.

»Dem Italiener schlage ich den Schädel ein, wenn ich ihn wieder erwische. Und wenn er zehnmal Graf... oder Millionär ist...«

Francesco duckt sich.

Und dann, nach einer Weile, lacht Hai laut auf, haut sich aufs Knie — »Voerge wird sich schön wundern, wenn er das hört.«

»Der Voerge? Ist Don Juan hier? Kennst du ihn denn?«

»Ich meine den Don Jaime, der hat mir doch aufgetragen, die Waffen zu kapern, damit er sie nicht zu bezahlen braucht. Verstehst du? Daher die Angst des Italieners.«

Francesco glaubt das nicht.

Don Juan, der große Don Juan March, der größte Mann Spaniens, soll sich mit diesem schmutzigen Analphabeten abgeben? Oder sein Sohn, der Abgeordnete Don Jaime March, dieser Aristokrat, der beim Mittagessen die Diener in weißen Handschuhen servieren läßt? Aber sein Staunen verwandelt sich in Verblüffung, als Hai ihm die Hand hinstreckt — »Schwöre mir in die Hand, daß du schweigen wirst, Francesco — «

Francesco gehorcht — »Ich schwöre.«

»Gut. Hör zu. Du als einziger sollst wissen, wer ich bin, als einziger — ich bin der Sohn Don Juans. Meine Mutter war Magd im Hause Don Juans in Palma, und er hat sie, als sie von ihm schwanger wurde, an den Fischer Clemente Ferrol verheiratet... «

Es war gut, daß es so finster war, gut für beide. Denn Hai hätte sein Geheimnis nie preisgegeben, wenn er geahnt hätte, was Francescos Gesicht verriet — tiefste Verachtung für diesen Bankert. Verachtung und Hohn, daß er so dumm war, zu verraten, noch stolz darauf zu sein, daß er ein richtiger hijo de puta, ein Hurensohn, war.

Fast hätte Francesco laut aufgelacht über soviel Dummheit.

Jetzt hat er ihn in der Hand. Morgen wird es die Falange, übermorgen das ganze Dorf wissen.

Und dann wird er Kommandant von Pueblo sein, Francesco Oleis, der Sohn des Millionärs, ein echter Spanier und kein Bankert wie dieser Hai.

Hai nimmt des Gefährten Schweigen für Ehrfurcht und Erschütterung.

»Du siehst, daß ich also gar nicht meinen Vater habe einsperren lassen. Der Italiener hat mir nichts zu sagen. Aber verrätst du ein Sterbenswörtchen, dann geht's dir schlecht, denk' an deinen Schwur!«

»Du kennst mich doch nun lange genug, Hai — «

»Ach was, Freundschaft kann jeder heucheln, hier, das ist Freundschaft, die hält!« und er klopft auf sein Gewehr — »... mit dem in der Hand, da werden alle Freunde und kommen gekrochen. Da ist der krumme Hai ein großer Mann und der Graf da unten eine Mücke — das habe ich gelernt, das weiß ich und daran halte ich mich... «

»Kannst du denn nicht verlangen, daß du den Namen von Don Juan annimmst, oder daß er etwas für dich tut?«

»Kommt alles noch, kommt alles noch, lieber Francesco. Dein Vater ist ein Millionär, und mein Vater ist ein Milliardär — was wir beide von den Millionen haben, das wirst du noch sehen. Wir nehmen sie uns, dazu haben wir die Revolution gemacht.«

Arm in Arm wandern sie heimwärts.

Plötzlich bleibt Francesco stehen. »Ich hab's. Hör zu — Hauptmann Sabèr soll die Waffen beschlagnahmen und Don Jaime soll sie uns aushändigen, das ist es. Gegen den Kommandanten wird Fontanelli nichts ausrichten können.«

»Das ist eine gute Idee. Du wirst morgen früh gleich einen Brief an den Voerge schreiben ...«

»Du meinst an deinen Bruder? Aber morgen ist Sonntag, da geht keine Post.«

»Schreib' den Brief, wie ich gesagt habe, alles andere erledige ich.«

»Wann hast du Kirchgang befohlen?«

»Um zehn Uhr. Kommst du noch mit ins Café?«

»Ich geh' nach Hause, gute Nacht. Bis morgen früh in der Kirche ...«

Der Posten vor dem Haus der Falange richtet sich stramm auf, als er Hai kommen sieht.

»Neues?«

»Nichts. Die Streife von Cap Vermey ist zurück, keine Spur zu finden, weder von Rey, noch von Valenti oder den andern.«

Die gute Laune, die Erhebung, die er soeben empfand, als er dem Francesco sein Geheimnis beichtete, verläßt ihn sogleich.

Rey — das ist die Wunde, die er mit Prahlerei, mit albernem Geschwätz zudecken wollte. Wortlos geht er in seine Kammer und schließt sich ein.

Lange betrachtet er beim Schein einer Kerze das Photo, wickelt den Verband von der Hand. Die Wunde beginnt wieder zu bluten. Deutlich sind die Spuren ihrer Zähne zu erkennen. Er saugt das Blut auf und preßt die Lippen fest auf die Male, lange und ohne sich zu rühren. Dann reißt er das Photo der Länge nach in zwei Teile, trennt Rey von Antonias Seite. Die Hälfte mit dem Bilde Reys hält er in die Flamme, bis sie verkohlt ist.

XII

In dieser Nacht schlägt das Wetter jäh um: die Erde dampft, Scirocco heult hoch und tief und erfüllt alle Räume mit seinem Druck. Dumpf donnert die See gegen die Felsen, rennt weit in die Bucht und den Strand hinauf, kocht über mit weißer Gischt und stäubenden Geysirs.

Gewitter rollen heran. Herden wilder Elefanten sind die schwarzen Wolken, die am Horizont sich über die Kuppen der hohen Wogen wälzen.

Trübe dämmert der Tag herauf. Bäume und Berge stehen scharf und schattenlos da. Warme Regentropfen pochen auf das Dach. Antonia schreckt aus dem unruhigen Schlaf.

Sie horcht. Donnert es?

Donner rollt über den Bergen von Cap Vermey, eine sonderbare Art Donner, als ob die Berge gleich Trommeln aus ihrem hohlen Innern dröhnten. Die Erde schwingt mit und zittert. Das müssen zehn Gewitter gleichzeitig sein, so schnell folgen die Schläge einander, vermengen sich mit dem Brausen des Sturmwindes zu einem Konzert der Sphären, in das die Erde ihre Echos mischt. Die Gewitter verharren an der selben Stelle, trotz des Windes. Kein Blitz durchzuckt das Gewölk. Im Gegenteil, der Regen läßt nach und für Augenblicke schimmert Sonne auf.

Nur der Donner poltert weiter. Oder ist das keiner?

Antonia erschrickt bei diesem Gedanken, springt auf und öffnet die Fensterläden. »O Gott!« schreit sie auf: da liegen Schiffe, eins, zwei, drei, vier — sie sind gelandet! Die Katalanen greifen an!«

Hastig kleidet sie sich an und läuft durch den Garten zum Strand hinab.

Die Schiffe liegen immer noch da. Ihre Knie zittern, Tränen überströmen ihr Gesicht. Sie sind zum Greifen nahe, die Masten, Schornsteine, Kräne. Boote eilen hin und her zwischen den Dampfern und dem Land, hinunter zum Cap Vermey, wo Rey und die Freunde sitzen!

Erst jetzt blickt sie sich um. Die Soldaten sind verschwunden. Das Zelt mit Decken, Geschirr und Tornister haben sie zurückgelassen. Jetzt wird es Ernst! Der Krieg beginnt, das Gericht, die Vergeltung!

Und da drüben stehen sie auch, die Abtrünnigen, die Zweifler, das Volk von Pueblo, erstarrt vor Schreck bei diesem unerwarteten Anblick, gleich Kormoranen, die die Jäger zwischen die Felsen in die Enge getrieben haben. Stumm warten sie in schwarzen Rudeln auf dem äußersten Zipfel der Mole, als wollten sie sich gleich in die Umarmung des Meeres flüchten und ihre Schande ertränken.

Das Weinen der Kinder, das Geheul der Weiber gellt bis zu ihr herüber. Dumpfer Lärm dringt aus den niedrigen Häusern. Hier werden Fenster, dort Türen zugeworfen und verrammelt. Einige Fischer ziehen die Boote hoch hinauf auf die Straße.

Die Schiffe in der Bucht stoßen dicke, schwarze Rauchwolken aus und nähern sich langsam dem Lande. Das Angstgeschrei steigert sich, das Glöckchen im Kloster beginnt zu wimmern. In immer kürzeren Intervallen hämmern die Kanonen auf das schlafende Land.

Ist es nicht das Beste, alles stehen und liegen zu lassen und in die Höhle zu flüchten?

Vielleicht aber, nein, sicher sind sie längst bei den Katalanen und kommen angerückt mit Fahnen und Posaunen, die Arbeiter von Barcelona, voran Valenti und Juan. Sie werden die Villa des Voerge besetzen und alle einsperren, die die Republik verraten haben. Zuerst den Hai. Dann den Capitano, den dicken Trommler, die frechen Bälger des Millionario.

Also ist es doch besser zu warten.

Fontanelli ruft: »Antonia! Kommen Sie und helfen Sie meiner Frau! Sofort weg von hier!«

Die Stimme des Herrn ist stärker als alle Überlegungen, alle Träume. Sie gehorcht, wie sie es gewohnt ist und eilt ins Haus.

Die Gräfin rennt ihr mit ausgebreiteten Armen entgegen. »Antonia! Helfen Sie mir, wir müssen fort, fliehen, in den Wald, die Koffer ...«

Sie hat alle Schränke aufgerissen und wirft Kleider, Wäsche, Papiere und Schuhe auf den Boden.

Der Geschützdonner rollt in ununterbrochenen Salven.

Von Osten her fliegen sechs Flugzeuge über das Dorf dem Landungsplatz zu; über dem Wald gehen sie so tief nieder, daß es aussieht, als streiften sie die Kronen der Bäume.

Feuchte Hitze strömt durch die offenen Fenster herein und lähmt jeden Nerv, drückt auf Hirn und Lunge, erfüllt die Seelen mit Haß, steigert die Menschen in eine künstliche Erregung, die sich entladen muß, um nicht Blut und Willen zur Rettung, das Bewußtsein eigenen Lebens und Wandelns in plötzlicher Krisis auszulöschen. Der Angriff der Katalanen ist der willkommene Anlaß zu jedem Haßausbruch. Da ist endlich der Tag, auf den alle so lange gewartet haben. Da ist der Feind, der die Ruhe stört, die Heimat bedroht, der Räuber, Mörder, der Teufel selbst ist Fleisch und Blut geworden — stürzt euch auf ihn!

»Wehe uns, wenn sie eindringen! Dann sind wir verloren. Fleisch und Knochen werden sie uns zerreißen und auffressen.«

Fontanelli rennt keuchend durch die Zimmer, einen Revolver in der Hand — »Wo sind die Hunde? Sie sollen nicht in die Hände dieser Menschen fallen... «

Die Gräfin schreit auf — »Wirf die Pistole weg, vergrabe sie. Wenn sie Waffen im Hause finden, schleppen sie uns weg. Ich bin Russin, ich weiß, was mit meiner Familie geschehen ist... « Tränen kullern ihr über die gelblichen, von zerronnener Schminke rot gefleckten Wangen.

Fontanelli besinnt sich — »Antonia, bleiben Sie bitte bei meiner Frau, ich gehe ins Dorf Hilfe holen... «

Antonia denkt nicht daran, das Haus zu verlassen. Wie jeden Tag räumt sie auf, versucht Ordnung in das Chaos zu bringen — »Wenn wir flüchten, laufen wir ihnen in die Arme, wohin sollen wir? Sie sind Ausländer, niemand wird Sie anrühren... «

Die Gräfin springt plötzlich auf und starrt an Antonia vorbei, die sich umdreht — Da stehen drei Männer an der Türe, Gewehre über die Schulter gehängt. Hai öffnet und tritt mit ausgestreckter Hand auf Antonia zu — »Im Namen der Militärgewalt sind Sie verhaftet. Kommen Sie mit!«

Padrine vom Café, einer der beiden Begleiter, führt sie hinaus.

»Vorwärts, jetzt wird es Ernst, laß alles liegen... «

Hai betrachtet die Koffer — »Und Sie bleiben hier im Hause, in diesem Zimmer. Sie dürfen weder an das Fenster treten, noch in den Garten oder gar zum Strand gehen. Heute wird geschossen!«

Ohne eine Antwort abzuwarten eilt er hinter den anderen her.

Antonia zählt ihre Schritte — »... eins... zwei... drei...« Aber weder Padrine noch Hai schießen. Sie treiben sie vor sich her dem Dorfe zu.

Die Straßen liegen blank und weiß im gedämpften Licht, das dennoch blendet und sich in Spektren auflöst, gebrochen von den winzigen Nebelspiegeln, die die Luft so schwer und dunstig machen. Wolken hüllen Cap Vermey ein und ersticken den Lärm der Schlacht.

Ausgestorben liegt das Dorf. Weiber und Kinder sind in die Wälder geflüchtet. Herrenlose Hunde und Katzen schleichen umher.

Vor dem Haus der Falange machen sie halt. »Stell dich da an die Mauer!« Antonia gehorcht. Vom Markt kommt ein Faschist mit Martin, dem Maurer. Er reicht Antonia die Hand und stellt sich neben sie. Vom Hafen her bringen sie zwei Fischer, Serapio und Manuel, die seit dem Beginn des Aufstandes ihre Häuser nicht mehr verlassen hatten. Von den Feldern und entfernt liegenden Fincas scheuchen sie die Bauern und Hirten auf, wie Kaninchen aus den Höhlen.

Die letzte große Treibjagd hat begonnen.

Heute werden alle alten Händel beglichen. Familienrache, die Generationen überdauerte, feiert heute Auferstehung. Nonnen und Priester rächen sich an jenen, die ihre Kinder nicht in die Kirche sandten. Die Geldverleiher rächen sich an jenen, die keine Zinsen zahlten. Die Partei des Voerge rächt sich an allen, die nicht Gil Robles wählten. Die Schar der Gefangenen schwillt an.

Sebastians Schwiegervater, ein kleiner, tauber Alter, kommt gar freiwillig.

»Sie sollen mich zu Sebastian einsperren. Muß ich allein in Pueblo bleiben? Kann ich deinem Vater was ausrichten, Hai?«

Hai ballt die Faust — »Du Lump, schweig! Schweig, sag ich dir, sonst kannst du für immer hierbleiben — « und er zeigt dabei auf das Meer.

Der Alte läßt sich nicht einschüchtern und droht ihm sogar mit dem Stecken.

»Du wagst es, einen anderen außer dir Lump zu nennen!? Das laß ich nicht auf mir sitzen, verklagen werd' ich ihn, sobald die Katalanen hier sind... wenn er das erlebt!«

Der Feldhüter raunt Hai ein paar Worte zu, der froh ist, fortzukommen.

Schnell marschieren ein paar Blauhemden die Kirchstraße hinunter und bringen gleich darauf die dicke Catalina, ihre beiden Schwestern und ihren Vater. Außerdem Eliza mit ihrem Kind, Don Carlos, den Doktor und noch einige Frauen, die sich in die Kirche geflüchtet hatten. Schweigend gesellen sie sich zu den anderen.

Don Romeos und ein Carabinero stehen inmitten der Fischer, reden auf sie ein und zeigen hinaus auf das Meer, wo die drohenden Silhouetten der Kriegsschiffe wie Felsen emporragen.

»Wollt ihr euch denen da unterwerfen? Sollen eure Frauen und Töchter geschändet und gemordet werden? Das darf nicht sein. Wir wollen Waffen und unser Land verteidigen! Waffen! Kommt mit mir zum Kommandanten. Wer ein Herz hat, wer die Freiheit liebt, folgt mir. Ich weiß, daß ich mich auf euch verlassen kann, und daß es keine Verräter unter euch gibt. Wer jetzt nicht mit uns ist, ist gegen uns! Spanien oder der Tod!«

Unsicher und voller Zweifel sehen sich die Männer an. Dann folgen sie ihm langsam zum Hotel in das Hauptquartier.

Wenige Schritte vor ihnen geht Hai durch das große eiserne Tor, Francesco hat ihn geholt.

Der Generalstab für Pueblo ist im Hotel Miramar untergebracht. Der einzige, der weiß, was er zu tun hat, ist Terzio. Er ist die Seele des Widerstandes, telephoniert, übermittelt Befehle, serviert Frühstück, verfolgt durch das Fernglas die Bewegungen des Feindes draußen in der Bucht — »... und ich sage Ihnen, Herr Hauptmann, es sind nur drei Transporter und zwei Torpedoboote. Sie schießen nicht. Das sind Feldgeschütze, unsere eigenen Feldgeschütze.«

Das Telephon rasselt. Terzio stürzt an den Apparat und macht Notizen. Er ist etwas unsicher geworden und seine Stimme klingt rauh — »Hier ist der erste Bericht... die Katalanen sind in der Stärke von etwa fünftausend Mann gelandet... und zwar in der Bucht von San Servera, das sie besetzt haben und marschieren... in der Richtung auf Manacor. Alle zuverlässigen Männer sind mit den vorhandenen Waffen auszurüsten und zur Verstärkung der Küstenwache und Falangisten einzusetzen...«

Hauptmann de Vergon blickt finster drein. Ihm ist unbehaglich zu Mute. »Wer hat den Befehl durchgegeben?«

Terzio zuckt die Achseln — »Stab der ersten Division Manacor. Aber es ist vollkommen klar — wie ich gesagt habe — Graf Fontanelli ist bereit, die Waffen gegen eine Quittung über den Empfang zur Verfügung zu stellen. Don Walter hat die Bürgerwehr organisiert. Wir sind alte Soldaten.«

Porfirio und Fontanelli nicken nur. Auch ihnen ist nicht ganz geheuer; besser, die Waffen werden bei den Bauern gefunden, als in einem Haus, das einem Fremden gehört.

»An mir liegt es nicht, daß die Leute nicht ausgerüstet sind. Ich bemühe mich seit drei Tagen bereits, diesen Hai zur Herausgabe des Schlüssels zu veranlassen. Alles ohne Erfolg. Wir haben Anlaß, ihm sogar zu mißtrauen, wie ich es Ihnen ja auch vor ein paar Tagen auseinandergesetzt habe...«

Es geht gegen de Vergons nationales Ehrgefühl, sich diesen Ausländern zu überliefern — »Haben Sie eine Liste der Waffen?«

Fontanelli überreicht sie ihm.

»Gut, danke schön. Es ist Kriegszustand und ich beschlagnahme die Waffen im Namen der Regierung. Sie erhalten die Quittung bei der Übernahme. Wo ist der Anführer der Falange?«

Hai tritt vor — »Zur Stelle!«

Vergon nickt ihm freundlich zu — »Gut. Wieviel Mann haben Sie?«

»Sechzehn bis jetzt, Herr Hauptmann.«

»Wo sind die anderen? Es müssen doch mehr als sechzehn national gesinnte Männer hier im Dorf sein!«

Hai versteht ihn nicht — »Wir könnten noch ein paar Weiber festnehmen ...«

Da greift Porfirio ein, jetzt ist seine Stunde gekommen — »Der Mann ist als militärischer Leiter vollkommen unbrauchbar, Herr Hauptmann, er begreift die einfachste Frage nicht — « und dann fährt er Hai an — »Der Herr Hauptmann fragt dich, wieviel Mann du bewaffnen kannst und wo die Gewehre sind? — Ich habe allein zweiundsiebzig Mann Bürgerwehr aufgestellt, da mußt du doch mehr als sechzehn Mann in der Falange haben!«

Fontanelli schreit ebenfalls — »Den Schlüssel will ich haben! Wo ist der Schlüssel zum Depot!«

Hai blickt zu Boden, beißt sich auf die Lippen, seine Finger zittern.

Alle starren ihn an, sie wissen nicht, was sie mit dem Mann da anfangen sollen. Nur de Vergon hält zu ihm — »Der Mann wird schon seine Gründe haben. Ein paar Meilen von hier liegen seine Kameraden im Feuer und sterben. Nehmen Sie etwas Rücksicht auf seine Gefühle, Sie schüchtern ihn ein — also, Hai, wo haben Sie den Schlüssel?«

Don Romeos rettet ihn. Er kommt mit drei Delegierten, dem Capitano, dem Lehrer Tomeo und dem Gärtner Voerges — »Herr Hauptmann, melde mich gehorsamst mit über hundert ergebenen Dienern zur Verteidigung unserer Heimat, mit der Bitte, uns Waffen zu geben und an die Front zu schicken.«

Hai richtet sich auf — »Ich werde die Waffen sofort verteilen. Die Leute sollen mit mir kommen.«

De Vergon ist beglückt und reicht Don Romeos die Hand.

»Ich danke Ihnen, Alkalde, es gibt noch Spanier in diesem Lande. Gehen Sie mit der Falange gemeinsam vor. Nehmen Sie die Waffen und besetzen Sie die Küste, den Leuchtturm, und vor allem das Schloß.«

Dann reicht er auch Hai die Hand. »Ich verstehe Sie vollkommen. Und melden Sie sich dann bei mir.«

Fontanelli legt seine Quittung auf den Tisch — »Bitte Herr Hauptmann, würden Sie den Empfang der Waffen hier bescheinigen? Ich möchte bei der Übergabe zugegen sein.«

De Vergon unterschreibt wortlos, angeekelt von diesen Fremden, die nur Geschäfte machen, ein holperiges, plebejisches Kastilianisch reden und sich außerdem in seine Befugnisse einmengen wollen.

Hai marschiert mit der ganzen Schar zum Strand und läßt sie dort antreten — »Wartet hier, bis ihr gerufen werdet!«

Dann versucht er mit Axt und Brechstangen die Stahltüre des Depots zu sprengen. Ohne Erfolg. Er sendet Francesco aus, den Schlosser in Cabra zu suchen. »Nimm ein Auto und bring' gleichzeitig die Gefangenen hinauf, ich warte hier. Beeile dich, du weißt, was davon abhängt...«

Francesco beschlagnahmt den Lastwagen des Positos und fährt zum Haus der Falange. »Die Gefangenen einsteigen!«

Hastig klettern alle hinauf, froh, dem Hai entronnen zu sein. Alles, was sie draußen erwarten kann, dünkt sie nichts, im Vergleich zu den Gefahren, die sie in Pueblo bedrohen.

Als sie am Strand vorüberfahren, sieht Antonia die Männer dort in zwei Reihen aufgestellt.

Sie weiß, was das bedeutet.

Ihr Herz klopft in wilden Sprüngen. Der Wagen rollt weiter, sie hat Zeit gewonnen... »Bis Mittag müssen die Katalanen hier sein, oder ich bin verloren — dann ist alles entdeckt...«

Sie haben die ersten Häuser von Cabra erreicht.

Das sonst so stille und muffige Dorf ist in Revolte: nicht einmal zur jährlichen Kirmes gab es so viel Geschrei und Aufregung. Die Männer sind mit Jagdflinten und alten Kavalleriesäbeln bewaffnet. Die hübschen Mädchen der Marienkongregation tragen blauseidene Blusen und Soldatenkäppis. Sie haben die Reihen der Falangisten verstärkt, die unterhalb der Schloßmauern auf Befehle warten, vor denen sie zittern.

Alle übrigen Einwohner, Weiber, Kinder und Greise, ziehen in wirren Rudeln immer wieder durch das Dorf, kreuz und quer wie aufgescheuchte Schafe. Mit geballten Fäusten, kreischend in hysterischer Ohnmacht, stürzen sie dem Wagen entgegen, umringen ihn wie Geier das Aas — »A muerte! Schlagt sie tot!« das ist der Schrei, der den Gefangenen entgegengellt.

Es sind ihre Freunde und Verwandten, Brüder und Schwestern, die da unten heranstürmen, denen sie in die blassen, ekstatischen Gesichter sehen. Es sind Menschen wie sie, die mit den Fäusten drohen, deren Nägel gleich Krallen ihnen an die Gurgel fahren wollen. Nicht einmal Feinde im Kampf können sich so hassen, wie diese Bauern jetzt hier einander hassen, nur von dem Wunsch getrieben, den anderen auszutilgen, zu vernichten.

Die Gefangenen stehen oben, zusammengedrängt, aufrecht und unerschüttert. Sie wissen, daß sie keine Gnade zu erwarten haben, auch wenn die Katalanen siegen sollten. Und dennoch hoffen sie inbrünstig, daß es wahr werde.

Neue Gewitter ziehen herauf. Donnerschläge poltern

sanft und wie Musik über die gleichen Berge von Iglesias wie der Lärm der Schlacht.

So sieht Antonia ihre Vaterstadt wieder.

Schwarz und grimmig steht sie heute inmitten ihrer festlichen Gärten, ein ragender Turm.

Antonia sucht am Horizont nach einem Zeichen, das ihr Mut macht.

Aber nur die Kanonenschläge dröhnen dumpf; hell und ununterbrochen knattern die Gewehrsalven. Über allem schwenkt der Himmel seine Blitze, die blaß aus den zackigen Wolken schießen und sie in Regen und Nebel auflösen.

Der Wagen hält vor dem Rathaus. Es ist Schule, Gericht, Steueramt und heute vor allem Gefängnis.

In jedem Zimmer, auf jeder Treppenstufe drücken sich Bauern mit Gewehren ängstlich in die finstersten Winkel. Bewaffnete warten draußen auf dem Platz und blicken den Leuten aus Pueblo voller Furcht und Zweifel entgegen.

Was wird sein? Wer wird siegen? fragen ihre Augen. Allen dämmert die Erkenntnis, daß es nicht gelingen wird, die anderen auf die Knie zu zwingen, solange Katalonien kämpft. Leises Mitleid empfinden sie mit jedem von diesen Aufrechten, die sich nicht verkauften. Doch noch ist es gefährlich, sich ihnen zu nähern, oder die wahre Gesinnung zu verraten. Man wird sich dem Sieger anschließen, das ist der Sinn aller Politik.

Die Männer aus Pueblo stehen mitten auf dem Platz und betrachten die kriegerischen Familienväter mit jener Verachtung, die Kämpfer für Zivilisten mit Gewehren, die sie nicht zu handhaben verstehen, übrig haben. Sie trauen sich sogar zu, diese Pedros und Juans ohne Widerstand zu entwaffnen und nach Hause zu schicken. Sie fühlen, wie froh sie sein würden, diese Gewehre und Patronentaschen ohne Inhalt so leichten Kaufes los zu werden.

Aber zwischen ihnen und den Bauern stehen die Reihen der Falangisten, deren Stunde gekommen ist. Sie haben schießen gelernt. Und sie werden schießen bei der geringsten verdächtigen Bewegung irgendeiner der Gefangenen.

Ringsum die Weiber und Mädchen, Greise und Kinder, Nonnen und Betschwestern heulen unablässig ihr »A muerte!« im Takt mit Händeklatschen.

Scirocco faucht seine Hitze in ihre Glut.

Die Kanonen hämmern allen ins Gehirn, daß der Feind vor den Toren steht.

Was wird sein?

»Bevor wir sterben, sollen diese da sterben! Worauf warten wir noch?«

Aber da ist auch noch Per Andreu, der Pajaz, auf den alle Gewalt im Dorf übergegangen ist. Der Alkalde ist mit dem Sekretär geflüchtet. Der Führer der Faschisten ist an die Front geschickt worden.

So blieb nur er, der Gemeindediener. Er hielt sich schon immer für den Napoleon des Dorfes, aber es gab bisher niemals Gelegenheit, strategische und politische Fähigkeiten zu beweisen: er ist wie Gott mit den stärkeren Bataillonen. Und da die Meldungen für die Katalanen günstig lauten, verteidigt er die Gefangenen — »Bevor diese da sterben, sterbe ich!« ruft er mit Donnerstimme den Nonnen entgegen, die heulend auf die Faschisten einreden. Sobald nur einer weiß, was er will und es entschieden und laut genug sagt, werden sich immer Leute finden, die ihm gehorchen.

Kurz und unnahbar befiehlt Per Andreu, was zu geschehen hat.

»Die Männer hier in den Schulsaal. Alle Matratzen hinaus in die Kirche. Abzählen! Sechzehn Mann aus Pueblo, gut. Sechzehn Stühle in zwei Reihen aufstellen, marsch!«

Er kennt die Geschichte jedes einzelnen und er hatte bei jedem Prozeß, jedem Verkauf, jeder Erbschaft seine Hand im Spiele. So auch heute. »Ihr seid meine Gäste. Setzt euch.«

Er wirft sich in die Brust und zwirbelt seinen schwarz gewichsten Schnurrbart. Das ist Schauspielerei, er bleibt, was er war — Pajaz, der Clown.

»Setzt euch hin, aber geht nicht an die Fenster. Raucht und spuckt ruhig auf den Boden, aufgewischt wird für euer Geld — «

Und jetzt wendet er sich zu dem Fremden, den er für gefährlicher hält und am liebsten gleich nach Palma schicken würde, wenn das noch möglich wäre — »Und Sie, Sie setzen sich abseits von den Männern auf die Estrade dort, mit dem Rücken zum Saal. So. Jede Unterhaltung mit den anderen ist verboten! Haben Sie mich verstanden?«

Don Carlos gibt keine Antwort und tut lächelnd, wie er befohlen hat.

Zwei Bauern mit Gewehren postieren sich rechts und links vor der offenen Türe. Sie bleiben außerhalb stehen, um nicht mit den Gefangenen in Berührung zu kommen.

Inzwischen sind ununterbrochen neue Scharen von Verhafteten angelangt, Männer und Frauen. Pajaz ruft die Namen auf — Antonia, Catalina, Maria, Sabine, Marguerita, es nimmt kein Ende.

»Die Damen nach oben, wenn ich bitten darf, in den Gerichtssaal, dort können Sie über Ihre Sünden nachdenken ...«

Antonia sitzt am Fenster und starrt hinüber zum Cap Vermey, das in Wolken begraben liegt. Oder ist es Rauch? Die Scheiben klirren von den Detonationen und manchmal zittert das ganze Haus, als wolle es aus den Fugen gehen. Der Geschützdonner dröhnt jetzt ganz aus der Nähe. Unruhig und mit finsteren Mienen laufen die Bewaffneten umher. Die Faschisten gehen von einem zum anderen, mustern die Jüngsten aus und schicken sie weg, zur Verstärkung der Kampflinien.

Sie sind unermüdlich. Immer mehr Gefangene bringen sie an. Mit triumphierender Stimme ruft Pajaz — »... einhundertneunundsiebzig — achtzig — dreiundachtzig ...«

In Gruppen schleichen sie über den Platz und melden sich im Rathaus. Andere werden in Lastwagen herbeigefahren. Bauern mit Händen, die noch schwarz sind mit der Erde, die sie grade umgruben, als die Häscher kamen. Frauen mit Säuglingen, junge Mädchen im Sonntagsstaat. Und so wie in Cabra, ist es im ganzen Lande. Die eine Hälfte der Bevölkerung sperrt die andere Hälfte ein.

»Wer bleibt eigentlich übrig?« Martin fragt es laut.

»Nur die Frommen... « murmelt ein alter Bauer. Es wird wieder still. Bleierne, schläfrige Hitze überwältigt die Menschen, die in den engen Kammern am Boden hocken und auf das Urteil warten.

Dann ertönt von draußen wieder lautes Geschrei. Die Weiber haben sich auf dem Rathausplatz um Don Romeos versammelt, der auf einen Stuhl klettert, um eine Ansprache zu halten.

»Spanier, der Feind ist gelandet! Ihr hört die Kanonen — doch es sind unsere Kanonen, die ihm antworten. Der Katalane ist gelandet, um unsere Heimat zu verwüsten und zu besetzen. Er wird unsere Kirchen zerstören, unsere Priester morden, euch und eure Männer in die Flammen eurer Häuser werfen. Er will die Kathedrale von Palma dem Erdboden gleichmachen, wie er es mit allen Kirchen in Katalonien getan hat. Wo er herrscht, treiben Hunger und Verzweiflung die Menschen zum Selbstmord. Soll das mit uns ebenso geschehen?«

Ein gellendes »Nein! Niemals!« schallt ihm entgegen. Don Romeos wischt sich den Schweiß von der Stirn. Er redet gerne und gut. Es ist immer noch hundert Mal besser, hier zu schwitzen, als da unten zu sterben. Er breitet beide Arme aus — »Spanier! Ich habe soeben mit unserem tapferen Kommandanten gesprochen. Hört, was er sagt. Ausländer, Russen, Franzosen und Engländer sind mit diesen Feiglingen aus Barcelona gekommen. Weiber und Kinder haben sie vor sich hergetrieben, aus Angst vor unseren Kugeln. Fürchtet euch nicht. Wir werden siegen und sie an die Trossen unserer Barken binden, mit den Netzen werden wir sie hinter uns her durch das Meer schleifen. In die Höhlen werden wir sie treiben und sie dort einmauern, bis sie vermodert sind. Keiner von ihnen wird lebend heimkehren. Vertraut auf uns, eure alten Führer, und die Kirche. Mit uns ist Christus, seine heilige Mutter und der Papst. Hoch Spanien! Nieder mit den Feiglingen!«

Die Weiber heulen auf — »A bajo los cobardes, nieder mit den Feiglingen!« Steine fliegen gegen die Mauern und Fensterläden des Rathauses. Die Weiber setzen zum Sturm an — »Heraus mit den Feiglingen!« Die Bauern drängen sie zurück. Die Faschisten ermuntern sie.

Pajaz läßt die Türen schließen.

Einer der Gefangenen verliert die Nerven und beginnt laut und herzzerreißend zu weinen. Es klingt als werde jemand ermordet. Don Carlos steht auf, windet sich zwischen den Männern durch und legt den Arm um seine Schulter, beugt sich zu ihm nieder — »Aber Mann, du darfst doch jetzt nicht weinen, was sollen die Voerges von uns denken!« Der Bauer stammelt ein paar Worte.

»Deine Frau liegt im Kindbett? Das ist schlimm, aber sicher wird es ein Junge und der Präsident Azaña kommt zur Taufe ...« einer der Wächter öffnet die Tür — »Sei doch froh, daß du hier bist, die Weiber tun dir nichts.«

Martin nickt — »Nimm dir ein Beispiel an dem da, der ist auch lieber bei uns als an der Front ... «

Die Schlacht rollt in jähen Donnerschlägen quer über das ganze Land. Alles ringsum dröhnt und zittert. Die Faschisten lauschen mit angehaltenem Atem. Kein Zweifel, die Katalanen haben Fuß gefaßt und nähern sich Iglesias. Jeder erwartet, daß innerhalb der nächsten Minuten Schüsse von den Dächern prasseln oder Granaten einschlagen.

Martin zündet sich eine Zigarette an und sagt laut zu seinem Nachbarn, der den Kopf auf die Arme gelegt hat, immer noch hilflos und jämmerlich heult — »Alles geht gut, sehr gut, nur Geduld und Tabak vom Voerge...«

Aber statt des Gelächters, das er erwartete, beginnen zwei andere, und gleich darauf noch ein dritter, laut zu weinen. In allen gewinnt die Furcht die Oberhand, daß sie als Geiseln beim Nahen der Befreier erschossen werden sollen. Viele werfen sich auf den Boden und schlagen um sich, als hätten sie Krämpfe. Die anderen starren finster vor sich hin. Einige beten, andere zählen laut die Kanonenschläge. Das Weinen quält alle, aber niemand kümmert sich um die Verzweifelten.

Die Frauen halten sich besser. Die Wächter schämen sich und trauen sich nicht in ihre Nähe. Nur die Falangisten schleichen von Zeit zu Zeit herein und horchen, was sie reden.

»Wir werden es ihnen heimzahlen. Niemand von uns hat den Blauen jemals etwas zu Leide getan, keiner von uns hat ihre Frauen oder Töchter angerührt. Und sie morden und erschießen, verhaften uns und unsere Männer, als seien wir Raubmörder und Gesindel. Alles wird ihnen aufgerechnet werden...«

Maria sagt es, Sebastians Frau. Ein Bursche im Blauhemd, der sich hinter den hohen Aktenschränken versteckt hat, tritt mit einem Satz auf sie zu — »Was hast du da gesagt?«

Maria spuckt verächtlich vor ihm aus.

»Du, wie heißt du? Du sollst antworten, ich hab' hier zu befehlen!«

»Sag das deiner Amme, hijo de puta...« und sie dreht ihm den Rücken zu.

Der Bursche rennt hinaus und kommt gleich darauf mit einem älteren Falangisten zurück — »Die da war es...« schreit er.

Es ist zufällig Marias Bruder, der nun verlegen und ängstlich nach Ausflüchten sucht, um den Jüngeren, der vor Wut und Eifer zittert, zu beruhigen.

»Das ist doch meine Schwester, laß sie in Ruhe, dann wird sie schon von selbst wieder vernünftig. Der Sebastian, ihr Mann, hat sie gegen uns aufgehetzt — dafür sitzt er jetzt auch in Palma im Gefängnis, das genügt.«

Maria tut als höre und sehe sie nichts, genau wie die anderen Frauen.

Der Junge aber gibt nicht nach.

»Das mindeste, was ich verlangen kann, ist, daß sie sich entschuldigt und »Arriba España« ruft, grad weil sie deine Schwester ist. Los, ruf!« und dabei stößt er den Gewehrkolben auf den Boden, daß der Staub in Wolken aus den Fugen quillt.

Maria schaut aus dem Fenster nach den Bergen hinüber — »Da könnt ihr lange warten, bis ich rufe, so viel Zeit werdet ihr gar nicht haben. Und wenn du noch einmal sagst, ich sei deine Schwester...« sie springt auf und geht auf ihren Bruder zu — droht ihm mit der Faust — »... dann wundere dich nicht, daß dir ein Unglück zustößt. Mehr sage ich nicht. Frag deinen Vater, der unten sitzt, was er über dich denkt. Laß deine Flinte ruhig oben, ich weiß, daß du zu allem fähig bist und es nicht einmal zu beichten brauchst. Aber es werden auch wieder andere Zeiten kommen, hoffentlich recht bald, das vergiß nicht! Dann wird abgerechnet mit euch, mit allen Voerges hier — daß du nicht erstickst vor Scham!«

Die beiden Falangisten gehen bedrückt hinaus; es gellt ihnen in den Ohren — es werden auch wieder andere Zeiten kommen!

Der Pajaz steckt seinen weiß gepuderten Kopf herein — »Wünschen die Damen eine Erfrischung, Kaffee, Limonade, einen kleinen Anis?«

Niemand lacht, niemand antwortet. Die Weiber sitzen

da wie heilige Richterinnen, aufrecht, die Arme gekreuzt und horchen auf die Musik der Kanonen.

Antonia rechnet grade — »... vier Tage sitzen die Männer schon unten in der Höhle — ohne Brot — Gott, hilf ihnen zu den Katalanen, rette mich vor dem Hai!«

Und jetzt — als habe sie jemand gerufen — erhebt sie sich und geht an Per Andreu vorbei, der ihr höflich Platz macht — »... muß mal wohin ...«

»Bitte, Señorita, wohin Sie wollen!« und er öffnet ihr weit die Türe.

Antonia geht gemächlich die Treppe hinunter an den Posten entlang auf den Hof. Niemand fragt sie, niemand beachtet sie. Fortwährend kommen und gehn Menschen, die gefangen wurden oder nach ihren Angehörigen fragen. Das Haus ist ein summender Bienenschwarm, die Disziplin ist gelockert — die Falangisten sind abgezogen.

Von dem großen Hof führt eine Stiege zwischen hohen Oleanderbüschen zu einer schmalen Pforte und auf die Straße. Antonia blickt hinunter — die Straße ist leer, dieser rückwärtige Ausgang unbewacht. Sie steigt hinab. Die Türe ist nicht verschlossen.

Es ist wie im Traum.

Sie merkt erst, daß sie frei ist, als sie an der Cooperativa vorbeigeht und Jorge, der Verwalter, sie grüßt.

Er grüßt nur mit einem Blick und hebt unmerklich den Kopf. Ihr fällt ein, daß sie etwas mitnehmen könnte — Obst und Käse zum Beispiel. Jorge leiht ihr sogar ein Tuch zum Einpacken... »Mich haben die Señoritos offenbar vergessen — wie viele sind eigentlich oben? Und du, bist du entlassen worden?«

Sie nickt und horcht hinaus, ob sie noch nicht kommen.

Aber sie kommen noch nicht.

Da schüttelt sie ihm die Hand. Jorge blickt ihr lange nach, bis sie in den Feldweg einbiegt und hinter einem Weizenfeld verschwunden ist.

Sie geht mit Absicht so langsam. Wenn sie mich vermissen, ist es vielleicht nicht so schlimm. Sie blickt sich um — Lerchen singen, die Bäume rauschen im Wind, die Ähren biegen sich silbern und die Luft ist voller Donner.

Weit und breit kein Mensch.

Da beginnt sie zu laufen, dem Meer, der Höhle, der Schlacht zu.

Gegen Mittag hat der Schlosser endlich die Stahltüre des Kabelganges zerschnitten. Die dahinter aufgestellte Kiste stürzt hinaus und zerschmettert ihm das rechte Knie. Ohnmächtig liegt er am Boden, Hai und Francesco befreien ihn.

Die Kisten sind wichtiger — sie klappen die Deckel hoch. — Steine! Steine! Hai schreit auf.

Kein Gewehr, keine Munition, kein Maschinengewehr — alle Kisten sind ausgeräubert. Hai taumelt und lehnt sich mit geschlossenen Augen an die Wand.

Franceso drückt ihm das Gewehr in die Hand und führt ihn hinaus — »Du weißt, was ich dir gestern gesagt habe. Du bist Kommandant gewesen, geh und verschwinde für immer!«

Hai nimmt das Gewehr und läuft davon, Cabra zu.

Wie ein Rasender stürzt er in das Dorf zum Rathaus. Pajaz weicht vor ihm zurück.

»Wo ist die Antonia Calafat?«

Pajaz ruft hinauf — »Antonia Calafat soll herunterkommen — Antonia!«

Ein Bauer lehnt sich über das Geländer — »Die Antonia ist vor einer halben Stunde hinausgegangen...«

Da schlägt Hai den Pajaz mit der geballten Faust mitten ins Gesicht.

Dann rennt er hinaus.

XIII

Juan und Rey warten voller Unruhe am Eingang der Höhle auf die drei anderen, die einen weiten und beschwerlichen Weg zu machen haben: über Geröll und Äcker voller Dornen, über Hügel, die mit Knieholz überwuchert, gegen das Meer zu steil abfallen; ihr felsiges Inneres gleicht einem Steinbruch; als habe eine gewaltige Explosion sie wie Nüsse in zwei Hälften gespalten und die eine ins Meer geschleudert, wo die Trümmer als Klippen aufragen. Wind pfeift um alle Kanten und Tau durchnäßt die dünnen Röcke der stummen Wanderer, die voranhetzen.

Aber der Tag holt sie ein. Die Herden läuten auf den Matten. Ein Falke streicht aus den rauhen und einsamen Felsgründen, Ce Heredad, das Erbe genannt, und kreist ruhevoll über ihnen. Vielleicht hat er ein verirrtes Lamm eräugt. Kormorane tauchen und spielen unten zwischen den schwarzen Schären. Der Sang der Amseln und Buchfinken dringt durch den Wald, der den Rücken von Cap Vermey bedeckt.

Rey ist früher schon in der Höhle gewesen — »Es ist ganz einfach — zuerst kommt eine Leiter, dann ein paar Felsstufen — die Höhle ist leer und ziemlich groß — kommt nur!«

Valenti zögert — »Wir kommen noch früh genug unter die Erde. Geht vor, ich werde hier oben bleiben und Wache halten.«

Leo protestiert — »Entweder du gehst mit uns allen, oder du kehrst um. Sobald ein Carabinero oder ein Hirte dich entdeckt, sind wir verloren — das siehst du doch ein?«

Aber Valenti sucht nach einer Ausrede — »Hört mal, Männer, glaubt ihr wirklich, daß es da unten besser ist, als oben in einem der Wachtürme?«

Rey rafft Decken, Säcke, den Wasserkrug und die Körbe mit Brot zusammen, um sie hinunterzuschaffen — »Zankt euch und sagt mir dann, was ihr tun wollt. Ich lege mich solange hin und schlafe.«

Mit diesen Worten klettert er hinunter.

Juan ist gleichfalls müde — »Ich begreife, daß es dir nicht leicht fällt, Valenti, dich zu verkriechen, genau so wenig wie uns; wir sind nie geflohen. Mach einen Vorschlag. Wir stimmen ab und der Fall ist erledigt.«

Leo und Luis nicken zustimmend und warten auf Valenti, der fröstelnd, mit hochgezogenen Schultern sich abwendet; er spricht zum Dorf hinunter, dessen weiße Häuser in der Ferne aus dem Grün hervorleuchten, den Hügel hinauf zum Schloß wandern, das im Glanz der ersten Sonnenstrahlen mit allen Fenstern glitzert.

»Einer nach dem andern ist gegangen. Erst die Fischer, dann die Carabineros, jetzt wir. Dürfen wir Bartolomé und Melis im Stich lassen? Sollte Rey nicht hingehen und sie nochmals bitten, mit uns zusammen zu bleiben?«

Juan tippt ihm auf den Rücken — »Valenti, denk an die Männer im Tunnel in Palma. Wir sind fünf, das ist schon zu viel. Die Freunde werden kommen, wenn es an der Zeit ist. Du sollst nur einen besseren Vorschlag machen, Valenti — was ist besser als die Höhle? Wo sind wir sicherer? Das wollen wir wissen!«

Valenti schlägt bei jedem Wort mit der Faust in die Hand — »Also ich wiederhole meinen Vorschlag, den ich vorige Woche bereits in der Mühle gemacht habe — eine Barke zu stehlen und nach Menorca zu fahren!«

»Gut, abstimmen — Luis? — Nein — Leo? — Nein — ich! Nein. Abgelehnt. Kommst du jetzt mit uns, oder kehrst du um?«

»Und Rey?«

Juan winkt ab — »Laß das, Valenti.«

»Gut, ich gebe nach. Aber ich behalte mir vor, meinen Entschluß später auszuführen. Dann darf mir niemand den Vorwurf machen, ich sei desertiert.«

»Das wird niemand von Valenti sagen, wir kennen dich. Jetzt komm aber, die Bauern da unten auf der Finca Esperanza beginnen zu arbeiten...«

Einer nach dem andern steigen sie ängstlich tastend hinab.

Valenti, als letzter, klappt das Eisengitter herunter und zieht, unten angelangt, die Leiter wieder ein.

Die Höhle bietet Schutz gegen Wind und Wetter, und, was das Wesentliche ist, gegen Verfolger, da sie in einer Wildnis hoch über dem Meere liegt, fernab allen Straßen und Pfaden, und ganz in Vergessenheit geraten ist.

Aber sie bietet auf die Dauer keinen Schutz gegen Trübsinn, gegen innere Furcht und Unruhe, gegen schwarze Gedanken und Anfechtungen, die auch den Mutigsten befallen, gegen Lähmung der Tapferkeit und Energie, die sich umkehrt und ihre böse Spannung an den Kameraden entladen möchte. Diese Männer sind aufgewachsen in vollster Freiheit, fast wie Wilde, und so leiden sie bald an Wahnvorstellungen, die sie stumm und gereizt machen und die Qualen der verfluchten Einsamkeit aneinander zu rächen zwingen.

Ohne Gruseln, aber auch ohne Neugier haben sie sich niedergelassen, wie in einem fremden Haus auf einer Wanderung; ein Gewitter hat sie überrascht und sie warten nun, bis der Regen vorübergerauscht ist.

Aber sie sind nicht ganz frei von dem Aberglauben, der die Bauern beherrscht: die Höhlen sind der Eingang zur

Hölle, der Wohnsitz aller bösen Geister und blutsaugender Drachen.

Doch nichts deutet darauf hin, daß hier jemals Menschen hausten, und selbst die Schmuggler, die doch bestimmt hier Unterschlupf suchten, haben keine Spur, nicht einmal einen Feuerplatz, hinterlassen.

Die Höhle ist nackt und steinern, leer und dennoch voll eines unerklärlichen, vibrierenden Lebens; sie teilen dieses Gefängnis mit Unsichtbaren, die ihren Schlaf stören.

Vom senkrechten Schacht, in dem die Leiter steht, und der etwa dreißig Meter steil und eng in rauhen Felsstufen weiter abwärts führt, tritt man in einen niedrigen, gewölbten Vorraum, der, rund und lehmig, wie der Grund eines Brunnens voll Brackwasser steht, das der Regen von oben hereingeschwemmt hat. Hier ist es noch dämmrig hell, und die blaue Scheibe des Himmels ruht oben wie eine tröstliche Verheißung.

Aus der linken Wand dieses Kuppelbaues führt ein noch engerer und mit spitzen Felsnasen gespickter Gang etwa zwanzig Schritte weit in den ersten Höhlenraum, der sich hoch und luftig in glasiger, honiggelber Dämmerung weitet und verliert. Dieser feierliche Anblick erfüllt die Brust mit Beklemmung, als trete man in eine geheimnisvoll erleuchtete Kirche. Der Boden ist mit feinem Sande gepolstert und ganz eben.

Zur Linken hoch oben befindet sich ein Felsspalt, durch den Licht einfällt.

Aber nicht nur Licht und Wärme, auch das Meer flutet herein und erfüllt die Räume mit Donner und wild gemischten Echos.

Aus Winkeln und Schluchten, die sich überallhin verzweigen und verwirren, klagt und schluchzt es von der ständig herein und wieder hinaus gepreßten Luft, die in saugenden Strömen entweicht und das Trommelfell mit dumpfem Druck schmerzlich spannt.

»Wohin entweicht aber das Wasser, das da herunterstürzt?«

Luis versucht, die steil und nach innen geneigte Wand, die die Katarakte verbirgt, zu erklettern. Aber die Steine geben unter seinen Füßen und Händen nach und er stürzt mit einer Lawine von Geröll rücklings zu Boden: ein Schacht, glatt und mit Schaum gefüllt, leitet die Wasser wieder ins Meer. In dieser Röhre steigt und fällt die Flut und sie dröhnt wie Orgelpfeifen im Donner der ewig gärenden Wasser.

Hinter der zerbrochenen Steinkulisse erhebt sich aber eine zweite und dritte, immer höhere Mauer und Tropfsteinwände staffeln sich kunstvoll hinauf, die den Abfluß zum Meer verteidigen und unzugänglich machen — ebenso aber die Quelle oben, durch deren Spiegel die Sonne ihren Regenbogen sendet.

Ruhig und ehern streckt sich das Meer von diesem Cap bis nach Afrika, in allen Tönungen von blau. Unter den Felsen in schwarzer Tinte, über Sand und Algen schmelzend in grünen Smaragden.

Trotz dieser Ruhe bricht es in Abständen von sieben Minuten durch das Fenster oben in Kaskaden und tobt mit der Gewalt spielender Nilpferde, die brüllend tauchen und sich jagen. Es pulst wie der Herzschlag und verebbt in grollenden Seufzern.

Valenti untersucht die Ausdehnung des unterirdischen Baues, der den Eindruck unendlicher Größe macht und eine Vielfalt von ineinander geschachtelten Verliesen bildet.

Erst allmählich erfaßt sein Auge das wahre Wesen dieses Werkes, das erfüllt ist und nicht vollendet, das emporstrebt aus einer Bündelwelt steiler Stalagmiten und sich niedersenkt gleich steinernen Saaten, die der Atem der Ewigkeit gebeugt hat. Das langsam sprießt und sich rundet zu stumpfen Kegeln, die zu Zwillingen und Janusköpfen gepaart, mit Augen, Nasen und schmerzverzerrten Mündern aus dem Dunkel auftauchen und im flackernden Schein der Kerze zu reden und zu lachen scheinen.

Valenti rührt eine der Alabastersäulen an. Sie klirrt wie Glas in seinen Händen und rieselt in Splittern zu Boden: das Werk von Tausenden von Jahren ist vernichtet.

Nichts. Staub, versteinerter Regen, der von oben klingelnd und rieselnd wie die Zeit selbst auf Stein und Sand und auch auf sein Gesicht niedertropft.

Ein Wald steinerner Pfeifen, versteinter Stämme umringt ihn, er muß sich Bahn brechen, eine Lichtung schaffen, um vordringen zu können.

Die Wände wölben sich, glatt und fleischig, gleich Kamelhöckern und Walzen aus gelbem Marmor, aufwärts, teilen sich in drei und vier und vielfältige Ströme, ein vergletschertes Wasserrinnsal, über dem breit hinwallende Vorhänge lasten, die kein Hauch je bewegte. Nur das sinternde und rastlos schaffende Wasser läuft an ihnen abwärts.

Das Wasser ist das Blut dieses Traumkörpers, in dem Valenti von Kammer zu Kammer steigt und fällt.

Er horcht auf. Links oben, hoch unter der Kuppelwölbung, spricht jemand. Täuschung. Es ist das Echo, das Juans Worte zurückwirft — er trifft die nötigen Anweisungen, um trocken und unberührt vom Sprühregen der einbrechenden Flut schlafen zu können.

Valenti wandert weiter. Jeder Schritt wird zu einer Anstrengung, zu einer tierischen Art der Fortbewegung, da der Boden glatt wie Eis ist und die Stalagtiten unter seinem Griff zerbröckeln, keinen Halt geben.

Valenti rutscht auf allen Vieren hinab und tastet sich weiter hinter Vorhängen und Säulenbündeln zu einer zweiten, kaum erhellten Kammer, die weit größer und höher ist, als die erste. Ganz erfüllt und durchschnitten von Streben und Pfeilern, die oben zu gotischen Kapitälen ausstrahlen und an der Basis wurzelhaft im Boden sich verkriechen.

In kalter Reinheit steht dies alles in salzweißem Dämmerlicht, durchweht von wässrigem Duft, der ein wenig bitter schmeckt, aber sich leicht atmet wie Sauerstoff und das Blut erregt.

Der Bauer, fern jeder falschen religiösen oder sentimentalen Regung, vermag Ursprung und Sinn dieser mühevollen Arbeit unendlicher Jahrtausende nicht zu erkennen, weder ihren Weg noch ihren Anfang. Er hat Aberglauben und Legenden, die sich mit dem Zaubernetz der vielfältigen Höhlen verweben, stets bekämpft.

Aus Haß gegen die Kirche und ihre unerbittliche Herrschaft über Leib und Seele, ging er weiter, als es seiner an sich freundlichen Haltung den Mitmenschen gegenüber liegen mochte.

»Es gibt ebenso wenig Geister und Drachen, wie es Heilige gibt, die uns helfen, ein verlorenes Schaf wiederzufinden. Es gibt nur einen Geist, das ist unserer, der aller Menschen Geist ist, und unsere Religion ist die Gerechtigkeit. Die kann uns kein Heiliger geben, die müssen wir uns selbst erkämpfen. Das ist unser Glaube.«

Valentis Leben spielte sich in der Öffentlichkeit ab, auf den Feldern, im Garten, in alltäglicher Arbeit. Politik, Versammlungen, Reden und Bücher waren für ihn der gleiche Ausdruck des Daseins: er teilte seine Erfahrung denen mit, die nicht lesen konnten oder an Gespenster glaubten.

Hier aber, in dieser Höhle, überfallen ihn seltsame Zweifel an der Wirklichkeit des Lebens und der Welt, und beklommen starrt er in diese Weite, die Natur ist, eine Welt für sich, und so ganz verschieden von allem, was er bisher gesehn hatte.

Ihm war, als sei er krank und Ärzte schleppten ihn durch ein Hospital, von einem Saal zum andern, von einem Operationstisch auf den nächsten; als sei er ständig in Narkose, die ihn hindert, genau zu sehen oder zu sprechen.

Was um ihn herum vorging und was er sah, hatte die diffuse und schwebende Bedeutung von Fieberwahn-Gestalten, die ihn mitrissen und zugleich lähmten.

Und dies am Tage der Entscheidung, die er so oft gepredigt und verkündet hatte. Wie fern war er dem Valenti da oben. Er konnte sich dieser seiner Tatenlosigkeit nicht einmal schämen.

Dieses geheimnisvolle Schloß, in dem er wandert und sonderbare Träume erlebt, erfüllt ihn nicht einmal mit Angst. Es ist eher Überwältigung und tiefes Staunen.

Das Licht bringt diesen steinernen Wald zum Leben. Lianen und Halme, Bäume und Farne tanzen mit seinem Schatten schwankend dahin. Die Zapfen und Spieße am Boden heben sich breit und langsam, als atme die Brust der Erde. Tropfen sind eifrig und stetig am Werk. Es fällt und flüstert, es hämmert und pfeift, und all diese Flüstertöne, windgehaucht und wehend, kommen verstärkt und vielfältig aus allen Kavernen wieder.

Endlich glaubt er hinter den Masten, die als Mittelpfeiler das Gewölbe tragen, einen Gang zu erkennen. Er ist von heimlicher Furcht erfüllt, daß er sich verirrt habe und muß dennoch weiter.

Jetzt hat er Fieber. Die Freunde hat er vergessen, sie haben sich zum Schlaf ausgestreckt. Er ist allein mit seiner Furcht, die die Ur-Furcht aller Menschen ist, im Bauch der Erde, im eigenen Grabe lebendig aufzuwachen. Und es ist zugleich die Ur-Lust aller Menschen, im Innern der Mutter-Erde zu leben, wie man damals lebte, frei von aller Qual und Strafe, bevor man geboren wurde und kein rächender Vater da war, der sich zwischen uns und die geliebte Mutter stellt.

Zugleich ist es die Furcht vor der Strafe, die nicht ausbleiben wird. Zürnend rüttelt der Gott-Vater an den Pforten des Gewölbes, um hereinzubrechen mit Flut und Felsen, um den Sohn zu erschlagen.

Valenti stößt einen Schrei aus, nur um einen menschlichen Laut zu hören. Unmenschlich und dumpf poltern ihm zürnende Stimmen entgegen.

Ich sollte umkehren.

Wohin sich wenden? Er hat längst die Richtung verloren und das Licht tropft dahin. Vielleicht, durchzuckt es ihn jäh, gibt es einen anderen Ausgang? Die Höhle streicht von Süden nach Norden. Es wäre denkbar, daß die wild zerklüfteten Felsen »Ce Heredad« einen Gang verdecken.

Der Forschertrieb erwacht. Vorsichtig tappt er weiter; langsam gewöhnt er sich an die Verwirrung ringsum, begreift die gewundenen Wege, die er zwischen Pfeilern hin und her irrt, ohne daß sie ihn weiterbringen. Er spult den unsichtbaren Faden ab, der, wie die Nabelschnur das Kind, ihn an den Leib der Erde bindet.

Seine Ahnung hat ihn nicht getäuscht: eine Öffnung, etwa fünf Meter über dem Grunde, klafft hinter dem Kapitäl einer gedrehten Säule. Wie soll er diese Höhe, über die triefende Glätte der Steilwand, ohne Leiter überwinden? Mit Ruß zeichnet er Kreuze auf Wand und Säulen.

Ganz erfüllt von seiner Entdeckung, schreitet er vorsichtig weiter.

Immer neue Wälder von steinernen Bäumen, die gläsern leuchten, Bündel gelber Kerzen, erstarrte Quellen wachsen um ihn her.

Vergebens sucht er nach seinen Spuren im Sande, windet sich weiter, zwängt sich zwischen zwei Streben durch: hoch über ihm am dämmrigen Himmel, der Stein ist, leuchten seltsame Sterne. Dieses Licht da oben an der Decke, das flimmert und glitzert wie Leuchtkäferdolden, woher stammt es? Ist es Metall? Gold? Besteht der Hang über ihm aus Kristallen?

Endlich begreift er, daß er einen dritten Raum durchmessen hat, der hinter den zackigen Vorhängen der ersten Höhle verborgen liegt. Das Licht, das durch die Ritzen des Vorhanges schimmert, ist der Widerschein des Feuers, das die Männer Juan zuliebe angezündet haben.

Valenti ist enttäuscht und zugleich froh, als er ihre Stimmen hört.

Er war stundenlang unterwegs. Voller Unruhe hatten sie Luis ausgeschickt, in der Meinung Valenti sei nach oben gegangen. Aber noch etwas anderes erfüllt sie mit banger Sorge. Luis erzählt: »Ich krieche unten an der Canya Mel herum, um nach dir zu schauen, und sehe von den großen Höhlen her einen Mann langsam näherkommen — es ist ein Falangist im blauen Hemd, das Gewehr auf dem Rücken. Ich habe mich zwischen den Felsen versteckt, um ihn zu beobachten. Zehn Meter entfernt macht er halt und setzt sich in den Straßengraben. Du kannst dir denken, was in mir vorgegangen ist — Palma, der Tunnel, Soller — an all das hab' ich denken müssen. Ich habe Blut gerochen, sage ich dir. Mit einem Stein ihm den Schädel spalten! Aber dann tat er mir wieder leid. Er saß in der Sonne und drehte sich eine Zigarette, ein Bauernbursche wie wir, ein Mallorquiner wie alle andern... schließlich ist er wieder gegangen, pfeifend und guter Dinge...«

»Wohin?«

»Die Chaussee nach Iglesias hinauf, man kann ja die Straße sehr weit überblicken.«

»Glaubst du, daß er unseretwegen kam? Es wäre wichtig, das zu wissen, damit wir uns vorsehen!«

»Ich glaube nicht. Ich hatte eher das Gefühl, der Mann ist von Iglesias aus auf Patrouille geschickt worden und hat einen Spaziergang gemacht bis zur Bucht.«

»Jedenfalls verdammt vorsichtig sein, die Leiter muß ständig eingezogen werden!«

Juan protestiert — »Aber nachts doch nicht...«

»Grade nachts, denn wenn wir verraten werden, was möglich ist, kommen sie nachts, um uns auszuräuchern.«

»Ich bin eher dafür, daß wir einen Posten unten im

Schacht aufstellen, der auch mal hinaufklettert, um zu sehen, ob die Luft rein ist. Rey, willst du mit der Wache anfangen heute abend? Alle zwei oder drei Stunden wird abgelöst.«

»Und was ist mit Wasser? Und Essen? Sollen wir hier verhungern?« Rey sagt es, ein wenig wild — er ist der Jüngste und Ärmste von allen und sein Magen daher am empfindlichsten — »... da geh ich schon lieber auf Raub aus.«

Juan weist ihn zurecht — »Es bleibt wie wir beschlossen haben. Auch Valenti darf nicht mehr ohne Meldung weglaufen. Wenn die Männer bis morgen früh nichts schicken, kannst du immer noch stehlen gehen. Wasser ist genügend da.«

Rey sitzt unten auf der Leiter und döst vor sich hin, als er jäh auffährt: es klopft jemand oben ans Gitter — einszweidrei — einszweidrei — einszweidrei — das ist Antonia, das ist ihr Signal. Aber Rey ist vorsichtig und weckt den Luis, der hinter ihm herklettert und sich erst zurückzieht, als er weiß, wer es ist, um die beiden Liebesleute nicht zu stören.

Das Wiedersehen war kurz, und nach Reys Mienen zu urteilen, wenig froh. »Jeronimo hat Proviant unter den Badekabinen am Strand versteckt. Sag Juan, daß wir an Land gehen.«

Er hat sich angewöhnt, die Höhle als ein Schiff zu betrachten, und er spricht von Deck und Maschinenraum, Bullauge und Mast, obwohl er ebenso wenig Matrose oder gar Fischer ist wie die andern. Hier unten in der Höhle hat er entdeckt, daß er eigentlich seinen Beruf verfehlt hat. Er beginnt die Erde zu hassen und sitzt stundenlang oben auf dem Auslug, um auf das Meer hinauszustarren, das für ihn etwas Neues ist.

Auf Händen und Füßen klettern Rey und Luis in der Dunkelheit zum Strand hinab — »Ich bewundere die Antonia, wie sie das geschafft hat — ich darf nicht hinab sehen oder dran denken, daß da unten das Meer ist...«

Rey knurrt irgendetwas Unverständliches. Dann, nach einer Weile — »Sie meint, wir sollten doch nach Menorca, wie Valenti gesagt hat. Andererseits sagt Bartolomé, daß die Katalanen angreifen werden, Barcelona habe es gemeldet.«

»Dann sind wir ja bald erlöst.«

Sie klettern schweigend weiter.

Die Männer haben sich ausgestreckt und sind in Schlaf gefallen.

Sie liegen eng beieinander, gekrümmt, schwarz, unter alten Decken und Mänteln, die mit einer dicken Erdkruste bedeckt sind.

»Wie Grabhügel«, denkt Valenti. Er betrachtet sie eine Weile, da er keinen Schlaf finden kann, voller Mitleid. Je länger er sie betrachtet, desto klarer wird ihm die tiefe Wesensverschiedenheit, die ihn von seinen Freunden trennt: daß sie seine Aktivität hemmen. Und daß er sich von ihnen befreien muß, daß er wieder hinauf muß auf Deck, um am Kampfe teilzunehmen. Er nimmt die Kerze und geht zum Ausgang, um den beiden, Rey und Luis, zu folgen. Als er bei der Leiter steht, fällt ihm seine Mission wieder ein, jenen Ausgang in der dritten Kammer zu erforschen; er verständigt Juan, daß er die Leiter einziehe und einen Rundgang durch die Höhle mache.

Mit Hilfe der verschiedenen Zeichen, die er angebracht hat, findet er sich schnell zurecht. Klettert hinauf und zwängt sich durch die Öffnung.

Es ist einfach, so als steige er in ein Haus: gleich unterhalb des Fensters liegt der Boden eines niedrigen Ganges, den er gebückt durchschreiten kann, und der etwa fünfzig Meter leicht aufwärts führt. Er tastet bei jedem Schritt und weiß, als er Boden und Wände ableuchtet, daß dieser Stollen nicht wie die anderen Teile der Höhle von der Natur gebaut ist; die Wände sind uneben, aus einzelnen, rohen Steinen von gewaltiger Größe zusammengefügt — das ist Menschenwerk. Ein Verbindungsweg vom Lande aus mit der Höhle und dem Meer.

Valenti hat plötzlich Herzklopfen vor Freude. Er hat das Geheimnis dieser Höhle entdeckt. Auf der anderen Seite, vor ihm, liegen die öden und steinbesäten Triften und Felsgründe von Ce Heredad und gegen die Bergwand gelehnt, Trümmerfelder von Befestigungen aus der Steinzeit: Es Clopé de Gigants, die Burg der Riesen genannt. Wird er hier vielleicht die sagenhaften Schätze der alten Seeräuber entdecken, von denen das Volk fabelt?

Der Gang mündet in eine Kammer, die wenig über mannshoch und gewölbt ist. Rohe Steinblöcke, ohne Mörtel übereinander geschichtet, bilden die Wände. In der Mitte der Decke klafft eine Art Kuppel oder Turmöffnung, die mit hereingestürzten Felsbrocken verstopft ist.

Die Luft ist dumpf und moderig, denn es gibt keine Verbindung mit der Außenwelt; keine Pflanze, kein Tier gedeiht hier.

Er tappt drei Schritte vorwärts, stößt gegen eine Wand. Nach rechts sind es vier Schritte. Er wendet sich wieder dem Stollen zu, dreht sich um — und jetzt sieht er — seine Hände zittern, das heiße Wachs tropft ihm auf die Finger. Er spürt es nicht. Er sieht nur:

Rechts und links von dem Eingang, durch den er kam, hängen in schweren eisernen Ketten elf Mumien, elf Schatten aus braunem Staub, wie Bajazzos, in allzu weiten Kleidern, zusammengesunken und doch aufrecht im Tode, der Hunderte von Jahren dauerte und sie zu Pulver zerrieb, ohne ihr Bild zerstören zu können.

Ihr Fleisch ist grauer Staub, ihre Knochen Moder und Schwamm, ihre Kleider und Wämser braune Spinnwebe. Valenti leuchtet ihnen in die Gesichter, die von einem Hauch wie Reif bedeckt sind; es ist Salz, das sich hier ablagerte.

Rechts fünf Frauen, links sechs Männer, im Tode säuberlich getrennt, wie es das strenge Zeremoniell vorschreibt, das heute noch von den Lebenden gewissenhaft beachtet wird.

Was aber zwingt sie noch im Nichts, das sie sind, den Schein zu wahren, daß sie aufrecht stehen und tun als seien sie Menschen, Tote, die auf die Auferstehung warten, gleichmütig und unerschütterlich?

Die Ketten!

Die Ketten sind das Einzige, das wirklich übrig geblieben ist, unvergänglich und klirrend noch, da Valenti sie berührt. Und schon zerstäubt alles Übrige, Knochen, Fleisch und Gewänder, gleich einem berstenden Hundspilz in einer Wolke trockenen Moders. Da, wo eben noch der Sklave, der Verurteilte, demütig in der Pose des erlittenen Hungertodes stand, ist nichts mehr außer seiner Kette. Die Kette fällt gleichsam mit Gebell gegen die Mauer des Gefängnisses, an das die Menschen angeschmiedet waren.

Nicht eine der Ketten ist geborsten; sie hielten ihre Beute gut umklammert.

Wie mochten sie gerasselt haben, als sich die Elf in Hungerkrämpfen wanden, Castagnetten zu den Schreien, die niemand hörte, nicht einmal das Echo.

Mit den Füßen bettet Valenti einen nach dem anderen zur letzten Ruhe — hier birst ein Schädel, dort splittert ein Bein, ein Hüftknochen — er stolpert. Zwei Meter vor ihnen, unerreichbar, standen ein paar Tonkrüge mit Wasser, um den Todeskampf zu verlängern.

Weshalb das alles? Wer waren diese Menschen?

Er findet die Antwort: auf dem Lederkoller eines der Opfer ist ein schmaler Pergamentstreifen angeheftet — »Judios bautizados por doctrina herética castigados — Iglesias... getaufte Juden, die ihres Irrglaubens wegen bestraft wurden — Iglesias.« Datum und Unterschrift sind unleserlich.

Das also war das Geheimnis der Burg der Giganten: es war der Richtplatz Torquemadas.

Das war kein Aberglaube. Die Ketten, der Richterspruch waren Wirklichkeit. Furcht steigt mit Eiseskälte in seine Brust. Er lebt, aber da liegen die Gebeine seiner Brüder, Spanier wie er, die vergebens nach Gerechtigkeit geschrien haben. Seit vielen hundert Jahren bis zum heutigen Tage schreien die Menschen in Spanien nach Gerechtigkeit. So ist es bis heute geblieben.

Und wiederum sind Spanier auf der Flucht vor der Inquisition, vor der Sklaverei, vor dem Tode, in dieser Höhle gelandet. Sie sind Torquemada in die Falle gegangen!

Sie tragen ihre Ketten unsichtbar mit sich herum. Valenti reibt sich die Gelenke, als spüre er den kalten Druck des Eisens, der sich hineinfrißt in Blut und Mark, um ihn zu lähmen und wehrlos zu machen.

Er schüttelt sich, spuckt Staub und Moder aus, die ihm die Kehle verstopfen und das Atmen schwer machen. Der Traum der Höhle ist zu Ende geträumt.

Er hastet zurück, schleppt die Leiter in den Schacht und klettert hinauf an Land, in die Wirklichkeit, um frische Luft zu atmen, das Meer zu sehen. Da sind Rey und Luis. Er umarmt sie, drückt ihnen die Hände. Welch ein Glück, sie zu sehen, Freunde zu haben, zu atmen!

Aber er verrät seine Entdeckung nicht. Um sie nicht zu erschrecken. Sein Grauen hat sich in den Entschluß umgeformt, die Höhle zu verlassen.

Vergebens wartet er auf ein Wort der anderen; sie schlafen oder spielen Karten, um sich die Zeit bis zum Abend zu vertreiben; denn dann können sie Feuer machen und kochen. Schon die Vorbereitungen verursachen endlose Debatten über die hundert verschiedenen Arten, den Reis zu bereiten. Endlich ist es soweit. Rey teilt das Essen aus. Alle sind ausgehungert. Die Flasche mit Wein geht von Mund zu Mund.

Jetzt hocken sie da mit untergeschlagenen Beinen wie Indianer, die Arme schlaff über die Knie gelegt und starren träge in die Glut. Von der Wölbung, die der Rauch geschwärzt hat, fallen zischend Tropfen hinein. Valenti schiebt langsam einen dürren Ast in das Feuer, das hoch aufflammt und die Stalagmiten beleuchtet, die sich wie Fangarme emporwinden und in der Dunkelheit untertauchen.

Jetzt beginnt Valenti zu sprechen, gegen seinen Willen hart und schnell. Die Atmosphäre der satten Zufriedenheit zu zerstören, die ihn reizt, deren Lähmung er überwinden muß, wenn es noch eine Möglichkeit der Rettung geben soll.

»Ihr kennt meine Meinung. Ich war nicht damit einverstanden, daß wir uns hier wie Füchse verkriechen und den anderen die Sorge um unser Leben überlassen. Sie haben genug an ihren eigenen Sorgen. Das hat sich nun geändert. Ich glaube, daß der Posten nicht der einzige ist. Die Canya Mel ist bewacht. Wir sind auf uns selber angewiesen. Das bedeutet — wir müssen entweder verhungern oder hinaus, Krieg auf eigene Faust führen, nachholen, was wir versäumt haben!«

Juan hebt das spitznasige Gesicht — »Krieg? Womit? Mit diesem Messer da und den Zähnen vielleicht?«

Leo lacht laut auf — »Ich hab' nicht einmal Zähne...«

»Wir müssen hinaus, um anzugreifen oder zu versuchen, nach Barcelona zu gelangen. Vier Wochen dauert dieser Aufstand der Generäle bereits, und es ist kein Ende abzusehen. Es ist ein Krieg geworden und im Kriege müssen alle Soldaten werden, ob sie wollen oder nicht, und an die Front gehen.«

»Wo willst du eine Barke mit Motor finden? Ich frage dich das immer wieder. Stehlen? Die nächsten Barken liegen in Porto Christo; da stehen mindestens dreißig Carabineros, Gendarmen und Blauhemden. Da kommst du nicht lebend hinein. Und die andere Küste, nach Santa Margarita und Pollensa zu, kennen wir nicht.«

Leo ist dick und träge, von Natur allen Abenteuern abhold. Zuerst jammerte er um seine Existenz, nach Frau und Kindern, und weinte stundenlang. Jetzt behagt ihm dieses Räuberleben. Er hat sich an die Dunkelheit gewöhnt, hat Gesellschaft, es ist kühl hier unten — weshalb soll er diesen ruhigen Posten verlassen?

»Ich bin für Geduld. Rey sagt, Samstag, also morgen schon, greifen die Katalanen an. Willst du der Regierung zuvorkommen? Glaubst du nicht, Valenti, daß wir mehr nützen, wenn wir hier bereit bleiben, um nach dem Siege die Macht zu übernehmen und Ordnung zu schaffen? Da wirst du Arbeit genügend finden, grade du! Als Gouverneur oder Bürgermeister...«

Da erst erzählt Valenti von seiner Entdeckung, zeigt ihnen, als sie ungläubig lächeln, das Pergament, das er eingesteckt hat.

»...seht die Schrift, sie ist mit Blut geschrieben. Diese Toten hier unten warnen uns; es ist nicht mehr wie vor drei Wochen, oder gar wie im Oktoberaufstand. Dieser Krieg ist die Entscheidung. Die Regierung hat den Aufstand unterschätzt, er breitet sich aus und ich glaube nicht, daß sie uns helfen wird. Ich glaube vielmehr, daß den Generälen geholfen wird. Es wäre sogar ein Fehler, uns hier zu helfen, denn der Krieg geht um Madrid, um Barcelona. Wir kommen zuletzt an die Reihe, der letzte Kampf findet hier statt. Und so lange wollt ihr hier friedlich in der Höhle am Feuer sitzen und warten, bis man uns befreit? Bis man uns Posten anbietet? Würdest du das annehmen, Leo, oder du, Juan?«

Beide geben keine Antwort. Statt ihrer antwortet Luis, der noch bedrückter war als Valenti, dessen Kraft nach Betätigung verlangte und der hundertmal die Leiter hinauf und hinab kletterte, nur, um sich Bewegung zu verschaffen.

»Ich gebe Valenti recht. Auf dieser Insel leben außer in den Gefängnissen, keine Republikaner mehr. Ich weiß, daß die Blauhemden auch uns finden werden. Und selbst wenn die Katalanen kommen sollten, dann wird es ein furchtbarer Kampf werden und wir müssen ihnen helfen, nicht sie uns. Die ganze Bauernschaft ist aufgehetzt und wird für Voerge Partei ergreifen, so wie sie es immer getan hat, wenn es um ihr Geld ging, in jeder Wahl und bei jeder Frage, gleich ob es sich um Land, Schule oder Kirche gehandelt hat — die Bauern waren mit geringer Ausnahme immer gegen Madrid, immer gegen die Republik!«

»Du willst also ebenfalls hinaus?«

»Ja.«

Die Entscheidung ist gefallen. Rey sagt nur so nebenher, in der Hoffnung, daß er doch noch aufs Meer hinauskomme — »Wenn ihr wollt, gehe ich allein nach Porto Christo und versuche, ein Boot herzuschaffen.«

»Du bleibst hier, bei uns Alten.«

Leo wartet den Lärm des Wasserschwalles ab, der in immer kürzeren Zwischenräumen hereinstürzt; das Meer ist von den Tiefen her unruhig geworden, ein Sturm oder Gewitter zieht herauf.

Dann hüllt er sich in seine weiße Decke — »...ich denke, wir wissen alle, was wir wollen. Wir Alten bleiben hier und warten ab. Wir kennen das Land und die Politik etwas besser als ihr. Wir kennen ja auch die Blauen. Sie schreien und drohen, wie sie immer getan haben, und zum Schluß gleicht sich alles aus. Und dann ist noch etwas, das ich als Obmann erwähnen muß. Valenti ist parteilos, er ist frei in seinen Entschlüssen, genau wie Luis. Ich mache euch keinen Vorwurf und will euch zu nichts zwingen, am allerwenigsten dazu, hier bei uns zu bleiben. Ihr könnt gehen und tun oder lassen, was ihr wollt. Wir drei anderen bleiben hier. Mehr ist da nicht zu sagen. Das ist es. Adios und gute Nacht.« Damit wälzt er sich auf die Seite, um das Feuer im

Rücken zu haben, zieht die Fäuste unter das Kinn und schläft mit einem tiefen Seufzer ein.

Luis erhebt sich und reckt die Arme.

»Es gibt nur eines von zwei Dingen. Entweder, wie Leo sagt, hier in der Höhle auf Erlösung warten, oder wie Valenti sagt, hinaus und angreifen. Ich bin für das letztere und zwar gleich. Wir haben schon genug Zeit verloren — es soll nicht wieder wie in Palma kommen. Nie wieder!«

Und ohne weitere Worte zu verlieren, ohne »adios« oder »gute Nacht« geht er und ist in der Finsternis verschwunden. Sie hören noch sein Schnaufen, wie er durch den niedrigen Gang kriecht, dann ist es still.

Der kleine Rey blickt Valenti mit großen, traurigen Augen an.

»Ich möchte dich gerne mitnehmen, aber Leo hat recht, ein Junger muß bei ihnen bleiben...« dann gibt er ihm und Juan die Hand, hält sie eine Weile und lächelt — »... wir sehen uns ja bald wieder. Jedenfalls bleiben wir heute und morgen noch hier in der Nähe, auf der anderen Seite der Bucht im Single, dem Walde, der dem Forteza gehört.«

Juan streicht sich langsam über Augen und Gesicht als träume er — »Ja, danke, aber ich wundere mich trotzdem — zwei Tage nur und nicht einmal die könnt ihr bei uns aushalten?«

Valenti denkt an die Frauen und Männer in den Ketten, dahinten unter dem steinernen Sargdeckel. Nur hundert Meter von ihnen entfernt. Er weiß nicht, wie er es ihnen noch deutlicher erklären soll.

Aber so war es immer. Seine Vorschläge wurden stets abgelehnt. Er war der ewig Unzufriedene, Mißtrauische, der Radikale, der Anarchist, der Politik mit Gewalt verwechselte, vor der sich alle mehr fürchteten, als vor dem Tode und der Sklaverei. Ein leerer Raum war um ihn, den er nicht überschreiten, nicht ausfüllen konnte, nicht mit all seiner Energie und Arbeit.

Jetzt aber, zum Abschied, will er es ihnen sagen — »Habe ich nicht immer recht gehabt, Juan, all die Jahre hindurch? Weshalb bin ich denn aus der Partei ausgetreten? Ist es so gekommen, wie ich gesagt habe? Oder nicht? Du schweigst, denn du kannst es nicht leugnen. Ich hatte gehofft, ihr würdet mir dieses eine Mal folgen. Ich sehe, daß das unmöglich ist.«

»Du willst also, um es einfach zu sagen, kommandieren?«

»Wenn du es so nennen willst, ja! Ihr solltet ein einziges Mal einsehen und nachgeben. Mehr wollte ich nicht. Und jetzt gehe ich — adios Juan, adios Rey. Und grüße die Antonia, sie soll bleiben, wenn sie noch einmal kommt...«

Ohne eine Antwort abzuwarten, schlüpft er hinaus.

»Die werden bald wieder hier sein«, sagt Leo laut, der sich nur schlafend gestellt hat. »Genau wie sie aus Palma zurückkamen und froh waren, als sie wieder unter Dach und Fach saßen. Laß sie laufen! Die Regierung hat den Generalstreik befohlen, wir streiken! Und wenn es ein Hungerstreik ist, dann gehen wir in Ehren unter. Die Regierung hat hier zu befehlen und niemand anders!«

XIV

Grün dämmert schon der Morgen hinter den Bergen von Pueblo, und der Horizont über dem Meer zeichnet sich silbern scharf gegen das rauchgraue Wasser. Die ungeheure Weite und die Fülle des Lichtes, das sie plötzlich ungehemmt anfällt, blendet sie bis zu Tränen.

Stumm deutet Luis gen Osten: weiß und klar steigen die Häuser von Menorca aus der Flut, sanft geschwungene Hügel in Wolken verschwimmend, von den ersten Strahlen der Sonne belichtet; wie ein Gruß der Freiheit. Gleich darauf verschwindet das Bild im Dunst wie eine Spiegelung.

Vorsichtig klettern sie den Abhang hinab dem Walde zu, der sich unten an der Bucht entlang zieht und Cap Vermey hinaufwächst, etwa sechshundert Meter hoch; dann erst ragt aus der grünen Toga das kahle Felsenhaupt des Berges gleich einer Pyramide hervor. Das Unterholz ist dicht und von Dorngestrüpp, Brombeeren und Erdbeerbüschen durchsetzt.

Von hier aus beobachten sie erst das Flußtal. Auf der rechten Seite, an der Mündung, liegt die Finca Esperanza mit dem niedrigen Wohnhaus und den großen, luftigen Stallungen. Auf der linken Seite, neben dem Fluß her, läuft die Landstraße nach Iglesias, das von Hügeln und Wald verdeckt wird.

Nichts rührt sich. Die Schatten der Nacht liegen noch

gefangen unter den breit hinwallenden Ästen der Pinien und kein Ruf dringt aus den Bauernhöfen landeinwärts, die wie Festungen mit Türmen und Schießscharten bewehrt, inmitten ihrer Olivenhaine träumen.

Nebel hängt von den Felsen und Bäumen. Es wird Sturm geben. Aus dem Hause des Straßenwarts ringelt sich eine Rauchwolke und entschwebt.

»Wir müssen uns beeilen, über den Fluß zu kommen, bevor der Bauer erwacht. Ich gehe vor zu den Mauern dort links, wo das Hotel gebaut wird, laufe unter der Terasse zu den Kabinen. Zum Glück haben die Herren den Bau eingestellt. — Du wartest hier oben, um den Posten abzufangen, wenn er sich zeigen sollte. Jetzt beginnt der schwierigste Teil. Ich muß mich ohne Deckung zu den Dünen durchschlagen und dann zu den Felsen drüben kriechen. Das sind zweihundert Meter. In den Felsen können mich die Bauern schon nicht mehr sehen. Ich klettere zum Single hinauf, da gegenüber und warte. Du hast es etwas leichter, weil du die Gegend nicht so genau kennst. Halte dich rechts von den Äckern, da wächst Schilf und Gestrüpp von Erdbeerbäumen und Zwergpalmen. Du mußt dich nur gegen den Hof rechts oben decken, der gehört dem Aguiló, einem Carlistenführer, und ich bin sicher, daß da Wachen liegen. Der Pächter links ist nicht gefährlich, er hat eine Horde Kinder und knapp satt zu essen. Außerdem liegt er im Krieg mit dem Aguiló, der vielleicht sogar die Gelegenheit benutzt und seinen Nachbarn hat verhaften lassen. Alles möglich. Dann schwenke hinter dem niedrigen Wall, wo das vertrocknete Schilf wächst, links ein und steige zwischen den Felsen aufwärts, bis ich dir entgegenkomme. Oben im Single weiden die Schafe des Forteza, da haben wir Milch und vielleicht ein Lamm. Adios und — los!«

Valenti klopft Luis auf die Schulter und steigt ab.

Aus der Tiefe wachsen die Pinien hoch und grade bis an den Rand des schmalen Steiges, auf dem sie gewandert sind. Da unten verwirrt sich der Wald mit Stechpalmen und Brombeergerank zu undurchdringlicher Wildnis; im Winter windet sich da ein Gießbach über Felsen und Baumstämme unter einem Dach von Erdbeersträuchern.

Aus dem Aufklirren kleiner Steine entnimmt Luis, daß der Freund immer noch hinabklettert.

Aber zu sehen ist er nicht, und keine Bewegung der Äste verrät, was sie verdecken. Endlich kommt das verabredete Zeichen, drei Schläge gegen einen Baum, und ein leichter Pfiff wie das erschreckte Rufen eines Buchfinks.

Jetzt erhebt sich Luis und geht, an die Felsen geklammert, über dem Abgrund von Zacke zu Zacke weiter.

Er steht unterhalb der Straße, die zu den großen Höhlen führt.

Seine ganze Aufmerksamkeit gilt dem gegenüberliegenden Tal und dem Fußweg, den er überqueren muß, um an den Fluß und die Felder zu gelangen. Dieser Fußweg trennt sich etwa hundert Meter oberhalb zu seiner Rechten von der Autostraße; die eine Seite wird überhöht von einer steilen Felswand, sechshundert Meter glatte, vom Regen polierte Steinfläche. Die andere Seite krümmt sich zu einem Buckel, hinter dem das Haus des Wege- und Höhlenwärters liegt, das immer noch seinen Rauch hinaufsendet.

Rauch — Haus — Finca — Felder — Luis ist Lehrer, und versucht sich wie einem Kinde, die Gestalt dieser gleichgültigen Landschaft klar zu machen.

Aber es ist noch nicht alles klar.

Er biegt die Zweige, die ihn gegen die Sicht von der Straße her decken, auseinander. Was ihn irritiert, scheint eine spitze Hütte zu sein, aus Pinienzweigen zusammengelehnte Wände, wie sie die Holzfäller machen. Holzfäller, Kohlenbrenner oder Kalkbrenner — das kann es nicht sein, denn hier sind weder Holz noch Kalkstein zum Brennen. Und eine Hütte für die Schafe? Die suchen ja den Schatten im Walde oder unter der hundertjährigen Pinie weiter oberhalb, wenn sie ins Tal steigen, um gemolken zu werden.

Das ist es also nicht.

Dann kann es nur ein Posten sein.

Luis duckt sich und rutscht hinab auf die lehmige Böschung des Pfades, überquert ihn in drei Sprüngen, läuft in das Gebüsch auf der anderen Seite und kriecht weiter dem Schilf zu, das dicht und meterhoch den Fluß begleitet.

Beim Kriechen muß er an das alte Wort denken — »In Mallorca gibt es nur einen Stein, und wenn man ihn wegschafft, bleibt keine Erde übrig.«

Aber schließlich wird der Boden schwarz und weich und Luis bricht sich Bahn durch die messerscharfen Rippen der Schilfrohre. Vorsichtig richtet er sich auf, bedacht, kein Rohr zu knicken, und tappt durch den Sumpf, der leise schluchzt und seine Alpargatas aufweicht.

Jetzt ist er in Höhe der Hütte.

Die Beine eines Mannes ragen heraus.

Seine Füße sind nackt. Der Mann schläft.

Und was da neben seinen Füßen liegt und wie ein Stock aussieht, ist ein Gewehr.

Luis hat nicht geglaubt, daß er so bald sein Gelöbnis werde verwirklichen können.

Zwischen Schilf und Hütte, die nichts weiter ist, als ein kunstlos aufgeschichtetes Durcheinander von Ästen und Blätterwerk, wuchert dichtes Unkraut. Bis zu dem Hügel sind es etwa dreißig Schritte.

Luis durchkriecht sie wie eine Schlange und horcht, das Ohr auf die schon erwärmte Erde gepreßt, auf das Schnarchen des Schläfers, das tief und regelmäßig hinter den Zweigen auf und abschwillt.

Die Frage ist nur, ob er das Gewehr in der Hand hält oder nicht.

»Wacht er auf, trete ich auf den Kolben und steche ihn nieder.«

Luis öffnet das breite, einklingige Bauernmesser, hockt sich auf die Knie und lehnt sich vor, so weit es geht. Jetzt blickt er in das Innere: Oben, an einem Ast, gleich über dem Eingang, baumelt ein buntes Heiligenbild, das er mit der Stirn berührt. Es stört ihn, er reißt es ab. Alles geht gut — er braucht das Messer nicht. Der Mann liegt zusammengerollt auf der rechten Seite, das Gewehr hinter ihm. Das Koppel mit der Patronentasche drückte ihn, und er hat es geöffnet.

Leise zieht Luis erst das Gewehr, dann den Gurt heraus.

Er öffnet die Kammer, das Gewehr ist geladen; er macht es schußfertig, schnallt das Koppel um und richtet sich auf.

Den Finger am Abzug, den Lauf gegen die Schläfe des Mannes gerichtet, weckt er ihn mit einem Fußtritt. »He — du — steh auf!«

Tiefes Röcheln und Stöhnen, ein Blick, umnachtet von Schlaf — der Mann ist erwacht. Aber Luis stößt ihn in den Rücken — »Auf, mach' etwas schneller! Ich hab' keine Zeit, heraus mit dir!«

Es ist ein Bursche, fast ein Kind noch, der sprachlos den Luis betrachtet und sich langsam aufrichtet. »Was — was soll das?«

Luis deutet mit einer kurzen Bewegung hinunter zum Fluß. »Komm mal erst heraus, alles Weitere wirst du dann erfahren. Nimm deine Mütze und kein Wort, verstanden?«

Die Mündung des Gewehrs hält er ihm dicht an das Ohr; erst kniet der Junge, richtet sich auf und kriecht endlich heraus. Krumm wie ein geprügelter Hund bleibt er stehen, die Augen entsetzt auf Luis gerichtet, zitternd vor Angst — »Du — gib das Gewehr — ich muß es abliefern...«

Luis lacht — »Du hast es schon abgeliefert, mach dir keine Sorgen um das Gewehr — so — und nun Hände hoch! Und vor mir her ins Wasser und weiter auf die andere Seite, so schnell du laufen kannst, zu dem Gebüsch da drüben. Das sage ich dir, einen Schritt nach rechts oder links, ein lautes Wort — und du siehst die Sonne nicht mehr. Und immer hübsch die Hände hoch...«

Der Bursche gehorcht, streckt die Arme empor. Luis stößt ihn mit dem Flintenlauf vor sich her, dem Schilfe zu, daß ihm ins Gesicht schnellt.

»Weiter, weiter, da hilft alles nichts, mach schnell, so — jetzt ins Wasser...!«

Er gibt ihm einen Tritt, daß er voran stolpert, reißt ihn an der Schulter die Böschung hinauf, jetzt durch die Schilfwand auf dem anderen Ufer. Er duckt ihn nieder, als sie über einen Acker mit Melonen laufen, treibt ihn wie ein Kalb mit dem Kolben voran durch das Gebüsch, den Berg hinauf.

»Wie er keucht, dieser Held. Wirst noch ganz andere Sprünge machen, mein Junge! Wie heißt du?«

»Gilli Vives — « stößt er hastig hervor und wendet sein totenblaßes Gesicht Luis zu, als ob er eine Erleichterung erwarte, jetzt, da er seinen Namen genannt hat. Aber Luis kennt kein Erbarmen, jagt ihn den Abhang hinauf, über Felsen und Dornen zu den Pinien, wo Valenti sie erwartet.

Der hat alles beobachtet — »Gib das Gewehr, ich bring ihn hinauf.«

»Soll ich nicht mitgehen?«

»Warte hier, bis ich dich hole. Es ist möglich, daß noch andere Falangisten kommen — wann wirst du abgelöst?«

Der Gefangene gibt keine Antwort; er starrt zwischen den Beiden gradeaus und preßt die Lippen aufeinander. Luis schreit ihn an — »Du, ich geb dir den guten Rat — rede! Kennst du uns?«

Er schüttelt den Kopf.

»Wann solltest du abgelöst werden?«

Da beginnt der Junge zu weinen, sein rundes, pausbäckiges Gesicht verzieht sich zu einer jämmerlichen Grimasse, und Tränen kullern ihm in Strömen herunter auf das verschwitzte Hemd; das Weinen schüttelt ihn und unter Stößen stammelt er — »Gleich müssen sie kommen — wenn sie mich nicht finden, bin ich verloren. Der Aguiló hat gesagt, daß jeder erschossen wird, der sein Gewehr verliert...«

»Also du dienst beim Aguiló. Und woher bist du?«

»Aus Inca.«

»Und weshalb bist du Falangist geworden?«

»Ich weiß nicht. Der Aguiló hat uns erklärt, wer das blaue Hemd nicht anzieht und in die Falange eintritt, sei ein Verräter und werde eingesperrt oder erschossen...«

»Schießen und nichts als schießen. Und da seid ihr alle in die Falange eingetreten, was?«

»Ja alle, alle sieben Männer auf dem Gut — «

»Und weshalb mußtest du dort unten wachen?«

»Damit die andern nicht das Haus anzünden oder die Bäume abhacken.«

»Und du glaubst, daß wir das tun? Denn du weißt doch, wer wir sind?«

Er gibt keine Antwort und senkt den Kopf.

»Setz dich, es tut dir niemand etwas zuleide, wenn du vernünftig bleibst; im Gegenteil, wir werden dich gegen deinen Herrn Aguiló und seine Blauhemden verteidigen. Verstehst du?«

Der Junge setzt sich nieder auf einen Stein und seufzt tief auf.

Valenti zieht Luis ein paar Schritte abseits — »Ich bring ihn hinauf in den Turm oben und binde ihn da fest. Hast du Stricke? Und eine Decke?«

Luis öffnet einen der Säcke mit Proviant und Geschirr, den er aus der Höhle mitgenommen hat. »Hier ist ein Tuch, rolle es zusammen und verbinde ihm auf jeden Fall den Mund, damit er nicht rufen kann...«

Valenti nimmt Gewehr und Patronentasche, befiehlt dem Burschen, ihm zu folgen, und steigt den Berg weiter hinauf durch den unwegsamen Wald.

Luis beobachtet unterdessen das Tal.

Da — was ist das? Über den Bäumen an der Straße nach Iglesias quillt eine Staubwolke auf und jagt näher. Das Klopfen eines Motors dröhnt herauf — sie kommen! Es ist ein offener Lastwagen, der heran braust und bei der Hütte unten anhält.

Gewehrläufe blinken — Luis zählt laut — »... sechs, sieben, acht, zwölf Blauhemden... «

Was soll er tun? Valenti nacheilen, sich retten? Er springt auf. Das sind Leute aus Pueblo! Das ist Hai, da läuft der Padrine, sie suchen hin und her, klopfen die Büsche ab — rennen die Autostraße hinauf bis zum Höhleneingang — vom Gute des Aguiló kommt ein Mann auf dem Fahrrad, reißt die Hütte auseinander. Die Blauen versammeln sich um ihn, er zeigt hinüber zu der Finca Esperanza. Zwei Mann waten durch den Fluß und laufen zum Gut.

Der Hai ruft laut und langsam — »Gilli! Gilli!«

Nur das Echo antwortet, dumpf und schwer.

Luis lacht — »Hier herauf müßt ihr kommen... aber einzeln!«

Die Blauen verteilen sich in Gruppen, zu je zwei Mann und durchstreifen den Wald oberhalb der Höhlen, suchen den Strand und die Ruinen des Neubaues ab, öffnen alle Kabinen, biegen das Gestrüpp an der Schlucht auseinander und steigen hinunter. Schließlich marschieren alle unter Führung des Mannes von Aguiló zum Meer hinab in die Klippen, wo sie suchen und streifen um das Cap Vermey herum, weiter auf Pueblo zu.

Das Auto lassen sie ohne Aufsicht zurück.

Kaum sind die letzten Blauhemden in den Felsen verschwunden, als Luis sich auf den Weg macht. Nicht hinauf zu Valenti. Er läuft den Berg hinab, von Busch zu Busch, über die Äcker, bricht durch das Röhricht, watet durch den Fluß, taucht wieder unter im Schilf und steht gleich darauf bei dem Wagen.

Jetzt klappt er die Motorhaube auf und wirft zwei Hände Sand in das Getriebe. Aus dem Führersitz zieht er einen Kanister Benzin und einen Korb mit Brot und Wurst.

Das alles ist das Werk eines Augenblicks.

Den Weg zurück nimmt er langsamer, wandert eine Strecke flußaufwärts zwischen dem Schilf, duckt sich, um das Ufer zu beoabachten.

Ungefährdet langt er drüben an, packt Säcke und Decken auf die Schulter und klettert Valenti und seinem Gefangenen nach, hinauf zum Cap Des Piná.

Es ist ein mühseliger Weg. Hundert Mal ist er in Gefahr, das Gleichgewicht zu verlieren und abzustürzen; seine Hände und Beine sind zerschunden von den scharfen Disteln und Dornen. Er hält sich zur Seeseite. Dort aber packt ihn ein heftiger Sturm, der ihn fast umreißt, und er wendet sich wieder den Pinien zu, die mit dem Unterholz besseren Schutz gewähren. Der Himmel bewölkt sich mehr und mehr.

Endlich erreicht er den Gipfel: ein schmales, langgestrecktes Plateau, übersät von umgekippten, durcheinander gewirbelten Steinblöcken, auf dessen Mitte die Trümmer eines maurischen Wachtturms stehen.

Hier hat Valenti den Burschen untergebracht. Statt ihn zu binden, ließ er ihn an einem Baumstamm in den Keller klettern, ungefähr drei Meter tief. »Den Baum habe ich wieder heraufgezogen. Da kommt er nicht so leicht heraus. Übrigens ganz harmlos, ein guter, etwas dummer Bauernjunge.«

Luis zieht Dornen und Kletten aus seinen Alpargatas, deren Oberteile große Risse haben — »Ich mache mir mehr Sorgen um die Männer unten in der Höhle. Hast du gesehen, daß Hai und seine Leute hinter ihnen her sind?«

»Ich hab' alles gesehen und besser noch als du. Sie suchen den Jungen hier. Sie nehmen offenbar an, daß er ins Meer gefallen ist, und sind unterhalb der Höhle durch die Klippen weitergegangen, ohne auch nur einen Mann hinaufzuschicken. Sie wissen nichts von der Höhle. Nur die Männer, die Schmuggler waren, erinnern sich noch daran. Die Burschen kennen nicht einmal die großen Höhlen.«

Vom Gipfel des Cap Des Piná können sie das Land weit überschauen. Hinunter nach Pueblo, in das Tal von Iglesias und westlich auf die braunen Leiber der Felsen, die die weite Bucht von Porto Christo abriegeln.

Nach einer Weile erhebt sich Luis — »Ich glaube, wir müssen heute Nacht doch hinüber und die drei holen.«

Valenti zeigt hinunter — »Da kommen sie schon zurück...«

Nur die scharfen Augen dieser Mallorquiner können erkennen, was da unten vor sich geht.

»Sie klettern auf den Wagen... nur langsam, Gas mußt du geben, noch mehr. Dem Hai dauert das zu lange, alles dauert ihm zu lange — so — der Mann vom Aguiló und der Chauffeur bleiben da — adios und einen Gruß an Pueblo...«

Die Blauhemden marschieren zu Fuß heimwärts.

»Da siehst du erst, wie feige sie sind — sie müssen doch merken, daß hier jemand gegen sie kämpft — ihr Posten ist spurlos verschwunden, mitsamt dem Gewehr — Benzin und Brot hab' ich ihnen gestohlen, den Motor ruiniert — trotzdem trauen sie sich nicht, etwas zu unternehmen oder hier zu bleiben und zu suchen... ich glaube, wenn wir noch ein Gewehr hätten, würden wir mit ihnen fertig!«

»Möglich, aber du weißt nicht, ob sie nicht Verstärkung holen oder ob die Männer von der Finca Aguiló nicht beim ersten Schuß herbeistürzen — es ist besser, wir halten uns zurück und warten, ob die Katalanen wirklich kommen. Es muß sich heute oder morgen entscheiden — dann gehen wir hinüber nach Menorca. Dort haben wir Waffen und Leute genug um zurückzukommen, wann es uns paßt.«

Valenti läßt den Baumstamm hinunter in den Keller und hilft Gilli heraus.

»So, jetzt ist die Luft rein, deine Freunde haben uns etwas zu essen gebracht. Hier, nimm.«

Der Bursche dankt und ißt. Von Zeit zu Zeit kommt ein tiefer Seufzer aus seiner Brust.

»Was hast du denn? Heimweh nach deinem Aguiló, oder deiner Mutter?«

»Ich hab' keine Eltern. Der Pfarrer von Inca hat mich an den Aguiló vermietet, für zehn Duros im Jahr. Jeden Sonntag gibt mir der Verwalter eine Pesete.«

»Und dafür läßt du dich totschlagen?«

Er lacht hilflos und schüttelt den Kopf.

»Was soll ich machen? Ich kenne niemanden hier, und nach Inca ist es zu weit, da hätte ich eine Schwester, wenn sie noch lebt...«

»Weshalb soll sie tot sein?«

»Sie war bei den anderen. Und die Blauen haben viele erschossen, überall, in Muros über hundert, in Santany, Campos, Iglesias, überall hunderte!«

»Weißt du was über Cabra und Pueblo?«

»Da haben sie gestern alles verhaftet und nach Palma geschafft. Die Guardia hat sie geholt. Aber es sollen auch viele geflüchtet sein.«

»Und hat man dir gesagt, wo die Flüchtlinge stecken sollen?«

»Nein, das wissen wir nicht. Es heißt, in den Wäldern. Jedenfalls sollen wir alle Verdächtigen anhalten und gleich schießen.«

Luis nickt. »Bravo! Auch im Schlaf?«

Gilli blickt sich um.

»Du suchst dein Gewehr? Das wirst du so bald nicht wiedersehen, das brauchen wir noch. Sag mal, Gilli, würdest du immer noch auf uns schießen, wenn wir dir das Gewehr zurückgeben?«

Sein Gesicht leuchtet auf. »Wenn ihr es mir gebt und mich laufen laßt, würde ich nicht schießen. Ich schwöre es euch! Und euch auch nicht verraten!«

Valenti wirft Luis einen Blick zu. »Sollen wir? Können wir es riskieren?«

Luis aber wehrt ab. »Ich werd' doch meinen Gefangenen nicht in die Hände der Blauen fallen lassen, nachdem ich ihn gerettet habe. Hör mal zu, Junge, weißt du, wer der Voerge ist?« — Luis zeigt hinüber nach Pueblo — »Da drüben kannst du sein weißes Schloß sehen, mit dem großen Turm.«

»Natürlich kenn' ich den Voerge, den kennt doch jeder hier.«

»Und du weißt auch, was er getan hat? Gelogen und gestohlen, der größte Räuber, den die Insel, ja Spanien, je gehabt hat, der uns alles genommen hat, Land und Geld, Schiffe und Häuser, Frauen und Kinder — du weißt es?«

»Der Voerge ist eben der Voerge« und er spuckt aus. »Dreck ist er — «

Valenti nickt — »Du weißt also genau, wer das ist — und trotzdem trägst du seine Uniform, hängst dir seine Medaille um den Hals, schleppst sein Gewehr und seine Patronen und gehorchst ihm wie ein Kalb. Läßt dich erschießen für ihn und erschießt deine eigenen Freunde, die des Voerge Feinde sind. Hast du dir das klar gemacht?«

Gilli reißt die kleinen, ein wenig schief stehenden Augen auf und zupft an seinem blauen Hemd. »Voerges Hemd? Wer sagt denn das? Wir kämpfen für Spanien, für die Freiheit und die Mutter Gottes, die die anderen... «

Valenti hält ihm den Mund zu — »Halt! Wer sind die anderen? Wer sind die Leute in Palma und Muros und Felanitx und Pueblo, die man erschossen und gemartert hat, eingesperrt und zu Tode gefoltert — wer sind diese anderen? Was haben sie verbrochen, daß sie so bestraft werden müssen? Deine Schwester zum Beispiel, hat die verdient, daß man sie einsperrt?«

Gilli nimmt sein Käppi ab und dreht es in den Händen. Was soll er sagen? Er hat sich nichts dabei gedacht, als man ihm das Gewehr in die Hand drückte, ein neues Hemd gab und sagte — »Nun geh und schieß auf alle anderen, die kein blaues Hemd anhaben! Dann bist du ein Mensch, ein Held und die heilige Mutter Maria von Lluch wird dich segnen.« So haben sie zu ihm gesprochen, und da er ein guter und rechtgläubiger Junge war, hat er den Großen gehorcht. Und da der Große außerdem sein Herr war, hat er sich gefürchtet und erst recht und lauter als alle andern, »Arriba España!« geschrien.

Seine Lippen zucken — »Du glaubst, daß sie meine Schwester eingesperrt haben? Hast du etwas gehört über sie?«

Valenti verneint.

»Es sind so viele umgekommen in den vier Wochen, daß man gar keine Namen mehr weiß, oder behalten kann — aber antworte doch — wer sind die anderen und weshalb müssen sie sterben?«

»Ich weiß es nicht.«

»Dann will ich es dir sagen. Die anderen, das sind die Republikaner, die nicht wollen, daß Kinder wie du für einen Duro im Monat sich lahm arbeiten; daß sie statt in die Schule zu gehen und lesen zu lernen, ein Gewehr bekommen und auf ihre Brüder und Schwestern schießen sollen! Verstanden? Deshalb sind wir geflüchtet, weil wir das nicht wollen. So. Und jetzt sag ich dir noch etwas. Du kämpfst nicht für Spanien und schon gar nicht für diese Insel, sondern nur für den Voerge. Der Voerge bezahlt dich, er hat dich gekauft mit Haut und Haar und die Mutter Gottes dazu, die du da am Halse hängen hast. Wenn ich an deiner Stelle wäre, würde ich dieses Hemd mit den drei

Streifen ausziehen und mitsamt der Kappe in Fetzen reißen. So. Das würde ich tun.«

Der Kleine knöpft den Kragen langsam auf, dann kommen ihm Bedenken. »Ich habe aber kein anderes Hemd — und was soll aus mir werden, wenn ich heimkomme?«

Luis öffnet den Sack und holt einen Beutel mit Wäsche heraus, wirft ihm ein gestreiftes Leibchen zu — »Da, nimm das, ich schenk's dir. Und zum Aguiló brauchst du auch nicht mehr. Kennst du dich in Porto Christo aus?«

Gilli streift das blaue Hemd über den Kopf. Schlüpft in das neue und streckt sich — »Porto Christo kenne ich gut, wenn ihr hin wollt, kann ich euch führen; wir kaufen da das Stroh... «

»Gut, wir reden noch darüber. Heute bleiben wir hier.«

Gilli packt das blaue Hemd und sagt — »Voerges Uniform — « und dann stößt er einen entsetzlichen Fluch aus, reißt das Hemd in der Mitte auseinander und die einzelnen Teile in kleine Fetzen; scharrt ein Loch zwischen den Steinen und wirft alles zusammen mit der Mütze hinein. Dann zögert er noch eine Weile — »Die Medaille ist Silber... «

»Behalte sie ruhig, sie stört niemanden von uns... «

Gilli schüttet Erde und Steine über die Reste seiner Montur. Luis klopft ihm auf die Schulter — »So, jetzt bist du wieder ein Mensch wie wir. Und frei. Du kannst machen, was du willst, zurückgehen oder bei uns bleiben...«

Darauf war er nicht gefaßt. »Ist das dein Ernst? Auch deiner?« er blickt fragend zu Valenti hin, der zustimmend nickt — »Ich bin nicht mehr gefangen?«

Die beiden warten gespannt, was er wohl beginnen werde. Er steht da, klein und mager in dem Hemd, das ihm in Falten über Brust und Rücken hängt; die Arme hält er gekreuzt, und eine tiefe Furche gräbt sich zwischen seine Brauen — »Aber wohin soll ich? Zum Aguiló? Der schlägt mich tot, wenn ich ohne Gewehr und Uniform komme. Und ich kann auch nicht mehr mit den anderen gehen,

Voerges Fleisch — nie wieder!« und er setzt sich zu den beiden — »Ich bleibe bei euch, ich habe sonst Niemanden —« und ganz leise fügt er hinzu — »... wenn es euch recht ist.«

Es ist ihnen recht.

Sie sitzen oben zwischen den Felsen, im Schatten der Ruinen und beobachten Strand und Tal da unten.

Sie sind nicht die Einzigen, die dieses Gebiet belauern. Gegen Mittag, und von da ab in regelmäßigen Abständen, erscheinen Flieger, die von Menorca über sie hinweg nach Porto Christo und San Servera fliegen, dort kreuzen und wieder umkehren.

»Das sind die Katalanen! Sie bereiten die Landung vor.«

Das Brausen der Propeller dröhnt ihnen in den Ohren wie himmlische Musik.

Jetzt werden auch die Blauen lebendig. Eine Kolonne von etwa zwanzig Mann rückt nach Iglesias ab und versammelt sich vor den großen Höhlen. Rings um Cap Vermey, den Strand entlang, bis zur Finca Esperanza, werden Posten aufgestellt, die auf und nieder gehen. Alle zwei Stunden kommen andere zur Ablösung. Mit Einbruch der Dämmerung rollt ein Wagen heran, mit Decken und Brot für die Männer. Der andere Wagen wird angehängt und abgeschleppt.

Die Lage wird kritisch.

»Jetzt ist es unmöglich, am Meer entlang zu klettern. Hoffentlich haben sie in der Höhle die Leiter eingezogen. Was sollen wir machen?«

»Wir müssen warten, bis es wieder Tag wird. Ich nehme an, daß sie sich genauso zum Schlaf hinlegen wie Gilli, wenn alles ruhig bleibt. Dann müssen wir unser Glück versuchen und durchbrechen.«

Das Meer ist in wildem Aufruhr. Sturm heult um die Felsen. Gilli ist eingeschlafen. Die beiden hüllen sich in die Decken.

»Wir sollten uns ebenfalls ablösen. Leg' dich hin, Valenti, ich wecke dich in zwei Stunden.«

Es mochte gegen Mitternacht sein, als Luis aus dem Halbschlaf auffährt. Auf der Straße blitzen Lichter, Scheinwerfer, vier Wagen stoppen kurz vor der Canya Mel und biegen langsam den holprigen Fußweg hinab unter die Pinien.

Kommandos ertönen, Laternen flackern auf, Stimmengewirr dringt bis zu ihm herüber. Es sind reguläre Truppen, die jetzt Maschinengewehre und Kisten abladen und zu den Höhlen hinaufschleppen. Andere waten durch den Fluß zur Finca — da weckt Luis die beiden. »He, Valenti, auf! Sie kommen!«

»Wer? Wo?«

Valenti packt das Gewehr.

Aus dem Bauernhof ertönt lautes Geschrei. Die Soldaten hämmern gegen Türen und Tore, eine Frau schimpft mit gellender Stimme, die Kühe beginnen zu brüllen und die Unruhe überträgt sich auf das ganze Tal. In den Gehöften kläffen die Hunde, die Hähne beginnen zu krähen. Den Strand auf und nieder laufen Soldaten und Falangisten.

»Es scheint, sie bringen die Maschinengewehre in Stellung...« Valenti klappert mit den Zähnen vor Kälte oder Erregung. »... oder man hat uns verraten ...« Er packt den Kanister mit Benzin. »Wecke den Jungen. Wenn sie kommen, zünde ich den Wald an — ihr lauft den Berg hinunter, auf Porto Christo zu, laß' alles hier liegen und renne, was du kannst, halte dich möglichst dicht am Meer, unter den Bäumen — los, los!«

Luis braucht eine Viertelstunde, um Gilli, der wie ein Toter schläft, in Marsch zu bringen.

Mittlerweile aber haben sich die Soldaten unten wieder beruhigt, die Scheinwerfer sind erloschen und auch auf der Finca rührt sich nichts mehr.

Der Sturm wird von Minute zu Minute heftiger und peitscht ihnen Regentropfen ins Gesicht. Nebel sinkt herab in dichten Wolken und hüllt alles ein. Meer und Erde bedecken dicke weiße Schwaden.

Einer nach dem anderen strecken sie sich wieder aus und fallen in tiefen Schlaf.

Als dröhnende Donnerschläge sie aufwecken.

Luis ist als erster wach. Es ist Tag, der Nebel flattert in langen Fetzen talaufwärts über den Fluß. Der Donner dröhnt ganz dicht neben ihnen — »Was ist das?«

Valenti klettert über die Steine hinüber zur Seeseite und schreit. Der Sturm trägt seine Schreie kilometerweit — »Sie kommen! Sie landen!« Er schwenkt das Gewehr — »...Da! ...Da!« Er drückt Luis an sich, Tränen laufen über seine eingefallenen Wangen.

Gilli starrt wortlos hinunter auf das Meer.

Sieben graue, gewaltige Schiffe liegen zu ihren Füßen. Ununterbrochen laden sie Menschen aus, die über Strickleitern in die Boote klettern und an Land fahren, nach Porto Christo.

»Hinunter! Voran! Valenti, voran, komm!«

Aber Valenti starrt hinab. Über die Straße kommen Falangisten angeradelt. Die Soldaten unten am Strand rennen durcheinander, schleppen Gewehre und Kisten, Säcke und Decken herbei; andere schnallen ihre Stahlhelme um, hängen Handgranaten an die Gürtel. Alles scheint in Verwirrung geraten. Offiziere laufen von einem zum andern, die Soldaten formieren sich zu Zügen und Gruppen, schwenken zum Fluß, quer über die Äcker marschieren sie, auf das Single zu.

Ein böses Lachen fliegt über Valentis Gesicht.

Er packt die Benzinkanne, schraubt den Stöpsel heraus — »Luis, du weißt, was du zu tun hast — lauf mit Gilli auf der anderen Seite auf Porto Christo zu, ich komme nach...« Dann klettert er hinab, den Soldaten entgegen.

Der Sturm heult von Süden, vom Meere her; die Bäume ächzen, die Luft ist glühend, wie mit Staub erfüllt.

Valenti läuft zu den äußersten Pinien, die sich über dem Grat krümmen, hart am Abhang, der in Steinkatarakten achthundert Meter tief unten in der weiß kochenden Brandung mündet. Er spürt keine Angst. Wie ein Traumwandler balanciert er über die Schroffen, immer weiter hinab. Erst hier, fast schon auf halbem Wege zum Fluß, beginnt er die Stämme, Laub und Gestrüpp mit Benzin zu tränken. Ein teuflischer Gärtner, sorgsam, gewissenhaft, daß kein Tropfen verlorengeht. Fünf Liter Benzin!

Schrittweise klettert er wieder zurück — den Rest gießt er als Zündschnur, im Zickzack, bis an den Fuß eines steilen Felsens, hinter dem er sich verschanzt. Jetzt zündet er ein Büschel trockenen Grases an und läßt es von oben auf die Spur fallen — er sieht wie es brennt und weiter läuft — schneller, höher, in rasender Eile...

Da wendet er sich zur Flucht, läuft, was er laufen kann.

Jetzt! Mit einem Donnerschlag explodiert ringsum das vergossene Benzin. Der Wald flammt auf, brennt lichterloh. Die harzigen Stämme krachen und lodern wie Fackeln. Eine rote Lawine, rast das Feuer den Berg hinab und hinauf, vom Sturm angefacht, legt es sich als glühende Barriere vor den Feind, der zurückweicht. Mit lauten, angstvollen Schreien fliehen die Vögel, und schwarzer Rauch wälzt sich auf Iglesias zu, als Signal, daß die Schlacht begonnen hat.

Eine Stunde später haben sie den Strand jenseits vom Cap Des Piná erreicht.

Marschieren auf Porto Christo zu, das Hauptquartier der Katalanen.

XV

Seit vierundzwanzig Stunden ist das Meer in ständig wachsender Erregung.

Nach Luis und Valentis Abschied drängt die Flut immer gewaltiger in die Höhle, stürzt in Kaskaden durch das Bullauge, gurgelt in schaumigen Strudeln hinter den zackigen Wehren, die als Staudämme wirken. Bald ist der Augenblick gekommen, daß das Wasser nicht schnell genug abfließen kann und langsam die erste Höhle überschwemmt. Sie können den Ausgang nicht mehr erreichen und die Leiter einziehen.

»Das Schiff hat Schlagseite. Wir werden wohl langsam ersaufen oder verhungern, wie die Juden hinten in der Folterkammer...« Rey beginnt Decken und Geschirr in die höher gelegene, zweite Höhle zu retten.

Das Getöse der Fluten erfüllt alle Räume und prasselt tausendfach verstärkt von den Gewölben auf sie nieder, lähmt jede Willensregung, erstickt jedes Wort.

Die Luft ist in Aufruhr und fegt mit der Gewalt eines Orkans Wasserstaub umher. Die Temperatur fällt, es wird kalt, sie müssen sich in die Decken hüllen oder wie Leo in den Sand eingraben.

Von Zeit zu Zeit geht Rey in den ersten Raum und versucht, an den Schacht zu gelangen. Aber mit der Flut ist das Wasser weiter gestiegen und rückt langsam zu ihnen vor. »Wir müssen warten bis zur Ebbe, morgen früh. Gehen wir dann?«

Juan nickt. Leo löffelt den letzten Reis aus dem Topf — »Abwarten, ich bin für abwarten, verhungern können wir draußen auch.«

Der letzte trübe Schein wässriger Helligkeit ist längst erloschen.

Leo bläst die Kerze aus — »Gute Nacht, versucht zu schlafen. Wer weiß, was morgen sein wird...«

Rey versinkt für ein paar Stunden in einen unruhigen und qualvollen Schlaf, fährt schaudernd hoch und tastet um sich. Der Boden ist noch trocken.

Juan liegt wach und hustet. Das Wasser rauscht herein, in ununterbrochenen Strömen.

Rey erhebt sich und stampft mit den Füssen auf, um sich ein wenig zu erwärmen.

Jetzt erwacht auch Leo, der sich tief in den Sand eingegraben hat und fährt hoch — »Was war das?!«

Rey horcht — Donner des Wassers, Echo, das Geheul des Windes — »Du träumst, Leo, ich hab' mit den Füßen gestampft — «

»Nein, das war es nicht — es kam von draußen, von weit her...«

Leo wirft sich wieder hin und preßt den Kopf in den Sand — »Wer klopft denn da?«

Rey steht jetzt ganz still — »Niemand klopft, Leo, du träumst, wir sind in der Höhle...«

Es ist mittlerweile Tag geworden. Ein wahres Wunder, daß es unter der Erde auch Tag wird; ein Höhlentag. Fahle Dämmerung sickert durch die Wände und malt die Gesichter der drei Männer grau wie Asche.

Leo bewegt die Hand, um jeden Schlag anzuzeigen, den er zu hören glaubt — »Vielleicht brechen sie ein, um uns zu überfallen?«

Schnell wirft sich auch Rey nieder. Kein Zweifel mehr: in regelmässigen, kurzen Zwischenräumen vernimmt er dumpfe Schläge gegen die Erde. Bald kann er sie frei stehend noch besser hören. Sogar ein dumpfes Rollen und Splittern glaubt er jetzt zu unterscheiden — »Valenti wird von Ce Heredad durch die Folterkammer hereinkommen, um uns zu holen — weil doch hier alles unter Wasser steht. Das wird es sein...«

Aber Juan schüttelt den Kopf — »Unsinn, das Wasser fließt unter uns durch, rollt Steine mit, das ist es, was so klopft...«

Rey läuft hinaus in die erste Höhle, stürzt mit einem Schrei wieder herein — »Das sind Kanonen, sie kommen, sie sind da! Wir sind gerettet!«

Er reißt Juan auf die Beine, klopft ihm auf den Rücken. Er tanzt um Leo herum, der offenen Mundes dasitzt und sich die Tränen aus den Augen wischt — »Kann sein, kann wirklich sein — komm, wir gehen...« Da fällt ihm ein, daß sie, wie Schiffbrüchige vor der Flut, sich auf diesen Flecken retteten. Er kann nicht schwimmen und fürchtet das Wasser wie eine Katze — »Aber — wie kommen wir hinaus?«

Rey ist wie verwandelt. Um Pfeiler und Steintrümmer klettert er, um das Wasser, das hereingedrungen ist, herum, dem Ausgange zu. Jetzt schreitet er vorsichtig in den See und winkt Leo. Das Wasser reicht ihm knapp zu den Knien. Es ist mit der Ebbe gefallen. Langsam folgt ihm Leo. Juan bleibt oben am Rande stehen und winkt — »Ich warte hier...«

Hier öffnet sich der niedrige Gang, den Tang und Schlick so verstopfen, daß er kaum zu sehen ist.

»Wir müssen ihn erst freimachen.«

Sie waten wieder zurück und legen Hemd und Hose in den Sand.

Rey stürzt sich in den Schlamm und schaufelt ihn mit beiden Händen hinter sich. Wie ein weißer Wurm gleitet er langsam in die Erde. Mit den Füßen schiebt er sie zurück und arbeitet sich voran; jetzt hat er den Tunnel geöffnet und das angestaute Wasser fließt hinab, dem Schacht zu. Es bleibt grade noch Raum zum Atmen zwischen Fels und Flut. Leo ist zu ängstlich — »Ich will versuchen, das Wasser abzuleiten — geh voran und gib mir Bescheid...«

Rey hat keine Furcht. Er watet, er schwimmt und schluckt Wasser — aber er gelangt in den Schacht; richtet sich auf und blickt empor nach dem kleinen Stück blauen Himmel, das hier leuchtet, mit einer Sehnsucht, wie noch nie in seinem Leben. Er streckt die Arme empor — und erstarrt. Regungslos, mit erhobenen Armen bleibt er stehen, denn da leuchtet kein Himmel. Da oben ist es finster.

Rey denkt nach. Juans Uhr ging richtig, in der Höhle war es hell. Da oben aber ist es dunkel und die schwache Helligkeit, die den unteren Teil des Schachtes erfüllt, dringt durch den Verbindungsgang.

Rey starrt empor, sein Herz klopft rasend gegen die Rippen. Er kann kaum noch atmen vor Entsetzen.

Er klettert die wenigen Stufen hinauf, die die Schmuggler in den Fels geschlagen haben, zu dem Vorsprung, wo die Leiter steht.

Aber auch die Leiter ist nicht da.

Der Himmel ist nicht da, die Leiter ist verschwunden — nur Fels, Nacht, Wasser. Betäubt von Schrecken klammert er sich an die nackte, steil und glatt aufragende Wand des Kamins, tastet nach allen Seiten — »... wir haben sie doch nicht eingezogen — wo ist die Leiter?«

Gurgelnd und stöhnend faucht die Flut durch den Tunnel; donnernd kommt das Echo wie der Atemzug des Ungeheuers Höhle, das sie verschlungen hat. Was soll er tun? Soll er Leo zu Hilfe rufen? Niemand kann ihm helfen. Weshalb soll er die beiden Alten erschrecken? Er muß da hinauf, um zu sehen, was Valenti angerichtet hat. Denn das kann doch nichts anderes sein, als ein schlechter Scherz oder eine Dummheit.

So wird es sein.

Aber vergebens beruhigt er seine Todesangst; er zittert, Hitze und Kälte überströmen ihn gleichzeitig und Schwäche dringt vom Magen her in sein Gehirn, in dem es wie mit Hämmern pocht und pocht.

Er ruht eine Weile aus, die Stirne gegen den Stein gelehnt.

Dann versucht er das Unmögliche — hinaufzuklettern. Den Rücken gegen die Wand gestemmt, die Füße gegen die andere Seite, so schiebt er sich Spanne um Spanne aufwärts. Beide Arme ausgebreitet, die Nägel in jede Ritze krallend, kriecht er wie eine Schnecke langsam und mit verbissener Wut den Schacht empor.

Die Haut auf den Schultern reißt auf, das warme Blut rieselt ihm über den Leib. Er spürt es nicht. Aufwärts, hinauf, die Augen geschlossen, alle Sehnen gespannt, keuchend vor Schreck, wenn ein Stein sich lockert und hinabfällt. Den Griff wechselnd von einer Sekunde zur anderen, schraubt er sich fast die Arme aus den Gelenken — aber er erreicht das Gitter.

»Das ist das Gitter... sechs Stäbe...«

Er fühlt das runde, kalte Eisen ab, schiebt eine Hand zwischen den Barren durch und stößt mit der Fingerspitze gegen Stein.

»... zugemauert ... verschüttet... gefangen... «

Der Stein rückt und rührt sich nicht, so sehr er auch versucht, das Gitter emporzustemmen. Kein Lufthauch ist zu spüren, kein Laut dringt in seine Nacht. »... lebendig begraben... die Folterkammer... verhungern...«

Er hat eine winzige Stütze für die Füße gefunden und hält sich an dem Eisen oben fest. Glühender Schweiß rinnt ihm über Gesicht und Rücken.

Von unten dringt schwach Leos Stimme herauf — »Rey! Rey! sollen wir kommen?«

Er gibt keine Antwort.

Soll er ihnen sagen, daß sie hier verrecken müssen? Er

spürt, daß er nicht mehr die Kraft hat, hinunter zu klettern.

So wartet er auf das Ende.

Manchmal, wie in einem Anfall, rüttelt er an dem Eisen; dann beginnt er zu jammern — »Valenti, Luis, helft, helft mir...«

Da draußen ist der Tag, die Freiheit, die Freunde sind nahe und pochen mit ihren Kanonen auf die schlafende Erde — »Nur uns haben sie vergessen...«

Leo hat sich zu Juan gesetzt. Schulter an Schulter lehnen sie gegen eine der großen Säulen, kein Wort, keine Bewegung, kein Seufzer verrät, daß sie noch leben. So vergeht eine endlose Zeit. Dann sagt Juan leise — »Ich hab' gewußt, daß wir hier nicht mehr herauskommen...«

XVI

Antonia hat ungefährdet die Felder und Weinberge, Gärten und Wälder durchquert. Das Land ist leer. Als hätten sich die Menschen in die Erde verkrochen — nur das Vieh blökt vor Hunger — die Kanonen donnern...

Jetzt hat sie die Wildnis von Ce Heredad erreicht und windet sich durch die schwarzen Trümmer von Es Clopé de Gigants. Hier sucht sie niemand mehr. Im Zickzack klettert sie den Steinhang hinauf und steht jetzt oben zwischen wild umher geschleuderten Felsblöcken, jeder einzelne so groß wie ein Haus.

Sie ist wieder am Meer.

Da unten liegen die Schiffe, sie sieht auf sie hinab. Matrosen mit Gewehren gehen auf Deck auf und ab. Aus den Schornsteinen zieht dicker Rauch und vermischt sich mit dem Qualm, der aus dem brennenden Walde vom Cap Des Piná landeinwärts treibt. Das ganze Tal scheint in Flammen zu stehen.

Hinter diesem Vorhang wütet die Hölle. Die Erde bebt.

Wind heult über den kahlen Grat.

Unter ihren Füßen wölbt sich die Höhle.

Schauder packt sie, wenn sie hinabsieht auf das schäumende Meer, das sich in breiten Wogen gegen die Klippen wirft.

Sie schließt die Augen, macht ein Kreuzzeichen und tastet sich Stein um Stein hinab, an jeder Kante, jeder Wurzel klammert sie sich fest; sie kann sich nicht aufrichten und nur nach rechts oder links ausweichen, um an den Zacken, die wie Kegel und Nadeln geformt sind, ein wenig zu rasten, wie sie es gerne möchte. Die Angst treibt sie weiter.

Zwanzigmal muß sie diesen Weg hin und her in kurzen Schleifen kriechen, immer nur wenig tiefer, hängt sie an steilen Wänden wie ein flatternder Vogel, den der Sturm zaust, über dem Abgrund.

Endlich erfaßt sie die schmale Rinne, auf der sie sich aufrichten und, gegen die Felsen gelehnt, weiterschreiten kann.

An einer Stelle ist diese Rinne eingebrochen — unter ihr tobt die Flut. Es gilt einen Sprung, um genau die handbreite Stelle zu erfassen, auf der ihr Fuß landen muß. Sie starrt auf diesen schmalen Stein, atmet tief — und fliegt hinüber. Von hier wendet sich der Pfad scharf nach rechts, die Felsen weichen etwas zurück und schützen in der Erde ein paar verkrüppelte Pinien. In spitzen Haufen liegen Steine, die Carabineros oder Schmuggler als Wegemarken übereinander schichteten. Hier muß auch der Eingang, das Gitter, sein.

Hat sie sich geirrt?

Ratlos blickt sie sich um, geht weiter, kehrt zurück — dann hat sie begriffen.

Ein großer, grauer Steinblock hat sich von oben gelöst und stürzte auf den Eingang. Nein, er wurde hingewälzt! Dort seitlich entdeckt sie die braun-rote, verwitterte Spur auf den unteren Felsen, auf denen er lag, seit Ewigkeit fest. Und da — eine Reihe kleiner Steine und Felsbrocken sind wie eine Mauer ringsum geschichtet, bilden einen soliden Wall, dessen Fugen mit Erde und Gras verpicht sind. Das war Hai!

Sie starrt das Totenmal an und bricht in die Knie. Sie rüttelt an dem Block, sie reißt die kleineren Steine aus den Fugen, um ihn ins Wanken zu bringen... man muß einen

Hebel finden, einen Baumstamm — eine der Pinien da abbrechen... Sie will sich aufrichten.

Da hört sie einen leisen Knall, der näher kommt, zu einem Donner anschwillt, etwas stößt sie heftig in den Rücken, sie springt auf und klammert sich an den Stein.

Da erkennt sie das Gesicht des Mannes, der, während sie kniete und arbeitete, nähergekommen war — »Hai! Hai! Was tust du?«

Gellend schreit sie, ohne sich zu rühren, ohne den Versuch zu machen, zu fliehen oder sich auf ihn zu stürzen.

Hai nickt und hebt das Gewehr abermals an die Wange.

Sein böses Auge kneift er zusammen, er zielt langsam und genau, seine Hände zittern nicht.

Ein brennender Schmerz wühlt in ihrem Innern, es atmet sich schwer und ihre Kehle füllt sich mit Bitterem — »Rey! So hilf mir doch...« und laut schreit sie auf »Rey!«

Da drückt Hai ab.

Antonia fliegt empor, verliert den Boden und sinkt über den Rand des Abgrundes ganz langsam hinunter, auf die grüne Wiese zu, die das Meer hundert Meter unten mit weißen Schaumblumen geschmückt, für sie entfaltet — mit ausgebreiteten Armen sinkt sie in die Tiefe, in die Ewigkeit.

Hai setzt das Gewehr ab und streicht die Haare aus der Stirn. Lange blickt er ihr nach, unbeweglich.

Dann schichtet er die Steine wieder übereinander, knetet die Fugen fest, wälzt noch ein paar Quadern hinüber — er kann sich nicht genug tun. Zwischendurch wirft er einen Blick hinab in die Brandung, die unerbittlich weiter rollt und stampft.

...Sie ist tot — Antonia ist tot — und die da drinnen werden auch nicht mehr lange leben —

Endlich ist er zufrieden mit seinem Werk — zwei Tage und nochmals zwei Tage — dann werdet ihr reif sein — dann komme ich euch holen — adios!

Er schwingt das Gewehr über den Rücken, sucht die beiden Patronenhülsen — ... die werd' ich dem Francesco zeigen, er soll wissen, daß ich mich gerächt habe — oder ich bohre ein Loch quer hindurch und häng' sie mir um den Hals, mit der Medaille zusammen — langsam klettert er den Abhang hinauf — ... hat sich nicht lange ihrer Freiheit gefreut — mich kann man nur einmal betrügen — und dieser Francesco sagt, ich soll mich erschießen — weshalb? Das hat noch Zeit — erst kommen alle anderen dran, dann der Hai —

Es geht nur mühsam vorwärts.

Ein paarmal kommt er ins Rutschen, Steine poltern unter ihm davon; er fängt sich an einer Kante und verschnauft — ... was ist das für eine verfluchte Kletterei? Weshalb gehe ich nicht über den Steig da unten... Aber er kehrt nicht um, der Hai kehrt niemals um, vor niemandem, auch vor einer Toten nicht — gradeaus Mann, und hinauf!

Er liegt flach wie eine Schildkröte auf einer Felsplatte, die vom Regen glatt gewaschen, zwischen zwei Granitkegeln schräg aufwärts ragt. Er hat das unheimliche Gefühl, daß dieser gewaltige Block schaukele wie eine Waage, und er rafft alle Kraft zusammen, um sich hinaufzuzerren. Krallt die Finger in den fugenlosen Stein, gibt sich einen Ruck, bevor er ins Gleiten kommt, um sich hinauf zu ziehen — als ihn eine Last von oben niederdrückt, die lautlos herabstürzte.

Hai brüllt auf. Da umklammern zwei Hände seinen Hals und pressen ihm die Gurgel zusammen.

Mit einem wilden, verzweifelten Krampf läßt er die Arme los, um sich herumzuwerfen, den Mann zu packen und ihn hinab zu stoßen; aber das Gewehr liegt wie ein Querbalken über seinen Schultern — er kann den Mann nicht erreichen, seine Arme flattern wild und krallen sich in Stein und Luft.

Und da hört er eine Donnerstimme in seine Ohren gellen — »So, Hai, damit du es weißt — ich bin der Jeronimo — Jeronimo hat dich zwischen den Fingern — hörst du mich noch, Hai? Und ich werde jetzt die Männer aus der Höhle herauslassen ... und du wirst verrecken da unten ... weißt du es jetzt!«

Jeronimo keucht und schreit und preßt Hais Gesicht immer fester gegen den Felsen — »Stirb schneller, Mann ... du bist kein Hai mehr ... ich brech' dir die Zähne aus ... du wirst keinen von uns mehr beißen ... keinen mehr ...«

Jeronimo knirscht mit den Zähnen, preßt ihm den Hals zusammen und so bändigt er den Hai, der mit einem letzten, schon jenseitigen Krampf, ihn abzuschütteln versucht. Aber die Ameise hat sich in ihn verbissen, die beiden sind nicht mehr zu trennen, und so werden die Zuckungen des wilden Hai schwächer und schwächer, bis er verröchelt, tot ist.

Jetzt erst läßt Jeronimo los, reißt das Gewehr über Hais Schultern hinweg an sich und springt zurück — er traut auch dem Toten noch nicht.

Dann setzt er sich hin, um zu verschnaufen.

Jeronimo ist verwildert und struppig wie ein räudiger Hund. Ebenso bleich wie der Tote da. Seine kleinen, bösen Augen funkeln, und er nickt — da liegt er nun, der Hai ...

Mühsam richtet er sich auf und zerrt den Körper hinab auf den Steig. Hier füllt er die Taschen und das Hemd mit Steinen und stößt ihn über den Rand hinunter — ... jetzt kannst du schwimmen...

Ohne einen Augenblick zu zögern, ruhig wie ein Maurer, räumt er die Steine und dann den Felsen vom Eingang der Höhle weg.

Um das Gitter sieht er Reys Hände geklammert.

Rey schreit, schreit.

»Laß doch los, Mensch, laß los, daß ich das Gitter hochklappen kann — «

Aber der Rey ist wahnsinnig geworden. Er schreit gellend, kreischt sinnlose Worte — und dann schreit er — »Antonia! Antonia!«

Mit Gewalt preßt Jeronimo Reys Finger zurück und öffnet schnell; mit einem Griff packt er den Jungen bei der Schulter und hilft ihm heraus.

Langsam erholt sich Rey, richtet sich auf, erkennt seinen Retter — »Wo ist die Antonia? Sie war hier, ich hab sie schreien gehört, sag mir die Wahrheit! Weshalb habt ihr uns hier eingesperrt? Wo ist Valenti?«

Rey ist von Sinnen. Wütend springt er auf, als wolle er sich auf Jeronimo stürzen. Er muß die Todesangst überwinden, die ihm im Schädel sitzt und seinen Verstand verdunkelt.

Er hat immer noch nicht begriffen, daß er wirklich dem Grabe entronnen ist, daß er den Himmel sieht, Luft atmet, statt des Moders da unten. Unter dem Gitter hockend, hörte er Antonias Schreie und den Knall ... — »... das Gewehr da ... bist du noch einer der Unsrigen? Du hast sie erschossen!«

Jeronimo wehrt ihn ab, so gut er kann — »Komm' doch zu dir, Mensch! Schrei' nicht, schrei' nicht so, was willst du denn? Ich habe keine Antonia gesehen! Den Hai hab ich erschlagen — da unten schwimmt er — das ist seine Flinte und seine Patronentasche ...« er klappt den Deckel hoch und schüttelt die Patronen, daß sie hochtanzen — was liegt da drinnen? Zwischen den Patronen? Ein Brief? Er zupft das Papier heraus. Eine Photographie ist das. Das ist doch Antonia Calafat! Und bevor er es verhindern kann, hat Rey sie ihm aus den Fingern gerissen.

»Das ist doch unser Bild!«

Aber wo bin ich? Wir standen doch da, Hand in Hand — wer hat das Bild zerrissen? Wie kam es in Hais Patronentasche? Langsam dämmert ihm eine Wahrheit, die keine mehr ist; deshalb also mußte sie sterben — deshalb hat sie mich hier in die Höhle gelockt und den Stein über den Eingang gewälzt, weil sie diesen Hai liebte!

Er zerreißt das Bild und streut die Fetzen auf die Erde, in das Meer, in den Wind.

Stumm betrachtet ihn Jeronimo, auf Hais Gewehr gestützt; er begreift den Rey nicht, aber er hat Geduld und Mitleid mit ihm.

»Schau, Rey, da ist doch nun nichts mehr zu ändern — du mußt nicht weinen, jetzt hast du noch keinen Grund. Keine Zeit vor allem. Später, wenn alles vorüber ist, dann werden wir weinen, wenn wir es erleben.«

Rey trocknet sich das Gesicht und spuckt aus — »Du hast recht, Jeronimo — wegen einer Hure soll man nicht weinen.«

Da fährt Jeronimo hoch — »Was redest du da? Du bist ein Schuft, ein Meineidiger, wenn du ein Wort gegen Antonia sagst! Was weißt du, was sie für uns getan hat! Nichts weißt du! Sie hat euch und uns allen das Leben gerettet. Ich bin zwei Minuten zu spät gekommen, sonst wäre sie noch hier — sie ist eine Heilige! Schweig oder ich schlag dir den Schädel ein!«

Rey weiß, daß es Jeronimo ernst ist — »Wenn du es sagst, will ich es glauben, Hormiga — aber wehe den anderen!«

Jeronimo hat genug geredet und flucht in sich hinein. Außerdem ist er schwach vor Hunger — »... was weißt du denn überhaupt? Vom Dorf? Nichts! Lästerst hier herum — ich bin seit fünf Tagen und Nächten in den Wäldern umhergelaufen — bis Santa Margarita haben sie mich gehetzt. Und du kommst gesund aus der Erde, hast dich ausruhen können — was denn! Wo sind die Männer? Wo ist die Leiter?«

Jetzt erzählt auch Rey, was sie gelitten haben. Jeronimo aber wartet das Ende nicht ab, sondern beginnt, an den Felsen den Schacht hinunter zu klettern ... »Du wartest hier oben — wenn einer kommt, nicht zucken — sofort schießen — «Mit diesen Worten verschwindet er unter der Erde wie ein Gnom.

Juan und Leo sitzen an die Säule gelehnt.

Sie fahren auf — wer ist das?

Das ist nicht der Rey!

Die Falange!

Fliehn!

Da brüllt er sie an — »Halt! Juan! Leo! Ich bin's, Hormiga — Jeronimo! Kennt ihr mich nicht mehr? Kommt her — helft mir, Stricke drehn — die Leiter ist gestohlen worden — zerschneidet die Decken!«

Leo versucht hier und da Neuigkeiten zu erfahren; Jeronimo gibt keine Antwort; er versteht es, Stricke zu drehen, windet die Streifen ineinander, dreht und knüpft, zerrt und reißt — »... zum Reden kommen wir noch früh genug — erst hier 'raus ...!«

Dann klettert er wieder hinauf und befestigt den Strick an dem Eisengitter. Juan kommt als Nächster oben an, dann Leo.

Es dunkelt bereits und nach einigen wilden Salven erstirbt die Schlacht. Glühend steigt die Lohe aus dem brennenden Walde gegen den weithin geröteten Himmel. Das Knattern der Stämme dringt bis zu ihnen herauf.

»Das ist unser Glück — das ganze Tal steht in Flammen — Cap Vermey, die Finca des Aguiló und Esperanza — alles brennt, bis hinauf nach Iglesias. Über die Straße kommt keiner hinweg. Wir müssen durch das Wasser um das Cap herum, nach Porto Christo — da liegen die Katalanen ...«

Um Mitternacht machen sie sich auf den Weg —

Jeronimo mit Hais Gewehr voran.

Der brennende Wald faucht ihnen seinen glühenden Atem entgegen.

Schwimmend und watend durchqueren sie die Bucht

Canya Mel und klettern unterhalb vom Cap Des Piná und seinem lodernden Wald durch die Klippen. Die Brandung geht über sie weg — »... damit der Braten nicht zu heiß wird — festhalten!«

Jeronimo stützt den Juan, Rey den dicken Leo. An der äußersten Spitze des Caps, als sie schon den Sand in der Bucht von Porto Christo sehen, werden sie entdeckt — Jemand schreit »Halt! Zurück!« und schon prasseln Kugeln um sie her, pfeifen über ihre Köpfe hinweg ins Wasser.

»Weiter! Ducken und schnell weiter!« Jeronimo schreit es, packt Juan und hält ihn gegen die Brandung, zerrt ihn hinter sich her durch eine Untiefe voller Tang auf die andere Seite, kriecht flach am Boden über eine gewaltige Steinplatte — eine Sekunde lang erinnert er sich an Hai — er springt hinab, macht kehrt, und legt das Gewehr auf die Klippe, feuert blind in die Nacht hinaus, bis die drei ihn erreicht haben — So, die werden sich das überlegen, uns zu folgen!«

Hier ist Jeronimos Fischrevier — hier kennt er jeden Felsen, jede Bucht, jeden Baum — »Jetzt hinauf an Land!« Auf einem Schmugglerpfad umgehen sie die letzten Klippen des Caps und stehen endlich unten an der weiten, weiß leuchtenden Bucht.

Brandgeruch weht ihnen entgegen. Eine Finca mitten im Dorf Porto Christo steht in Flammen. Landeinwärts, auf San Servera zu, brennen Wälder und Häuser.

Die Bucht ist gegen das offene Meer durch Dünen und Klippen geschützt. Zwischen Strandkiefern und Felsblöcken schleichen sie der Mitte der Bucht zu, wo die Schiffe angelegt haben.

Niemand hält sie an.

Jetzt hören sie irgendwo weit Stimmen und das Poltern von Erde und Steinen. Sie haben das Ziel erreicht: da glimmen Feuer, Boote schaukeln auf dem Wasser, Zelte — »... das sind sie! Ein Posten, endlich ...«

Jeronimo streckt das Gewehr in die Luft und geht als erster auf ihn zu. Der Posten reißt sein Gewehr von der Schulter und wartet.

»Viva la Republica!« ruft ihm Jeronimo entgegen. Der Posten läßt sein Gewehr sinken und kommt langsam näher. Plötzlich schreit er auf — »Jeronimo! Hormiga!«

Da dreht Jeronimo sich um — »He, Männer, kommt heraus, es ist der Luis! Der General!« und dann klopft er dem Luis auf die Schulter, der breit und groß dasteht unter den Sternen, und nicht reden kann vor Freude.

Nachwort

Am 20. Juni 1938 bot Karl Otten Gottfried Bermann-Fischer, der den S. Fischer Verlag nach Stockholm verlagert hatte, das Manuskript des Romans »Torquemadas Schatten« an. Am 27. Juni bat der Verleger, den Roman lesen zu dürfen. Am 9. Juli wurde er aus London an ihn abgeschickt:

»Ich weiß nicht, ob ich ein paar Worte der Erläuterung meines hier angewandten Stils sagen darf — nur dies: Ich arbeite ununterbrochen an der Schaffung einer neuen konstruktiven Romanform, um Teile der uns umgebenden größten Revolution aller Zeiten in ein Buch hineinzusaugen — die Handlungsaggregate konzentrieren sich in einer Lösung und durchdringen sie, so wie wir heute leben — allem ist das Problematische, das manche das Politische nennen, beigemischt. Ich habe demnach versucht, das Ur-Menschliche dem Politisch-Sachlichen einzuverleiben (und umgekehrt) und mußte dieses in einer 'Variationsreihe' auch stilistisch zum Ausdruck bringen. Diese scheinbare Inkohärenz oder Diskrepanz des Stils ist eine bewußte — eine Arbeit (und eine sehr schwere) und keineswegs eine Schwäche oder Ermüdungserscheinung des Buchs. Ich sage es, um dem Lektor zu helfen, nicht um den Kritiker zu kritisieren. Jedenfalls hat wohl jeder von uns, die wir mit unserer Sprache arbeiten, das Gefühl, daß außer Musil nur selten jemand den Kern unserer Fragestellung — Wozu das? — berührt...«

Bereits am 30. Juli 1938 wurde zwischen Verlag und Autor der Vertrag über das Buch geschlossen, das Bermann-Fischer in Holland drucken ließ. Das Impressum trägt noch das Jahr 1938. Vom 31.12.1938 stammt die erste Abrechnung: Absatz 547 Exemplare, dazu 228 Rezensions- und Freiexemplare.

Doch schon am 17. Dezember hatte Karl Otten den Verleger gewarnt (aufgrund von Nachrichten, die ihm aus Berlin zugegangen waren):

»*Es darf unter keinen Umständen geschehen, daß wiederum wie in Wien Verluste eintreten. Darf ich — ohne vorlaut zu sein — zur Überlegung bringen, ob nicht eventuell ein Modus des Transfers der Bücher nach Stockholm, zur Lagerung mit jeweiligem Abruf der angeforderten Quanten via Holland erfolgen könnte? Ich weiß, daß das ungeheure Spesen machen würde — in jedem Fall wären auch Ihre Geschäftsfreunde zu einem gemeinsamen Entschluß zu veranlassen, was ja alles weit einfacher wäre.*«

Bermann antwortete ihm fünf Tage später, er werde die Anregung erwägen. Sie ist dann nicht befolgt worden; die Deutschen waren wohl schneller und am 28. August 1940 ging aus Stockholm folgender Geschäftsbrief nach London zu Otten:

»*Infolge der Ihnen bekannten Vorgänge in Europa, konnten wir von unserer Zentralauslieferung bisher keine Angaben über den Absatz Ihrer Bücher während des I. Halbjahrs 1940 erhalten, weshalb es uns zu unserem größten Bedauern vorläufig unmöglich ist, Ihnen eine Abrechnung über die in dieser Zeit verkauften Bücher wie üblich zukommen zu lassen. Sobald uns die erforderlichen Ziffern zugängig sind, werden wir Ihnen die erwähnte Abrechnung unverzüglich senden. Wir bitten, die durch höhere Gewalt verursachte Verzögerung gefl. entschuldigen zu wollen und empfehlen uns Ihnen mit vorzüglicher Hochachtung.*«

Der Brief muß außer an Otten wohl auch noch an andere Autoren gegangen sein, er trägt keine andere Anrede als »Sehr geehrter Herr« und keine handschriftliche Signatur.

Ordnung muß sein — selbst wenn ringsum die Welt aus den Fugen geht, das sind sich ehrliche (Verlags-) Kaufleute schuldig.

Wenn man von einem Vorabdruck des Buchs in der in Antwerpen erscheinenden Zeitschrift »Freies Deutschland« absieht, der am 23. September 1938 begann, so sind gewiß kaum tausend Exemplare wirklich an Leser gelangt, ehe die restlichen Vorräte nach dem Einmarsch der Deutschen in Holland vernichtet wurden.

Es gab auch nur wenige kurze Kritiken, die rund um Deutschland herum erschienen: im »Pariser Tageblatt«, in der »Basler National-Zeitung«, in den Straßburger »Neuesten Nachrichten« und in der »Haagschen Post« — alle im Dezember 1938. Im Januar 1939 erschien dann noch eine Kurzkritik im »Neuen Morgen« in Prag und eine andere in der »Sozialistischen Warte«, schließlich hat Rudolf Olden im März 1939 dem Roman in dem in Paris erscheinenden »Neuen Tagebuch« eine längere, überaus positive Kritik gewidmet. Vielleicht gab es noch die eine oder andere Rezension, die nicht erhalten geblieben ist — aber die möglichen Publikationsorgane waren ja nicht allzu zahlreich für die Besprechung eines deutschen Emigranten, eines »Ausgebürgerten«. Alle Kritiken waren durchweg verständnisvoll.

Aber es muß sie in den Archiven lange niemand bemerkt haben. Manche andere Arbeiten von Karl Otten wurden nach dem Krieg neu gedruckt — den Zeitgenossen ist er gleichwohl eher als der unermüdliche Sammler und Herausgeber der Werke seiner Freunde und Mitstreiter vor Augen getreten, dessen Anthologien »Ahnung und Aufbruch«, »Schrei und Bekenntnis«, »Das leere Haus«, »Schofar — Lieder und Legenden jüdischer Dichter«,

»Ego und Eros« vielen Jüngeren zum ersten Mal eine Ahnung von dem vermittelt haben, was die braune Barbarei verfemt hatte und ausrotten wollte.

»Torquemadas Schatten« erscheint in deutscher Sprache erst nach vierzig Jahren wieder (eine ungarische Übersetzung erschien bereits 1963!) und im Grunde — zum ersten Mal, bedenkt man die Umstände, unter denen die Erstausgabe — wegen der »bekannten Vorgänge« — um ihre mögliche Wirkung gebracht wurde.

Karl Otten wurde am 29. Juli 1889 in Oberkrüchten, im Rheinland geboren. Die Umwelt seiner Jugendjahre war voll vom scheinbar unaufhaltsamen Aufstieg des Deutschen Kaiserreichs zur Weltmacht, von bourgeoiser Dienstwilligkeit und besinnungslosem Fleiß, den kaum eine Einsicht erträglich machte. Otten ging in Aachen und Köln zur Schule, entkam der Familie, studierte Soziologie und Kunstgeschichte in München, Bonn und Straßburg und benutzte die Semesterferien zu ausgedehnten Reisen. 1912 wollte er nach Griechenland und geriet — ein ahnungsloser Wanderer nach Hellas — in den albanisch-türkischen Krieg, eine bis heute kaum beachtete Probe fürs Mordgeschäft, der zwei Jahre später die schaurige Aufführung folgen sollte. Otten hat diesen Krieg »fern im Türkenlande« in seinem ersten Buch geschildert: »Die Reise durch Albanien«. Ein wenig über zwanzig Jahre alter Student beschrieb darin, was Europa erwartet, wenn es fortfuhr, sich blind und taub zu stellen. Der Stil dieses Buchs tritt über die Ufer der herkömmlichen Syntax, die Erfahrungen, die ihm zugrunde lagen, sprengten die soziale Hülle eines jungen Mannes aus guter Familie, vertrieben ihn aus aller Sicherheit und bereiteten den Entschluß vor, der sein weiteres Leben bestimmen sollte: Otten verweigerte 1914 den Kriegsdienst. Er wurde interniert und schrieb als Gefangener und Trainarbeiter jenes Manifest »Thronerhebung des Herzens«, das Franz Pfemfert 1918 im Verlag der »Aktion« druckte und aus dem Kurt Pinthus einen großen Teil in die »Menschheitsdämmerung« aufnahm, als Beleg für einen neuen Stil — und eine neue Gesinnung.

Zwischen 1918 und 1933 redigierte Karl Otten in Wien die Zeitschrift »Der Friede«, er schrieb in Berlin den Roman »Prüfung zur Reife«; eine Biographie des haitianischen Befreier-Diktators Toussaint Louverture: »Der schwarze Napoleon«, zwei weitere Romane, ein Drama und das Drehbuch zu G.W. Pabsts Film »Kameradschaft«, einem der wenigen Filme jener Jahre, in denen gesellschaftliche Realität und ästhetischer Anspruch nicht in heilloser Fehde lagen.

Am 12. März 1933 floh Karl Otten aus Berlin nach Paris, drei Tage später durchsuchten SA-Kommandos seine Wohnung — sie hätten ihn gewiß mitgenommen. Am 24. März fuhr er mit seiner Frau Ellen nach Barcelona, am 27. März erreichte er das Dorf Ratjada auf Mallorca (dahin zu ziehen hatte er bereits 1932 geplant, hellsichtiger als die meisten.) Den Winter 1933/34 verbrachte er in Paris, ebenso den folgenden 1934/35. Die übrigen Jahreszeiten, und seit 1935 ständig, wohnte er in Ratjada. Am 17. Juli 1936 schlugen Francos Putschoffiziere los gegen die Spanische Republik, einer der Verschwörer, der General Manuel Llopis Goded, war im Frühjahr 1936 von der Madrider Regierung seines Kommandos in der Nordarmee enthoben und als Befehlshaber auf die Balearen versetzt worden, wo er sich Franco sofort anschloß. Karl Otten wurde Anfang August verhaftet und nach einigen Tagen wieder freigelassen; denunziert hatte ihn der deutsche Konsul.

Britische Kriegsschiffe brachten ihn nach Barcelona, das noch in der Hand der legalen Regierung war (nachdem dort der Rechtsputsch an einem Gegenaufstand der Katalanen, vor allem der Arbeiter gescheitert war, die auch den nach seiner Machtergreifung auf Mallorca dorthin geflogenen, auf neue Taten gierigen General Goded dort verhafteten, anklagten und standrechtlich erschossen;) von Barcelona zurück, ging Otten nach Paris und bald darauf nach England. Ende 1936 wurde er vom Deutschen Reich ausgebürgert. In England lebte er bis 1958, dann ließ sich der Ende 1944 Erblindete im Tessin nieder. Dort ist er am 20. März 1963 gestorben. Deutschland hat er nach dem Krieg nur noch während kurzer Reisen betreten und niemand hat ihn zurückgerufen, zurückgehalten, er blieb ein »Fremdling im eigenen Haus«. In seinen späten Romanen »Die Botschaft« (1957), »Wurzeln« (1963) und dem Gedichtband »Herbstgesang« wird immer wieder der Schmerz über die fortwährende »Vertreibung« aus einem Land spürbar, das er sehr genau und oft nicht ohne Sorge beobachtete.

»Torquemadas Schatten« ist man zunächst, nach der ersten Lektüre, versucht, eine Roman-Ballade zu nennen, die Sprache dieses Buchs ist auf weiten Strecken noch von den Funden geprägt, die der Expressionismus gemacht hatte, an dem Otten seinen eigenen Anteil hatte; lyrische Beschreibungen von großer, manchmal gewaltsamer Dichte bestimmen den Stil, der Stimmungen und Landschaften, menschliches Verhalten und Geschichte in großen Bildern eher evoziert als registriert. Da wird etwas Verlorenes, Zugrundegegangenes wieder heraufgeholt, etwas, das freilich kein Naturereignis in ferner Vorzeit zerstört hatte, sondern das gerade erst aus genau beschreibbaren Gründen zu Ende ging, erschlagen, zu Tode gefoltert wurde — das Schicksal hatte auch auf der Insel Mallorca, der friedlichen, »Anschrift, Name und Gesicht«. Name und Gesicht von Don Juan March Ordinas zum Beispiel, einem Waffenschieber und Großgrundbesitzer, der zu Francos Vertrauten gehörte und den die Leute, die armen Bauern und Fischer, nur den »Voerge«, den »Würger« nannten; Otten läßt seine Figuren immer wieder von diesem Herrn der Insel berichten, wie er uns vom Treiben einiger deutscher und italienischer Faschisten auf der Insel berichtet. Sie tauchen zunächst eher beiläufig auf, werden erst im Verlauf der Handlung »erklärt«, so bekommt das Buch Widerhaken von Ungewißheit, die zu genauem Lesen, zum Wiederlesen zwingen. So sehr der Autor sein Buch, diesen »Roman«, absetzen will von einem bloßen Bericht über Geschehenes — allein in den ersten sieben Monaten der franquistischen Herrschaft wurden über dreitausend Menschen auf der Insel umgebracht — so genau teilt er doch mit, was wirklich geschah. Dies Ineinander von Evokation und Report ist es wohl, was Otten in seinem Brief an Bermann die »neue konstruktive Romanform« genannt hatte. Ottens Helden sind einige Bauern, Fischer und Zöllner aus dem Dorf Pueblo, Mitglieder einer linken Partei, die zunächst wie gelähmt sind von der sie bedrohenden Koalition der Reichen und Mächtigen, der Kirche, des verängstigten Kleinbürgertums und leibeigener Bauern, die sich nicht zu rühren wagen. Gegen das Regime ist nur eine Minderheit — und ihre Angehörigen werden eingesammelt, abgeführt, an die Wand gestellt. Nur einige können sich verbergen und nur wenige erreichen den rettenden Strandabschnitt, der von der katalanischen Landungstruppe gehalten wird. (Lange behielten sie auf den Balearen nicht die Oberhand — Franco siegte auch dort.)

Dem Pazifisten Otten fiel es selbst in diesem Buch noch schwer, seinen Helden Waffen in die Hand zu geben, sie finden zwar ein geheimes Waffenlager der Falangisten, aber sie werfen die Gewehre ins Meer, statt sie selbst zu benutzen. Der Gedanke des bewaffneten Widerstands setzt sich in den Köpfen von Ottens Bauern und Fischern so mühsam durch wie im eigenen des Autors — und doch wird er am Ende gedacht: Luis, Jeronimo, Valenti kämpfen. Es muß für Otten eine beklemmende Erfahrung gewesen sein, dieser Abschied von dem, was er durch fast fünfundzwanzig Jahre vertreten hatte. Hitler, Mussolini, Franco aber hatten die Idee des Friedens, des gewaltlosen Widerstands auch so heillos desavouiert, daß da kein Ausweg blieb, als der des Kampfes, wollten sich die, die ihnen Widerstand leisteten, nicht einfach abschlachten lassen. Der Roman ist unter anderem auch das Dokument solcher Einsicht, die die »größte Revolution aller Zeiten«, die eine Gegenrevolution gegen alle Humanität war, im Autor erzwang.

Torquemada, dessen Schatten, verkörpert in sehr lebendigen Faschisten, Otten beschwört, geistert durch dieses Buch, als Figur des wiederkehrenden Schreckens; der Großinquisitor, der die spanischen Juden — getaufte wie ungetaufte — zu Tausenden auf den Scheiterhaufen schickte, und an den das Volk auf Mallorca eine in Liedern und Geschichten bewahrte düstere Erinnerung hat, er tritt von neuem das Regiment an, nun unter dem Zeichen der gebündelten Pfeile — wie anderwärts unter dem des Kreuzes mit den umgeknickten Balken.

Der wilde Peppé knirscht mit den Zähnen — »Wie ist das nur möglich, daß wir ewig die Dummen bleiben? Seit sechshundert Jahren war nie Krieg auf der Insel —«
»Aber Krieg um die Insel! Um die Insel! Nicht nur wegen der Seeräuber, die hier lebten. Die Nachbarn wollten selber die See ausräubern.«
»Ich habe nichts gemerkt — keinen Krieg, keine Schlacht, keine Katastrophe, weder Erdbeben noch Pest und nicht einmal Seeräuber. Die Juden haben sie verbrannt — aber nicht wir, sondern Torquemada.«
»Wir sind alle Juden — siebzig Prozent — also werden wir alle verbrannt.«

Als das geschrieben wurde, gabs die Nürnberger Gesetze schon und die Konzentrationslager, aber noch waren es ein paar Jahre hin bis zur »Endlösung«, die der Autor hier ahnungsvoll vorwegnimmt, so wie er mehr als zwanzig Jahre früher in der Beschreibung des kleinen Kriegs in Albanien den kommenden großen in Europa vorweggenommen hatte. Wie Otten die Sistierung kleiner Leute in einem »roten« Viertel von Palma schildert, das ruft herauf, bis in die schrecklichen Einzelheiten, was später als »Selektion« an der Rampe von Auschwitz beinah täglich sich abspielte.

Die Ballade, die er schreiben wollte, und der zuliebe er die rührende Gestalt der Dienstmagd Antonia erfand und den schrecklichen, einäugigen »Hai«, sie wird grundiert von unerbittlicher Ausbreitung von Tatsachen, von Verbreitung notwendiger Kenntnisse über einen wenig beachteten »Kriegsschauplatz« im damals noch »olympisch« schlafenden Europa; und sie wird immer wieder durchsetzt mit beinah zwanghaft hervorbrechender Prophetie. (Mir ist Ottens Erblindung immer wie eine Art fast mythischer Fügung erschienen, er, der Augenmensch, büßte mit Blindheit, daß er viel zu früh gesehen und — vom Gesehenen Zeugnis abgelegt hatte; auch die Alten dachten sich den Seher ja blind.)

Otten hat die kleinen Leute auf Mallorca gut gekannt, weil er unter ihnen gelebt hat, er beschreibt sie mit genauer, kritischer Liebe. Aber in diese Beschreibung mischen sich immer wieder auch andere, uns nähere, deutsche Erfahrungen. Ich meine damit nicht so sehr den Auslandsdeutschen Porfirio Walter, diesen Agenten der Faschisten, in dem Otten einen eher gängigen Typ der damaligen Exilliteratur nach der Wirklichkeit literarisch »erfindet« — ich meine vielmehr die Art, wie er Angst und Hochmut, Feigheit und kalte Besessenheit, Raffgier und rüde Wahrnehmung der eigenen, angenommenen Interessen in den Bourgeois porträtiert: die — offenbar — sind eine internationale Erscheinung und, wie wir zur Genüge wissen, unter »günstigen Umständen« fast überall eine leichte Beute jeder barbarischen Ideologie, wenn sie nur »rechts« genug ist und verspricht, ihnen Teilhabe an der Macht zu gewähren und sie aus den Sackgassen, den echten wie den vermeintlichen, des eigenen miesen Lebens zu befreien.

Da sind ins spanische Detail deutsche Erinnerungen eingegangen, so wie bei einem anderen Autor, der zur selben Zeit auf Mallorca lebte, und für den der faschistische Putsch zum Wendepunkt in seinem politischen und sogar religiösen Denken wurde, französische Erfahrungen spanisch, mallorquinisch beschrieben wurden, bei Georges Bernanos in den »Großen Friedhöfen unter dem Mond«. Der Royalist und Mitstreiter der »Action française« war in Mallorca aus seinen reaktionär katholischen Träumen gerissen worden, Zorn und Ekel haben ihn dann bis ins ferne Brasilien vertrieben, und er rächte sich dafür, indem er die eigene fromme Gefolgschaft mit der furiosen Polemik von den »Friedhöfen« von seiner Seite wies.

Otten mußte nicht bekehrt werden: er wußte, sehr früh schon. Er kannte die Verführbarkeit der Menschen wie die Macht der Interessen nur zu genau. Er mußte sich zum Kämpfen zwingen — und das war schwer genug. Bernanos Buch hat hierzulande nie die Bedeutung erlangt, die ihm gebührt hätte, Ottens Roman über das selbe Thema, das selbe Land, die selben Umstände kommt vielleicht zu günstigerer Stunde und kann nun — nach vierzig Jahren — bei einer neuen Generation etwas von der Wirkung entfalten, die er damals nicht haben durfte. Die Gefahren, die er in Worte gebannt hat, sind in der Realität nicht spurlos vergangen, sie haben andere Namen angenommen. Und Schatten können rasch riesig werden, wenn nur die Sonne tief genug steht.

Roland H. Wiegenstein

Bibliothek der verbrannten Bücher

**Alfred Kerr
Die Diktatur des Hausknechts und Melodien**

*Nachwort
Walter Huder
276 Seiten, DM 28,--*

1933 mußte Alfred Kerr nach Morddrohungen durch die Nazis aus Berlin fliehen. Seine Bücher wurden öffentlich verbrannt. Im Exil in Paris und später in London schrieb er zornige Glossen, Pamphlete und Gedichte gegen den Faschismus. Diese Kampfansagen werden jetzt erstmals in der Bundesrepublik veröffentlicht.

Konkret Literatur Verlag

Bibliothek
der verbrannten Bücher

Alfred Kantorowicz
Spanisches Kriegstagebuch
Band 5175

Zwischen 1936 und 1938 nahm Alfred Kantorowicz als Offizier der Internationalen Brigaden am Spanischen Bürgerkrieg teil. Sein Buch erschien zunächst unter dem Titel »Madrid Diary« 1938 in London und New York. Erst eine Generation später erschien die erste deutsche Ausgabe.

Egon Erwin Kisch
Geschichten aus sieben Ghettos
Band 5174

Das Buch zeigt Egon Erwin Kisch als großartigen und einfühlsamen Erzähler jüdischer Geschichte und jüdischen Lebens in den Ghettos von Amsterdam bis Bagdad, vom Dreißigjährigen Krieg bis zur jüngsten Vergangenheit.

Heinz Liepman
Das Vaterland
Band 5170

Der Autor beschreibt, was sich innerhalb von acht Wochen nach der Machtübernahme durch die Nazis alles verändert hat. Freundschaften funktionieren nicht mehr, es gibt plötzlich Unpersonen und gänzlich Recht- und Wehrlose.

Konrad Merz
Ein Mensch fällt aus Deutschland
Band 5172

»... In seiner Verbannung und in seinem Verhältnis zu dem neuen Stück Erde, auf dem er wohnen muß, läßt sich Konrad Merz mit einem anderen Emigranten vergleichen: Heinrich Heine.« Menno ter Braak

Theodor Plievier
Der Kaiser ging, die Generäle blieben
Band 5171

Dieser Dokumentar-Roman beschreibt die bekannte, aber nie recht akzeptierte Tatsache, daß bei Ende des 1. Weltkrieges die Hohenzollern zwar entmachtet wurden, die Macht der Träger der Wilhelminischen Gesellschaft aber weitgehend unangetastet blieb.

Fischer Taschenbuch Verlag

 **amnesty international**

Die Jahresberichte dokumentieren Menschenrechtsverletzungen in aller Welt und geben Auskunft über die weltweiten Bemühungen dieser Organisation, politische Gefangene freizubekommen oder zumindest ihre Lage zu erleichtern.

Jahresbericht 1979
Band 3435
Jahresbericht 1980
Band 3438
Jahresbericht 1981
Band 3442

Der internationale Menschenrechtsschutz
Menschenrechte in Erklärungen und Konventionen der Vereinigten Nationen. Band 3437

Gustav Keller
Die Psychologie der Folter
Band 3441
Dieser Band behandelt ausführlich drei Themenkomplexe: die perfiden, ausgeklügelten Techniken der Psychofolter, die Psychologie des Folterers und die psychischen Folgeschäden bei Folteropfern.

Nicht die Erde hat sie verschluckt
Verschwundene – Opfer politischer Verfolgung. Band 3440

Politische Gefangene in der Sowjetunion
Ihre Behandlung und ihre Haftbedingungen. Band 3436

Wer schweigt, wird mitschuldig
Herausgegeben von Carola Stern. Band 3439

Bericht über die Folter
Band 1711

Fischer Taschenbuch Verlag

Biographien / Erinnerungen Tagebücher
Zeitgeschichte

Floris B. Bakels
Nacht und Nebel
Der Bericht eines holländischen Christen aus deutschen Gefängnissen und Konzentrationslagern
Band 3468

Anne Frank
Das Tagebuch der Anne Frank
Band 77

Gustave M. Gilbert
Nürnberger Tagebuch
Gespräche der Angeklagten mit dem amerikanischen Gerichtspsychologen
Band 1885

Ruth Herzog
Shalom Naomi?
Brief an ein Kind
Band 5102

Wilhelm Hoegner
Flucht vor Hitler
Erinnerungen an die Kapitulation der ersten deutschen Republik 1933
Band 3420

Wieslaw Kielar
Anus Mundi
Fünf Jahre Auschwitz
Band 3469

Joel König
David
Aufzeichnungen eines Überlebenden
Band 2196

Jochen von Lang
Der Sekretär
Martin Bormann: Der Mann, der Hitler beherrschte
Band 3430

Hermann Langbein
...nicht wie die Schafe zur Schlachtbank
Band 3486

Primo Levi
Atempause
Eine Nachkriegsodyssee
Band 2105

Ist das ein Mensch?
Erinnerungen an Auschwitz
Band 2226

Kazimierz Moczarski
Gespräche mit dem Henker
Das Leben des SS-Gruppenführers und Generalleutnants der Polizei
Band 3466

Ernst Schnabel
Anne Frank
Spur eines Kindes
Band 5089

Inge Scholl
Die weiße Rose
Band 88

Fischer Taschenbuch Verlag

Hermann Langbein

...... nicht wie die Schafe zur Schlachtbank

Widerstand in den nationalsozialistischen Konzentrationslagern

Fischer

Originalausgabe Band 3486

Das Standardwerk über den Widerstand in den nationalsozialistischen Konzentrationslagern (1938–1945)

Fischer Taschenbücher

ANNE FRANK

Geschichten und Ereignisse aus dem Hinterhaus

In der Enge des Hinterhauses, das die Familie Frank verbarg, begann Anne zu schreiben. Neben dem berühmten **Tagebuch** entstanden Geschichten, in denen sich Anne vergegenwärtigt, wie es war: als sie noch zur Schule ging, als sie leben durfte, wie andere junge Menschen; sie erzählt von Lehrern, Freundinnen und von kleinen Abenteuern, von Alltäglichem, das um so schwerer zu bewältigen ist, wenn man in der ständigen Furcht lebt, entdeckt zu werden. Mehr als dreißig Jahre nach der Veröffentlichung wurden Erzählungen gefunden, die Anne für dieses Buch vorgesehen hatte. Die komplette Sammlung ihrer Erzählungen wird in diesem Band erstmals vorgelegt.

Band 7533

Wanda Kampmann

DEUTSCHE UND JUDEN

Die Geschichte der Juden
in Deutschland
vom Mittelalter bis zum
Beginn des
Ersten Weltkrieges

Fischer

Band 3429

ANNE FRANK
SPUR EINES KINDES

Ein Bericht
von Ernst Schnabel
Band 5089

Das erschütternde Tagebuch der Anne Frank bewegt wie Weniges sonst die Menschen unserer Zeit. Viele Leser äußerten den Wunsch, mehr über Leben und Sterben dieses Mädchens zu erfahren. Ernst Schnabel beschreibt in seinem Bericht, gestützt auf Dokumente und Gespräche mit Menschen, die Anne Frank gekannt haben, das Schicksal dieses Kindes, das für viele zum Symbol des Guten in einer Epoche des Schreckens und der Finsternis geworden ist.
»So blieb diese Stimme bewahrt«, schreibt Ernst Schnabel, »eine von den Millionen, die verstummt sind, vielleicht die schwächste von allen. Und sie überdauerte das Geschrei der Mörder und überflügelte die Stimmen der Zeit.«
Der Band enthält außerdem Aufzeichnungen und Märchen von Anne Frank, Fotos und Faksimiles.

FISCHER TASCHENBUCH VERLAG

Janusz K.

**oder Viele Worte
haben einen
doppelten Sinn
von Gisela Karau**

200 polnische Kinder und
Jugendliche werden 1939
in das Konzentrationslager
Buchenwald eingeliefert.
Einer von ihnen ist Janusz K.
Durch den zähen Kampf
der illegalen kommunisti-
schen Lagerorganisation
gelingt es, die meisten der
Kinder vor dem sicheren
Tod zu bewahren. Janusz K.
und seine Mitgefangenen
konnten überleben, weil sie
Menschen fanden, die auf
Kosten ihrer eigenen Si-
cherheit bereit waren, anderen zu helfen.

Band 7922